ZINZIN AU PAYS DES MOVIETS

TARTEMPION

ZINZIN AU PAYS DES MOVIETS

Reconquista Press

ISBN : 978-1-912853-20-5

I

PRÉAMBULE

La Conscience :
Bonsoir Tartempion, je suis la Conscience.

Tartempion :
Laquelle ? Vous n'êtes certainement pas *ma* conscience.

La Conscience :
Si, d'une certaine façon, même si cela vous horrifie. Je suis la Conscience planétaire du temps présent, la personnification de l'Opinion commune, la conscience de soi de l'esprit du monde, la Doxa universelle de ce début de XXIe siècle.

Tartempion :
C'est bien ce que je pensais. Bonsoir, Conscience ; vous êtes une vraie salope.

La Conscience :
Je vous reconnais bien là ; tout de suite les insultes et les sarcasmes. Mais je constate que vous me reconnaissez malgré vous, ce qui signifie que je ne vous suis pas étrangère.

Tartempion :
Oui, et c'est l'une des raisons qui me font vous haïr ; vous êtes encore plus laide que je ne l'imaginais. Vous eussiez pu venir toute nue, cela eût mieux convenu à votre identité de sauvage ; de civilisé retourné, par excès de sophistication antinaturelle, à l'état sauvage. Vous eussiez aussi pu prendre la forme d'un travesti, d'un transgenre, d'une femme à barbe ou autre

douceur contemporaine, d'une sinistre et sanglante face d'avor-
teuse militant pour l'inscription de l'abolition de la peine de
mort dans le catéchisme de l'Église catholique.

La Conscience :
  Vous n'êtes pas très galant. Si vous commencez sur ce ton,
je vais être redoutable.

Tartempion :
  Je n'ai pas envie de vous séduire. C'est même en vous rendant odieuse que vous me serez supportable ; sans méchanceté,
avec vos poses marmoréennes et votre ton alcyonien, vous êtes
platement sotte, ridicule, ennuyeuse, vomitive d'autosatisfac-
tion pontifiante ; avec la méchanceté affichée, vous annoncez la
couleur, et vous devenez presque intéressante, parce que se met
à percer l'origine satanique, révoltée, de votre niaiserie humaniste. De toute façon, vous ne parviendrez jamais à être aussi
méchante que moi. Je vous en veux plus que vous ne m'en voulez, et j'ai mes raisons.

La Conscience :
  Présomptueux ! Seriez-vous misogyne ?

Tartempion :
  Bien sûr ! Misogyne, misanthrope, aigri, méchant, incapable
de ne pas mordre, raciste, antisémite, méprisant, méprisable,
antidémocrate, anticommuniste, fasciste, réactionnaire, et j'en
oublie. J'ai le cœur sec des tendres jadis éconduits, rabroués,
déçus, humiliés, moqués, oubliés, méprisés, trompés. C'est là le
plus sec des cœurs. Prenez garde à vos abatis.

La Conscience :
  Je sais. Mais je vous connais mieux que vous ne vous connaissez vous-même. Vous êtes né en moi, comme tout le monde,
parce que personne n'échappe à son temps. J'étais déjà, avant
que vous ne fussiez, c'est moi qui vous ai appris à penser, c'est
en et par moi que vous avez pensé. En toute bonté, je me suis

imposée à vous, et c'est par moi que vous avez accédé à cette espèce de conscience de vous-même que vous prétendez m'opposer aujourd'hui, alors qu'elle ne serait pas venue à l'existence si je ne l'avais appelée. Vous êtes tout ce que vous avez dit, vous êtes de surcroît un ingrat. En vous invitant à vous réconcilier avec moi, je vous apprends à vous réconcilier avec vous-même.

Tartempion :

Oui, c'est la grande tentation mortifère, la séduction de l'euthanasie ; il ne fait pas bon être en porte-à-faux avec son temps, mais le problème est de savoir si c'est moi qui dois changer, ou bien si c'est vous. En fait, si vous me préexistez — ainsi que vous me le rappelez vaniteusement — vous savez très bien que vous n'existez, sous un autre rapport, que par moi. Vous êtes la résultante de toutes les consciences, y compris de celles qui se définissent en vous conspuant. Alors n'essayez pas de faire la fière. Du seul fait que nous dépendons l'un de l'autre et que vous confessez me porter en vos flancs, vous avouez vos contradictions qui vous rendent inaudible.

La Conscience :

Soit. Mais j'observe que vous me concédez ce que je revendique : c'est encore en moi que vous avez puisé pour vous opposer à moi. Même le résidu inactuel de ceux dont vous revendiquez la paternité spirituelle est un produit de la Doxa. Un homme sans contradiction est un fou dangereux, un énergumène, un inhumain bipède sans plumes ; j'ai des contradictions, et m'en porte d'autant mieux. Souffrez que je vous aime, puisque vous êtes incapable de vous aimer. Je n'attends rien en retour, sinon cette petite chose consistant à vous dissoudre en moi, à vous inviter à vous aliéner en moi et à vous en réjouir. Et puis j'ai tout mon temps puisque c'est moi qui suis l'esprit du temps ; je ne le subis pas, je le fais, je le maîtrise, il se contente de déployer sur le mode impersonnel les virtualités de mon Logos. En vous écoutant, je découvre un aspect de ce que je suis, de ce que je couve. Parlez, pérorez, invectivez, je ne demande rien de plus. Essayez de me dire qui vous êtes.

Tartempion :

Je suis Tartempion, Personne, N'importe qui du camp des vaincus. Je suis le porte-parole de ceux que l'on n'écoute jamais, et que l'on n'écoute jamais en leur persuadant qu'ils n'ont rien à dire. Le pire est qu'ils finissent par le croire, au point qu'ils n'osent plus s'adresser à personne, sinon à leur conscience à laquelle ils prêtent tous les visages que leur dictent leurs états d'âme avariés, leur lassitude et leur fantaisie cruelle. Ce faisant, ils n'ont vraiment pas le sentiment de s'adresser à vous. Ils sont votre mauvaise conscience, la mauvaise conscience de la Conscience. Vous êtes donc, Conscience, le substitut des interlocuteurs que je n'ai pas l'heur d'intéresser. En m'écoutant, vous prenez acte des reproches que vous êtes incapable de formuler à votre propre endroit. Vous vous morigénez à travers moi. Peut-être irez-vous jusqu'à vous y condamner, et ce ne sera que justice ; ça vous fera les pieds.

La Conscience :

C'est vrai, et c'est en cela que vous m'intéressez, avorton dérisoire. Vous n'êtes pas un homme bon ; vous êtes un bonhomme impossible, un petit bonhomme haïssable, un bon petit condensé de médiocrité haineuse, irascible, susceptible, dérisoire, ridicule, un sapajou, un pet-de-loup. Un vrai bâton sénile et brenneux. On ne sait par quel bout vous prendre. C'est bien là l'image de vous que vous entendez donner, n'est-ce pas ?

Tartempion :

Exactement. Je n'aime pas les hommes ; je suis un homme, je ne m'aime pas beaucoup.

La Conscience :

C'est facile, c'est même d'un commun… Trouvez autre chose pour m'étonner. Il faut beaucoup de courage pour s'aimer.

Tartempion :

J'aime en moi l'homme droit, courageux, généreux, magnanime, humble et charitable que j'aspire à être et que je ne suis pas, auquel j'ai vocation à me conformer. L'idéal auquel je me réfère me fait exister à proportion de mon aptitude à me conformer à lui ; je me déréalise en m'en éloignant. Cela dit, il faut bien que je conserve, pour me supporter, un peu d'estime et d'amour pour moi-même. C'est l'amour qui fait vivre.

La Conscience :

Vous aimez un idéal inaccessible pour vous donner des raisons de vous dispenser de lui obéir. Vous n'avez pas le courage de vous poser, tel que vous êtes, en mesure et en norme de vous-même.

Tartempion :

Ce ne serait pas du courage ; ce serait de l'orgueil, c'est-à-dire le dévoiement de la force.

La Conscience :

Piètre justification ; le faible nomme « orgueil » la force dont il est privé. Vous êtes un faible, vous me décevez déjà. Vous m'intriguiez : vous ne faites pas de bruit, vous ne vous distinguez pas de vos semblables, vous n'avez pas d'ambition ; vous ne tentez pas de ressembler, par coquetterie, à cette image caricaturale que l'on vous renvoie habituellement de vous et des énergumènes de votre acabit ; vous ne semblez pas comme eux priser l'excès qui les caractérise et qu'on dénonce en eux, démesure que, par une vaniteuse bravade, ils revendiquent sottement. C'est pour cela que je vous ai visité, dans cet immeuble ancien et peu confortable frappé d'alignement, promis à la destruction, où vous avez choisi d'installer votre thébaïde, et qui vous convient si bien.

Tartempion :

Je suis fatigué, en état de déréliction consentie, j'aime bien cuire dans le jus de ma séclusion, c'est là peut-être une préfiguration du consentement à l'enfer ; c'est peut-être aussi l'unique manière qui me soit encore accessible de rester fidèle à moi-même et à mes idéaux que vous aurez passé votre vie médiatique à salir. Je suis tellement amer que je ne sais pas ce que cela signifie : haine de soi projetée sur les autres et sur mon époque, ou haine de mon époque décadente intériorisée en moi qui en suis le produit malgré moi ; dans le premier cas je suis damné ; dans le second je suis une victime et c'est vous qui finirez en enfer. J'ai le temps d'y réfléchir. Ce qui est sûr, c'est que je n'aime pas mon époque. Franchement, elle n'est pas intéressante.

La Conscience :

Mais alors pourquoi en parler ?

Tartempion :

Parce qu'on ne choisit pas son temps, on est jeté en lui, on fait partie de lui et en retour il fait partie de nous ; le rejeter revient à se rejeter soi-même, quelque haïssable qu'il soit ; je suis fait pour vivre dans et de mon époque, alors qu'elle ne veut pas de moi parce que je la trouve repoussante, profondément déshumanisante. J'ai essayé pourtant de m'approprier à elle, mais c'était plus fort que moi, elle me refoulait, alors je me suis résigné.

La Conscience :

Vous confessez donc que vous êtes un homme sociable.

Tartempion :

Je ne suis ni une bête ni un dieu, je n'essaie pas de vivre au-dessus de ma condition ni hors de mon temps, je vous répète que c'est lui qui ne veut pas de moi.

La Conscience :
Bien, alors expliquez-vous un peu.

Tartempion :
Si vous y tenez. C'est d'ailleurs parce que mon instinct de sociabilité est frustré que je ne vous ai pas encore flanquée à la porte. Je risque d'évoquer certains de mes contemporains ; aussi me dispenserai-je de les nommer directement, parce que j'ai envie d'être très méchant, ou plutôt je n'ai pas envie de faire l'effort d'être gentil, cependant qu'un reste de scrupule m'habite : incapable de sonder les reins et les cœurs, j'ai peur d'être parfois injuste. Et puis je ne veux pas avoir d'histoires, je n'ai pas envie d'essuyer des réactions d'hostilité fondées sur des quiproquos ; ces dernières m'agacent, et les autres me suffisent amplement.

La Conscience :
Vous êtes un drôle de type. Je ne puis m'empêcher d'avoir pitié de vous. Essayez de me dire pourquoi vous me supportez.

Tartempion :
Pour des raisons que vous débrouillez mieux que moi, je me suis trouvé à lire maintes choses de toutes sortes depuis des années, j'ai pris des notes en grande quantité qui se mêlent, dans le fatras de mes brouillons, aux réflexions personnelles qu'elles m'inspiraient sur le moment. Cela fait beaucoup d'encre et je ne m'y retrouve pas. Il aurait fallu classer tout ça avec méthode pour l'exploiter un jour. Mais cela me prendrait un temps considérable, et quelque chose me dit que mon temps est compté, alors l'idée m'est venue de satisfaire votre curiosité, de vous recevoir et de vous livrer quelques-unes de ces réflexions, au gré de ma fantaisie, ou de ce qui en tient lieu. Vous saurez s'il est opportun de les conserver ; au vrai la chose m'est presque indifférente. Et puis, être la Conscience morale de son temps, même si c'est un temps de mensonge et d'iniquité, cela donne des devoirs, dont le devoir de Mémoire. Dans une autre vie peut-être, s'il m'y est donné de réparer et d'achever tout ce qui fut

entrepris de travers et avorté ici, j'en ferai quelque chose qui mérite d'exister. Il y a aussi que j'ai eu la faiblesse de croire que je méritais d'écrire, mais je n'écris que des choses ennuyeuses et personne ne me lit. On met de l'ordre dans ses pensées pour les rendre pensables, mais c'est là les rendre communicables, et c'est ainsi que penser sa pensée — c'est-à-dire penser — équivaut à inviter autrui à penser avec soi. Mais dans mon cas autrui se dérobe, alors j'en viens à douter du bien-fondé de cette fastidieuse mise en ordre de mes papiers. Vous êtes la dernière personne à laquelle j'aurais pensé s'il m'avait été donné de me choisir un interlocuteur pour cultiver l'art fécond de la conversation.

La Conscience :
   On vous lit peu, en effet, mais certains vous lisent, dont je sais qu'ils retiennent et répandent vos obsessions conceptuelles. Évidemment, vous n'écrivez pas pour vos lecteurs, vous n'écrivez que pour vous-même. Vous êtes un solipsiste qui s'ignore. Quand vous êtes parvenu à dire, à faire accéder à l'expression ce qui fermentait en vous à l'état confus, vous vous croyez quitte ; mais encore faut-il que vous fassiez l'effort de vous mettre à la place de votre lecteur. Vous ne vous mettez pas à sa place, vous le mettez à votre place sans lui demander son avis. Alors il en vient à vous abandonner à vos monologues ; vous êtes tellement aliéné par vous-même que vous seriez capable de décourager les meilleures volontés.

Tartempion :
   Tout cela est tristement vrai. Si ça se trouve, livrer mes pensées dans le désordre, et à l'état d'ébauches spontanées, au gré du hasard de leur naissance, rendrait leur lecture moins rébarbative, et après tout c'est peut-être ce que j'entreprendrai de faire avec vous. Aujourd'hui, tout le monde écrit, et presque tout le monde écrit n'importe quoi ; les vrais auteurs sont noyés dans une telle masse de faux auteurs qu'on a peine à les y trouver, au point qu'ils passent inaperçus et finissent par crever de faim. Quand un livre n'est pas parvenu à retenir l'intérêt du lecteur en moins de deux minutes, il n'a, aujourd'hui, aucune chance

d'être lu. L'aptitude à capter l'intérêt en quelques secondes est devenue chez le lecteur le critère de sélection entre les bons et les mauvais livres, c'est-à-dire entre les vrais livres et les faux. Vous me concéderez que ce n'est pas un critère très fiable. Mais c'est au fond tout ce dont vous êtes capable.

La Conscience :

J'en conviens, mais c'est ainsi, et en l'occurrence le lecteur est le maître du jeu ; on est démocrate ou l'on ne l'est pas, vous êtes en demeure de plaire et d'obéir aux goûts de ceux dont vous quêtez l'attention. Vous n'aimez pas votre temps, alors dites-moi pourquoi. Du flot de bile projeté par votre souffle fétide sortira peut-être quelque chose qui mérite d'être retenu ; je ferai le tri moi-même. Allez-y sans vergogne, je suis là pour ça. Ma force consiste à susciter ce qui me conteste pour oblitérer les vraies oppositions qui pourraient me mettre en danger, ou bien, quand elles naissent hors de moi, à les désamorcer en les laissant se prendre dans mes rets par le jeu biaisé du dialogue.

Tartempion :

Soit. On verra bien qui est le plus malin.

La Conscience :

Avant de commencer, je vous saurai gré de m'éclairer sur un point liminaire. Vous avez parlé de ma nature satanique et du caractère niaiseux de mon enveloppe humaniste. Voudriez-vous préciser ? Je vous assure que je n'ai pas le sentiment d'être un succube ; je crois honnêtement à la légitimité de ma vocation.

Tartempion :

Si vous voulez. Au vrai, j'ai toujours pensé que vous étiez plus naïve que véritablement diabolique, mais cela ne vous rend pas moins funeste, et n'excuse en rien votre responsabilité. Je pense que vous vous ignorez vous-même. Si notre entretien peut vous éclairer sur votre propre identité, nous n'aurons pas perdu notre temps. Pour répondre à votre question, j'userai d'une analogie.

Le côté gendre idéal doux et équilibré, jeune homme dynamique propret et tolérant, premier de classe au regard candide des membres du gouvernement actuel, à commencer par l'arrogant mirliflore qu'ils y ont parachuté, a quelque chose de satanique, parce que profondément mensonger. Je suis sûr que ce jeune con est sincère quand il parle de crime imprescriptible à propos des dégâts de 39-45, ou de crime contre l'humanité à propos de l'Algérie française. Ceux qui cornaquent ces gens insipides savent ce qu'ils font, mentent de manière éhontée, et révèlent tôt ou tard leur cruauté et leur cynisme. Considérez par exemple le piteux épisode français, fort récent, des « Gilets Jaunes » pour la répression desquels les autorités ont sollicité les conseils du Mossad ; elles énucléent à tour de bras pour terroriser et amuïr. Luc Ferry considéra d'un air grave que la République en danger était fondée à faire tirer sur la foule. Sartre aurait déclaré il y a presque cinquante ans[1] : « Un régime révolutionnaire doit se débarrasser d'un certain nombre d'individus qui le menacent, et je ne vois pas d'autre moyen que la mort. On peut toujours sortir d'une prison. Les révolutionnaires de 1793 n'ont probablement pas assez tué et ainsi inconsciemment servi un retour à l'ordre, puis à la Restauration. » Sartre avait le mérite de ne pas celer sa hideur : détruire l'ordre naturel et tuer les gens honnêtes pour mettre l'athéisme et le désir d'être Dieu à la tête du pouvoir politique, et se donner les moyens de le faire. Quand, dans mes rêveries, j'en viens, écrasé par le sentiment de l'impuissance, à me laisser tenter par les solutions radicales, tel l'assassinat en France de cent cinquante mille francs-maçons et/ou Juifs influents qui conditionnent l'esprit du peuple et le font plébisciter sa servitude, je me contente d'appliquer à mes ennemis le traitement qu'ils entendent m'appliquer. Si parmi les « Gilets Jaunes » seulement trente militants étaient entrés en lice avec un fusil à canon scié, tuant cent CRS et acceptant d'y sacrifier leur vie, mais aussi celle de leurs camarades, cela aurait

---

[1] En février 1973, dans le n° 28 du magazine *Actuel*, entretien avec Michel-Antoine Burnier.

pu susciter une répression qui eût révélé la vraie nature tyrannique du pouvoir en place. Cela aurait permis d'espérer une indignation populaire qui, certes, n'aurait pas suffi à renverser le régime à la mangeoire duquel trop d'individus sont encore accrochés avec appétit, mais qui eût rendu possible la constitution d'une espèce de chouannerie en forme de société secrète, laquelle, comme toutes les sociétés secrètes, n'est pas assez secrète pour être ignorée, mais l'est assez pour agir dans l'ombre sans être immédiatement réprimée. Après le scandale de l'assassinat des militants, cette société aurait eu l'aval d'une partie non négligeable du peuple, suffisante pour établir en lui des relais et des complicités trop nombreuses pour être dissoutes par le pouvoir coercitif. Quant aux CRS abattus, il ne faut pas nourrir de scrupules : ils servent la république maçonnique et ils le savent, ils se donnent bonne conscience en affirmant qu'ils servent l'ordre et la patrie, mais ils savent bien qu'ils sont à la solde du gros argent et des corrupteurs. On en peut dire autant des membres de la Grande Muette qui comptent un nombre incalculable de généraux oisifs, achetés pour la maintenir dans son mutisme qui la rend comme désarmée, et pour avaliser l'entreprise de pourrissement de la société.

Ce mélange, dans le dessus du panier politique, de sincérité dégoûtante et d'ingénuité bébête, conjuguées au pressentiment d'une cruauté criminelle induite par la noirceur de desseins que vous servez, c'est un peu ce qui caractérise votre psychologie de diva démocratique.

La Conscience :
Voilà que, tout en nourrissant le dessein terroriste de me trucider, vous vous proposez de me psychanalyser…

Tartempion :
Et pourquoi pas ? Il ne s'agira pas de psychanalyse freudienne. De plus, vous éclairer sur ce que vous êtes sera vous occire, en tant que conscience humaniste. Vous me remercierez.

II

SOLILOQUE DE ZINZIN

Tartempion, c'est mon double honorable, présentable, fréquentable, à peu près policé. Il pense les mêmes choses que moi, mais sur le mode convenable. Moi, c'est autre chose… Tartempion observe, écoute, pense et raisonne ; moi je respire, je flaire et je sens. Il parle et dialogue, moi j'éructe. Il plonge le nez des gens dans leur caca ; moi je leur chie dans la gueule. Il est parvenu à conserver un peu de son caractère raisonnable malgré les iniquités qu'il a subies ; moi pas ; j'ai gardé ma raison, mais remplie de l'énergie furieuse des passions par quoi j'évite de sombrer dans l'athymhormie mortifère (voyez comme je sais causer, quand je veux, même en cuistre, rien que pour vous emmerder) ; chacun vit comme il peut. Il a gardé un peu d'espérance, moi pas, ou plutôt le moteur de mon espérance s'est réduit à la passion agressive, à l'invective suicidaire, sans syllogismes bien torchés, sans filet, en prenant candidement tous les risques, prêt à jouer le tout pour le tout à chaque instant, histoire de voir si la démesure ne serait pas porteuse d'efficacité ; chacun s'en tire comme il peut. Aujourd'hui, la réalité dépasse le délire le plus noir, alors il faut bien délirer pour s'approprier au réel. Tout est faux. Même les sourires les plus avenants sentent la merde. Et puis la prudence, vous savez, on a vu ce qu'elle cache, les tripes frileuses et malodorantes de la lâcheté. Pendant que Tartempion pérore en patois hyrcanien avec la Déesse Raison, je m'en vais vous raconter mon édifiante histoire.

Aujourd'hui, les gens s'en foutent de ce qui est, de la réalité telle qu'elle est. Tout ce qui les intéresse, c'est ce qu'on peut en faire ; pour eux elle existe si elle est une matière à faire. Avec des arbres on fait du papier, des planches, des objets fabriqués.

Avec la réalité on fait des machines, et avec les machines on fait d'autres machines. Et les raisons de vivre deviennent des moyens de survivre. Et on vit sans savoir pourquoi, et ça en devient tellement absurde qu'on n'a plus d'autre règle de vie que celle-là : se donner tous les artifices, tous les divertissements qui permettront d'oublier qu'on vit sans savoir pourquoi, qu'on va crever sans avoir jamais su pourquoi on existait, d'où qu'on venait, où qu'on allait. On a passé son temps à faire des trucs et des machins, on a divisé sa vie en deux : une pour se faire chier à gagner l'autre partie, et dans cette autre partie on n'a rien foutu sinon essayer d'oublier qu'on se faisait chier le reste du temps. Passer des vacances, manger, digérer, copuler, s'amuser, chier, pisser, se divertir — quel ignoble gros mot ! —, accumuler les satisfactions de vanité, se comparer, se regarder dans les glaces, envier son prochain, emmerder les autres, voir des films, rêver de passer sa vie sans l'autre partie où on est supposé la gagner, ainsi rêver d'une vie où l'on n'a qu'à rêver. Cette règle de vie, cette morale, c'est ce qu'on appelle les Droits de l'Homme, la sagesse de la Conscience.

Pour conjurer toute équivoque, il me faut vous dire qu'il y a des réactionnaires, des ronchons bien huilés, qui se paient le luxe de faire figure de grands opposants au système, des indépendants raidis dans leur fierté qui vous pissent à la raie avec hauteur ; ils disent merde au monde moderne, mais en fin de compte, ils l'aiment bien le monde moderne. Ils veulent se faire une place en lui, ils veulent en croquer eux aussi, comme tous les lascars du monde moderne qui ne crachent pas dans la soupe. Ils ont, pour cultiver leur différence, trouvé le moyen de faire du neuf en faisant semblant de conchier le monde moderne, ils se donnent des grands airs d'homme libre en faisant des grimaces, ils y touchent pas vraiment aux poncifs du monde moderne. Ils hurlent avec les loups quand ça devient glissant en faisant semblant d'être en marge, ils choisissent consciencieusement les raies dans lesquelles ils pissent, ils savent jusqu'où on peut aller trop loin, ils s'écartent jamais de la norme non dite, ils sont de la même substance d'ordure que les autres, ils se donnent des airs de prophètes et de grands opposants ; c'est que des salauds, des critiques qui critiquent pas, qui font semblant, qui passent à la caisse du succès pour se faire payer du délicat frisson qu'ils ont réussi à susciter furtivement, comme au théâtre ; c'est de la catharsis et pas du vrai ; mais attention, jamais un pet de travers, faut pas pousser, on prend des risques calculés, on a toujours un filet de secours, on touche pas aux Juifs, on cause jamais des maçons, on va pas chier dans les bottes des Résistants, on honore le courage des communistes qui nous ont libérés de la peste brune, on est pas raciste, on est même antidémocrate mais seulement parce que la démocratie n'est pas démocratique ; on est contre la dictature, « rassurez-vous Messieurs je fais semblant, on plutôt je fais pas semblant puisque je suis sincère, mais il va de soi bien sûr, c'est sûr, c'est sûr et c'est certain, que la réaction c'est seulement d'être pas comme tout le monde mais attention, c'est sûrement pas être nazi ; y a qu'une manière intelligente d'être réac, c'est moi, et les autres c'est que des cons et des provocateurs, ou bien des chiens enragés que vous avez bien raison mes chers ennemis de les foutre en tôle et de les éliminer ; ils croient à ce qu'ils disent ces fumiers, ils seraient capables de me faire perdre mon gagne-pain de réac, non mais y a des limites, j'ai ma place au soleil et je veux pas casser la baraque et fâcher les tôliers, je vis d'elle comme un parasite mais il faut pas le dire, j'irai leur faire des gâteries quand il faudra pour qu'ils m'autorisent à les tancer de temps en temps, ça leur fait des chatouilles et ça leur donne bonne conscience ».

Eh bien, moi, ces mecs-là, ça me fait gerber plus encore que les enfoirés déclarés. J'aime ni les Juifs, ni les nègres, ni les ratons, ni les frérots en tablier de peau de cochon, ni les cocos ni les rosbifs ni les états-uniens ni la démocratie ni les Droits de l'Homme, ni les hommes en général, qui sont tous que de la pourriture tant qu'ils n'ont pas reconnu qu'ils sont congénitale-ment tournés vers le médiocre et qu'ils sont incapables de se sauver eux-mêmes ; qu'ils ont besoin d'en baver pour être rache-tés ; mais je les aime quand même mieux que les jean-foutre de la réaction bien-pensante qui se donne des grands airs ; celle-là, c'est l'ordure absolue, c'est la caution des pourris, c'est les premiers à abattre ; c'est les Modérés, l'engeance qui croit qu'elle va ramener le monde à la raison sans abandonner ses chimères et ses privilèges ; c'est un peu comme les parangons de vertu qui passent leur temps à se scandaliser pour se donner le prétexte, l'air compassé, de parler de cul en permanence.

Je m'appelle Nicéphore Insipide. Nom de code : Zinzin. Profession : SDF. Vocation : me faire haïr. Entre deux foyers d'accueil, je dors sous les ponts aux beaux jours, ou bien dans les bureaux des sociétés commerciales qui siègent à la tour Montparnasse ; j'y utilise sans vergogne le matériel *hardware* qui s'y trouve. À force d'avoir avalé toutes les couleuvres, subi toutes les déconvenues, ingurgité tous les poisons, je me suis fait mithridatiser sans le faire exprès, au point que j'en suis devenu comme immortel : increvable ou presque, j'ai même réussi à tuer en moi l'amour-propre. Je vis, mais sur le mode d'un ectoplasme, dérisoirement invincible à ma manière, mais pris au sérieux par personne. Je voudrais souvent bien foutre le camp pour de bon, tirer ma révérence à toute cette lie, mais on décide pas de son sort ; ça se décide Là-haut. Ma mortalité tant convoitée me sera rendue quand il sera décidé, Là-haut, que je m'en suis rendu digne. En attendant, il faut vivre, vivre parmi les hommes, et vraiment c'est pas facile.

J'aime pas les hommes. Et pourtant j'écris pour dire pourquoi je les aime pas. Faut bien que je les aime quelque part pour avoir envie de leur dire que je les aime pas. C'est pas clair chez moi. Et je sens que c'est en me forçant à dire et à écrire que je ferai le clair. J'ai déçu certainement beaucoup de monde, lamentablement. Mais ils me l'ont bien rendu.

Même le plus médiocre se prend aujourd'hui pour un écrivain en puissance. On n'a jamais publié autant de diarrhées de diaristes qu'aujourd'hui, de mémoires, de confessions, de témoignages, de grands déballages impudiques, alors que l'humanité n'a jamais été aussi spirituellement indigente. Facebook a pris le relais, tout le monde s'exhibe et s'érige en modèle, soulève ses jupes et ouvre son cœur, ses cuisses et son intimité — et même le pire et le plus indécent : sa pensée « personnelle » — pour s'en faire gloire, comme si la « différence » en tant que telle pouvait donner une valeur à ceux qui la cultivent. En cultivant tous leur différence, ces morpions se ressemblent tous au point d'en devenir complètement interchangeables. L'humanité n'a plus rien à dire, et c'est pour ça que tout le monde déblatère. On a envie de vomir quand on sait le nombre d'ouvrages qui sortent aujourd'hui. On est saturé. Les productions actuelles disent toutes la même chose, et les gens sont même pas rassasiés : Holocauste, Shoah, antiracisme, petit peuple courageux et génial venu donner la lumière au monde, martyrisé depuis toujours par les méchants bêtes et méchants par bêtise, ainsi par tout ce qui n'est pas lui, qui s'est réfugié dans les arts et dans la science ; mondialisme, liberté absolue, épanouissement individuel, progrès, optimisme babélien, le tout sur fond de nécessité économique porteuse de sagesse.

Georges Bidault déclarait en 1947 que les frontières sont des cicatrices de l'Histoire. Il faut comprendre que c'est à ce titre qu'elles sont des réussites. Seule la tunique du Christ, comme la Sainte Église, est sans coutures. Un monde sans cicatrices n'est plus un monde humain, ou plutôt il est un monde devenu seulement humain. Il n'est même plus animal, il est monstrueux. Il n'est pas une matière torturée en peine de l'esprit qui la travaille pour en jaillir victorieux d'elle, il est un esprit dégénéré en matière, qui se croit innocent par exténuation de toute tension, telle la bouse de vache, homogène et dense. Ce monde-là, je chie dedans aussi. C'est de la délicatesse au fond, chier là où c'est sale. Diogène de Sinope, mon frère aîné en provocations, avait l'habitude de cracher seulement dans la gueule de ses amphitryons fortunés : c'était le seul endroit malpropre de la maison qui l'accueillait. C'est comme ça qu'il faut faire avec les faux-culs, ceux qu'on appelle les gens honnêtes ; quand on sera une armée d'enragés qu'ont plus rien à perdre, on fera tellement de boucan qu'il faudra bien nous entendre. Ou alors on se fera tous crever, et le monde à l'envers qui restera se réduira à son propre non-être.

Dans le seul domaine des médiats, voilà ce que déclarait naguère un plumitif à la mode : « Supprimez tous les trotskistes de la presse, du cinéma, de la télévision, il ne restera plus que les machines. » Y a de ça vingt ans. Faut pas croire que ça aurait changé en mieux. On est fixé sur l'objectivité des médiats. On y trouve que des Juifs et des francs-maçons, ou des invertis constitués en lobby, ou des féministes enragées. Il n'y en a jamais que pour les mêmes : les Juifs, les immigrés, les trémulants du réchauffement climatique, les végétariens, les militants du véganisme, les associations caritatives inféodées à l'invasion migratoire, et toutes les cohortes d'abrutis déracinés qui s'inventent des causes pour remplir leur vie creuse, les accrochés aux jeux vidéo qui prennent leur monde virtuel pour la réalité, les drogués de toutes les espèces, et aussi les libertaires et les conservateurs de viandes faisandées qui, guillerets comme des carcasses pourries égrotantes retombées en enfance, fiers d'eux-mêmes, refusent de mourir : « Quelle époque exaltante, quelle vie géniale en mutations fécondes ! Nous les vieux nous sommes les jeunes, nous sommes optimistes, à la différence de ces jeunes pessimistes et craintifs que sont nos petits-enfants avachis. De notre temps la vie était dure, faite de rapports d'autorité et de respect de la tradition ; nos petits ne se rendent pas compte de leur chance. L'homme a enfin le moyen de s'épanouir en se libérant de tous les préjugés. On est en passe de mourir à cent ans maintenant, la retraite est une longue période de créativité, de découverte de soi et des autres, on s'invente en permanence, on a une bonne santé, on est curieux de tout, on va danser avec les jeunes, on veut s'ouvrir au monde et on a envie de faire plein de choses passionnantes, épanouissantes, on a réconcilié l'art et l'argent, le corps et l'âme, le cœur et le cul, l'aspiration au sacré et le culte du confort, le souci de soi et celui de l'humanité ; nous sommes citoyens du monde, nous avons l'esprit large, nos petits n'ont plus à se cacher pour faire vibrer leurs corps au rythme du plaisir innocent ; on peut vivre en union libre, changer de métier, avorter, être enceinte à soixante ans… »

Les vieux sont des cons, encore plus cons que les plus jeunes. Des fossoyeurs satisfaits. Ils parlent de tout et de rien avec l'assurance des vieux sages qu'ils ne sont plus depuis longtemps. Ils ont laissé s'engloutir en cinquante ans trois mille ans de civilisation, pour la défense du droit à avorter, à voter, aux congés payés, à Télépoche, à la télé, à la bagnole, au divorce, à la pilule, et à la conquête de la liberté de conscience. Les vieux sont tellement cons qu'ils ne cessent de déclarer d'un air assuré et blasé qu'on a toujours dit ça à toutes les époques, que c'est un propos de vieux et de défaitiste, que la vie continue, qu'ils ont des leçons de jeunesse à donner aux jeunes, qu'il faut être optimiste, que les enfants de nos jeunes vont inventer une autre civilisation plus belle que toutes les autres, que les périodes fécondes sont faites de destruction et d'oubli, que tout ce qui est destructeur est porteur de fécondité infinie, et autres stupidités tellement énormes et pesantes que ça vous coupe le sifflet d'étonnement désabusé. C'est tellement de mauvaise foi qu'on n'a même plus le courage de répondre. Les vieux ne veulent plus vieillir puisque le monde est devenu un paradis. Ils sont toujours fourrés sur Internet, on les cajole parce qu'ils votent et que leur nombre s'accroît ; ils en tirent même argument pour justifier le renforcement de l'invasion migratoire : faudra bien qu'on nous paie nos retraites. Le Viagra et la pilule de jouvence les rendent gaillards, les mémères aux fesses ridées font du yoga, on assiste aux cours universitaires pour troisième âge, on peint, on se fait diariste, on chante et on fait du théâtre, on fréquente les clubs de rencontre et on s'exprime sur les réseaux sociaux.

La liberté d'expression dont ils ont plein leur gueule pleine de vieilles dents sénilement baveuses — c'est fou ce que les corps de vieux, comme les viandes pas fraîches et les fruits trop mûrs, peuvent produire d'humeurs nauséabondes, c'est encore pire que les kilos de salive journalière produits par une vache — n'existe que pour les libéraux : pas de liberté pour les ennemis de la liberté, faut pas pousser mémé dans les orties, la démocratie a le droit de se défendre contre ceux qui la contestent. Mais qu'est-ce que ça veut dire, concrètement ? Que le principe du droit à la liberté d'expression s'autorise, pour s'incarner, à priver d'expression tous ceux qui ne se retrouvent pas dans les aspirations des détenteurs de la liberté d'expression. Le droit à tout dire prend la forme réelle de l'autorisation de ne dire que ce qui est agréé par les détenteurs sourcilleux de la liberté d'expression. C'est quand même pas compliqué à comprendre que tout ce baratin généreux pour la liberté est le moyen le plus efficace pour faire taire les hommes libres, ceux qu'ont pas peur de la vérité. En donnant un droit égal d'expression à la liberté et à l'erreur, on charge l'erreur d'une valeur qui modifie nécessairement la conception que l'on se fait de la vérité. Comment ça ? En disant que chacun a sa vérité, que personne peut se vanter de posséder la vérité. Résultat : il devient impossible de prétendre exposer la vérité objective, c'est-à-dire la vérité. Paradoxe : l'expression effectivement libre n'existe que dans les communautés qui la limitent au nom des exigences de cette part de vérité objective qu'elles ont été capables de dévoiler ; on peut toujours transgresser, plus ou moins sous le manteau, les règles d'une société d'ordre, pour le bien ou pour le mal de cet ordre. Mais on peut pas transgresser les règles d'une société fondée sur l'idée de liberté de conscience et de liberté sans frein ; une telle société, c'est la forme doucement implacable du lavage des cerveaux. Que vive la dictature, pour que vive la liberté. Et j'emmerde les sceptiques.

La liberté d'expression, je chie dedans, par respect pour la liberté. C'est en violant la liberté d'expression que je la respecte, puisqu'elle est l'instrument de la servitude. Presque personne n'est assez gonflé pour faire comme moi. C'est la peur qui suinte et paralyse, tout le monde est surveillé. À moins d'avoir décidé d'embrasser, comme moi, la condition de fou furieux, y a plus qu'à consentir à la décadence pour le plus grand nombre, tout en essayant, éventuellement mais sans garantie, de sauver individuellement sa peau. L'inspiration qui anime mes monologues et les informations qu'ils contiennent relèvent d'un style qu'Anastasie connaît bien et n'apprécie guère, pour le moins. Disons que j'écris un roman en délirant, comme ça tout ce qui est dans le roman concerne le point de vue des personnages et non le mien. J'y vais donc du couplet prudentiel liminaire :

Ceci est une œuvre de fiction délirante. Les personnages et les situations décrits dans ce discours sont purement imaginaires, issus d'une imagination purement délirante, c'est-à-dire elle-même imaginaire, méchante, puante, teigneuse, amphigourique, morbide, scandaleuse et détestable. Toute ressemblance avec des personnages et événements ayant véritablement existé ne serait ainsi, même intentionnelle, que pure délirante et fictive coïncidence. Par voie de conséquence, il est difficile — au grand regret du narrateur imprécateur — d'honorer ici la mémoire perfide et le talent diabolique des auteurs ayant nourri son inspiration. Les gens malhonnêtes et bien informés sauront d'eux-mêmes, *in petto*, réparer cette injustice. Quant aux gens sérieux et honnêtes, ils voudront bien ne pas oublier que les propos et références ignobles — indécents, malsains, dérisoires, abjects, sacrilèges, blasphématoires, etc. — contenus dans ce torchon n'y figurent que pour illustrer l'abjection — l'ignominie, l'indécence, la morbidesse, le caractère sacrilège et blasphématoire, etc. — des fangeux personnages auxquels il donne une vie imaginaire.

Ah !, la sale gueule des gens honnêtes… Les gens sérieux et honnêtes, je chie dedans.

III

PREMIER ENTRETIEN

Tartempion :

Il n'est pas inopportun de commencer en prenant les choses par le petit bout de la lorgnette, en variant les styles en fonction des contenus.

La Conscience :

Je veux bien, mais il conviendrait tout d'abord, par égard pour vos lecteurs, que vous leur donnassiez une explication au moins vraisemblable de votre dilection pour les pseudonymes. Vous aspirez à n'être rien, fors l'auteur de vos textes qui vous donnent corps, qui vous justifient, qui tissent votre être. Il y a là un double mouvement d'orgueil, ne croyez-vous pas ?

Tartempion :

Expliquez-vous, et évitez, de grâce, les grands mots. Je ne présente aucun intérêt, tout ce que je puis avoir de valeur tient dans les pensées qui condescendent à naître en moi.

La Conscience :

En vous réduisant à l'esprit qui produit vos pensées, en vous donnant une singularité, une existence par vos rejetons verbaux, vous vous forgez un corps déjà glorieux, tel le Verbe d'un Père y déversant ses complaisances ; en vous réduisant à la cristallisation chosiste de vos opérations cérébrales, vous jouez au Dieu cause de soi. C'est un peu fort de café pour quelqu'un qui aspire à l'humilité.

Tartempion :

Les choses sont beaucoup plus simples que cela. Je n'ai pas une telle ambition. Paul Valéry faisait observer, dans cet essai de 1896 intitulé *La Soirée avec Monsieur Teste*, qui serait — dit-on — son *Discours de la méthode*, qu'il est nécessaire, pour rester libre, de choisir l'obscurité et de fuir le succès. La maxime fut toujours vraie, et au reste Descartes eut pour devise « *Larvatus prodeo* », non sans faire inscrire sous son blason « *Qui bene vixit, bene latuit* ». Je ne suis pas Descartes évidemment, j'ai le destin d'un Juif ghettoïsé, Tartempion au pays des Juifs ; pour n'avoir pas maintenu les Juifs en ghetto, les goyim ont été ghettoïsés par les Juifs ; ce qui me différencie des autres goyim, c'est que j'en suis conscient, et que je ne suis pas une victime consentante. Il en est des goyim et des Juifs comme il en est du « *Heimatland* » et de la technique moderne. Jadis — j'emprunte à Heidegger par un reliquat de conformisme : ça fait inspiré, ça fait « profond » —, il y avait la terre que l'homme apprenait à habiter en y développant des techniques respectueuses du Monde, qui s'intégraient dans son ordre. Puis les techniques sont devenues la Technique, et le monde de la Technique est devenu l'Englobant que le démiurge humain manipule en apprenti sorcier, en lequel l'homme est réduit à ménager une place résiduelle à la Nature. Le moulin à aubes était aménagé dans le cadre du Rhin, aujourd'hui le Rhin est muré dans la centrale électrique. Jadis il y avait des ghettos pour Juifs, en attente de leur conversion ; aujourd'hui le monde est un ghetto que le Juif manipule et en lequel il tient captif le reste des humains. Un jour — là, c'est un reste d'optimisme non encore liquidé —, ça va lui péter à la gueule, il l'aura bien cherché. En attendant, je me cache. La peur et le sentiment d'exil m'habitent depuis toujours. La peur, l'impression de désolation, le sentiment d'une immense injustice et d'une rage impuissante. J'essaie de préserver ce qui me reste d'indépendance en vivant en marge de cette société que je n'aime pas ; je suis trop insignifiant pour l'inquiéter mais je sais qu'elle a parfois besoin de cirons de mon espèce pour se faire des frayeurs et se mitonner un scandale ; j'essaie ainsi d'éviter ce genre de chose. Les coups que je recevrais seraient injustes, je ne pourrais pas les rendre, et je serais trop peu généreux pour pardonner de telles offenses. Quand on publie, on s'expose ; il y a de plus une multitude de sadiques sans courage qui, à défaut de produire quelque chose, critiquent ceux qui produisent, comme si le rôle de censeur pouvait leur donner du talent. Me sachant sans défense, ils se feraient les dents sur moi. Il m'arrive d'entendre des gens parler de mes livres, qui ne savent pas que j'en suis l'auteur. C'est assez réjouissant. Et c'est un plaisir dont je n'entends pas me priver. Il m'en reste tellement peu.

La Conscience :
Cela vous empêche d'accéder au succès, de jouir de la renommée.

Tartempion :
Peut-être, mais de toute façon je sais n'avoir pas l'étoffe de mériter la renommée. J'ai juste assez de souffle pour susciter l'animosité et appeler l'animadversion vertueuse, et peut-être suggérer quelques pistes de réflexion. J'appartiens, aux yeux de plusieurs, à l'espèce de ceux qu'une grande gueule contemporaine experte en putanat, furieuse que l'on ait pu marcher sur ses plates-bandes, nomme les amateurs, les petits théologiens en mal de reconnaissance se livrant à des bricolages verbaux soutenus avec emportement. Si mes imprécations parviennent à en réveiller quelques-uns, j'aurai rempli ma modeste mission.

Cela dit, mon camp est pluriel et conflictuel. Il est formé de militants ayant conservé ce mélange d'audace, de naïveté et de courage par lequel ils croient encore aux vertus de l'action et du prosélytisme, qu'aucun échec ne dégoûte, qui me font l'honneur parfois — car c'en est un — de m'inviter à me joindre à eux pour participer à leurs réunions d'arrière-salles de cafés ; ils sont volontiers un peu rudes, simplificateurs, prompts à rejeter hors de leur famille ceux qui ne partagent pas leur frénésie activiste, mais ils ne sont pas malintentionnés, ils jouissent d'un optimisme et d'un dévouement qui appellent le respect. On peut toujours tenter de les inviter à nuancer leurs positions, les convaincre de la nécessité du labeur spéculatif et, à défaut d'y parvenir, on peut compter sur le temps, qui calme leurs ardeurs, pour les persuader de la vacuité de certains engagements par trop circonstanciels. Cela dit, soyons désabusé jusqu'au bout : maints d'entre eux font de leur « combat » un fonds de commerce, parfois lucratif, et se servent des incitations morales comme d'un argument de vente.

Mais il y a aussi les aigris à prétentions, qui sont vraiment légion ; ils ne savent que baver sur leur prochain, et ils font vraiment pitié parce qu'ils sont certainement très malheureux ; trop ambitieux pour se satisfaire de leur condition, ils ne le sont pas assez férocement pour vendre leur âme. Alors ils se retrouvent avec leur âme sur les bras, dont ils ne savent que faire, qui les déçoit et qu'ils haïssent parce qu'elle est responsable de leur infortune, telle une maîtresse devenue décatie pour laquelle un homme marié aurait perdu son honorabilité en abandonnant vingt ans avant son foyer légitime. Mais ils trouvent plus expédient de détester leur frère que de se haïr eux-mêmes : « Holà ! hé !, j'existe, voyez comme je suis doué, ne m'oubliez pas, regardez-*moi*, moi seul, mon nombril et mon cul, mes talents, mon érudition, ma mémoire, mon intransigeance ; admirez, bonnes gens, je ne supporte que la perfection, je ne vous supporte que si vous êtes à plat ventre devant moi, en état d'admiration béate. » Pour se donner un profil social valorisant, l'anti-démocrate de profession se forge un personnage d'aristocrate excédé par la plèbe, horrifié par la décadence qu'il observe avec délices pour se persuader qu'il est au-dessus d'elle. Il se définit bien sûr comme membre de l'élite refoulée par la médiocrité des arrivistes et du plus grand nombre aux aspirations bovines. Ce rôle le flatte et il s'y complaît, mais il a besoin d'un public, et c'est là que les difficultés commencent pour lui, parce qu'il ne peut se trouver des admirateurs que dans son camp, lequel ne contient dans sa grande majorité que des déclassés de son espèce en attente de reconnaissance, qui tous veulent être admirés et plaints, et répugnent à admirer ; leur génie méconnu ne saurait se satisfaire d'un office aussi dégradant que celui de préposé à la claque. Résultat : tous ces vomis de la société avancée se haïssent et se comparent, se poussent du col et se donnent des leçons, chacun prétendant être le maître des autres, le plus intransigeant, le plus radical, le plus pur parmi ses frères ennemis qui en retour auraient le sentiment de déchoir s'ils devaient se résigner à arborer la tenue du disciple. Chacun y va de son grain de sel, enfonce des portes ouvertes sur un ton sentencieux, et s'érige en docte juge habilité à distribuer les bons et les mauvais points, lançant des anathèmes vengeurs contre tout ce qui conteste son magistère. C'est le royaume du dénigrement, de l'envie à peine dissimulée, de la calomnie, des prétentions frustrées, mais aussi de la stérilité : une mentalité cathare les somme de se croire parfaits, irréformables, de sorte qu'ils ne jugent pas opportun de produire une quelconque nouveauté ; leur contribution se limite en général à montrer avec ostentation qu'ils ont le courage de faire partie des proscrits ; bien peu nombreux sont ceux qui ont quelque chose à dire, qui de ce fait, susceptibles de s'interroger sur les raisons de l'échec séculaire des combattants de leur cause, adoptent un regard critique sur eux-mêmes et passent, pour cette raison, pour des mous, des infiltrés, des traîtres ou des esprits insanes.

On me dit qu'on me critique çà et là sur la Toile, je ne vais même pas y voir ; la distance entre eux et moi est trop modeste pour que je puisse rester, en les lisant, dans une indifférence superbe ; cela me fatiguerait en suscitant ma colère, et la colère empêche de penser ; penser est aujourd'hui à peu près mon seul plaisir et mon unique réconfort, en dehors de la prière évidemment ; et ensuite je m'en voudrais de m'être mis en colère pour des individus qui ne le méritent vraiment pas. Ces gens sont incapables de se poser eux-mêmes, de s'imposer par leur propre réflexion ; ils ne savent se poser qu'en s'opposant. Je ne leur ferai pas ce plaisir de leur donner consistance en répondant à leurs agressions de roquets. Certains d'entre eux, à défaut de penser, se veulent de modernes Pic de la Mirandole, les dépositaires autorisés d'un passé sacralisé que leurs contemporains de l'autre bord — tous tenus pour autant de bons à rien et dégénérés, vénaux et aliénés — auraient oublié ; de tels savants autoproclamés, qui croient avoir du génie parce qu'ils furent bons élèves, accumulent du savoir qu'ils étalent complaisamment ; c'est toujours l'histoire de la culture et de la confiture ; ils croient qu'il suffit d'accumuler des connaissances pour être habilité à penser, à faire progresser la pensée ; incapables de tirer quoi que ce soit d'eux-mêmes, ils se copient entre eux outrageusement, s'envoient des fleurs ou des étrons, et en même temps ils critiquent les autres, ils médisent, ils trépignent de rage, ils salissent à qui mieux mieux. À force de noircir du papier pour éponger leur ressentiment, ils finissent par faire du volume et se persuadent d'avoir élaboré une œuvre. Chacun, tel un cavalier de l'Apocalypse, y va de sa recette infaillible et amère pour fustiger et régénérer l'Homme blanc décadent, pour exterminer les fauteurs de décadence, et — par le moyen de son discours régénérateur — pour s'inventer une mission donquichottesque qui le sorte un peu de sa médiocrité prosaïque. D'autres, érigeant leur faculté de juger en tribunal suprême, affectent de mépriser ceux qui produisent, rappelant en d'acides admonestations que les Anciens valaient mieux que nous, qu'il n'y a rien de nouveau sous le soleil, et que les auteurs feraient mieux de se dispenser d'écrire, qui ne pourraient que redire mal ce que d'autres ont déjà bien dit. C'est là une manière expédiente d'écarter ceux qui vous font de l'ombre, et de se disculper de sa stérilité en la mettant sur le compte de la sagesse et de la modestie ; ce faisant, ils distribuent les bons et les mauvais points du haut de leur empyrée, allant jusqu'à se faire les arbitres comminatoires des élégances. Et voyez-vous, quand on n'est pas vraiment certain d'avoir quelque chose à dire, quand on n'a pas le sentiment d'être convoqué malgré soi pour le dire, il est préférable, me semble-t-il, de passer pour un imbécile en optant pour le mutisme, plutôt que de se noyer dans une loquacité par laquelle on prouve qu'on est un crétin lamentable. C'en est à se demander si certains n'ont pas choisi le camp des Réprouvés pour s'innocenter des échecs futurs dont ils pressentaient l'advenue, en mettant d'avance sur le compte de leur héroïque exclusion sociale leur incapacité à se distinguer du troupeau. Vous voyez que je connais assez bien mon petit monde. Tout cela est au fond dérisoire, et vous devez bien rire, n'est-ce pas ?

La Conscience :

Je ne vous le fais pas dire. Je sais bien que vous êtes en forte part un ramassis de ratés, les survivants d'un passé heureusement révolu, qui mordent à défaut de se contenter d'exister dans leur coin et de se faire modestement oublier. Il y a aussi que je n'oublie pas ce que confessait naguère un critique littéraire en syntonie avec moi : les bons critiques sont de gauche, mais les bons écrivains sont de droite. C'est là pour moi une anomalie qui me laisse songeuse, qui m'interpelle comme on aime à le dire quand on évolue dans mon atmosphère. Comment le passéisme, l'intolérance, la méchanceté, cette espèce de dandysme pour recalés de la modernité, étrangers à l'esprit du Monde, peuvent-ils encore avoir quelque chose à dire, qui plus est quelque chose qui séduit encore le Monde ?

Tartempion :

Tiens donc ! Vous êtes peut-être moins bête que vous n'en avez l'air. Enfin ! Quelque détestable qu'il soit, c'est mon camp. On fait avec, comme on dit. Je fais avec, c'est-à-dire que je fais comme si je ne les connaissais pas, sauf quelques-uns bien sûr que je sais n'avoir choisi leur camp que pour servir et connaître la vérité. Il y a bien parmi eux, tout de même, quelques hommes de bonne volonté, quelques vrais talents méconnus. Et puis de toute façon nous ne sommes pas dans un pays libre, mais dans un panoptique, qui finit par étouffer tous les talents, de quelque bord qu'ils soient.

La Conscience :

Expliquez-vous. Vous vous lancez, comme je m'y attendais, dans un chemin complotiste.

Tartempion :

Non, ma cocotte. C'est juste l'expression des faits puisés aux sources officielles. Que la compréhension de ces faits dispose à embrasser une psychologie conspirationniste est une autre affaire ; cela ne prouvera pas que je délire, mais que vous mentez. Comme tous les menteurs, vous ne pouvez vous empêcher de vous mentir et d'aspirer à la sincérité qui, en retour, vous fait confesser la vérité comme malgré vous. Le conspirationnisme rationnel consiste à procéder à une herméneutique du discours officiel afin de lui faire avouer ce qu'il cèle et révèle malgré lui tout à la fois. Il ne va pas chercher midi à quatorze heures, il est seulement attentif à la manière dont les trompeurs trompent. C'est la représentation officielle et trompeuse de la vérité qui conduit le citoyen à s'ouvrir aux hypothèses relevant du complot. On n'oppose pas le complot aux thèses officielles, on écoute les thèses officielles et on les laisse faire l'aveu de leur fragilité, voire de leur invraisemblance.

La Conscience :

Vous avez vraiment l'esprit tordu. Allez-y, délirez, je me fais thérapeute.

Tartempion :

Notre monde est fondé sur l'argent. Il s'en défend, il exhibe les Droits de l'Homme, mais quand on gratte un tout petit peu on s'aperçoit que les Droits de l'Homme sont la caution de la recherche effrénée des jouissances les plus triviales et les plus basses : drogue, violence, satisfactions de vanité, luxure toujours plus sophistiquée, bouffe, culte du corps et de la santé, narcissisme. C'est que « l'homme » des « Droits de l'Homme » répugne à se définir tel le goret repoussant qu'il est ; il lui faut des apparences de spiritualité pour flatter son âme en même temps qu'il se fait remplir l'estomac et flatter la croupe ; alors il invente les plaidoyers pour la « dignité de la personne humaine ». Vous hypostasiez, Conscience, ce mensonge grossier. Fondé sur la recherche des délectations matérialistes, notre monde ne reconnaît, concrètement, de valeur qu'à l'argent. Le petit bout de ma lorgnette n'est donc pas une mesquinerie, il est une entreprise de dévoilement.

Il traîne sur la Toile un certain nombre de petites émissions assez bien faites, pédagogiques, sur la création de l'argent *ex nihilo*. Tout le monde y a accès, mais assez peu sont ceux qui ont vraiment compris le processus et qui, surtout, savent en tirer les conséquences. Je voudrais commencer par là.

Je vous résume une vidéo intitulée « Comprendre la dette publique en quelques minutes » que j'ai visionnée il y a peu. C'est vraiment très prosaïque comme sujet de préoccupation, cela ne vole pas très haut, mais c'est instructif. L'une des manières de mentir aujourd'hui, vous le savez bien, c'est de masquer des causes réelles sordides, extrêmement triviales, sous un enfumage de considérations abstraites à portée métaphysique ou morale, ou pseudo-scientifique. Évidemment vous ne pouvez ni le savoir ni le comprendre puisque vous êtes le condensé de tous ces mensonges, l'égout collecteur de toutes les pseudégories. Laissez-moi donc continuer, ou plutôt commencer.

Tous les observateurs politiques autorisés et tous les acteurs économiques supposés experts plaident en faveur de la baisse de la dette publique, qui est mondiale et en croissance exponentielle depuis plus de dix ans ; la dette mondiale s'élève au double de la production mondiale pendant deux ans ; nos spécialistes dénoncent des gaspillages réels ou imaginaires, ainsi en prônant la rigueur budgétaire et une baisse drastique des dépenses publiques. Chacun y va de son couplet.

Premier registre : il y a trop de fonctionnaires, trop de fainéants qui vivent de la sueur de ceux qui se lèvent tôt ; il y a trop de geignards, trop de syndicalistes, trop de résidus du communisme ; il faut mettre tout ce monde au boulot ; le Français est un planqué, il n'aime pas la liberté, il redoute le risque, il faut le mettre au pied du mur ; il ne veut pas s'adapter à la nouvelle donne de la mondialisation, il est trop statique, il a conservé cette détestable mentalité de rentier qui pérennise les sociétés enracinées ; il faut savoir évoluer, bouger, déménager, s'expatrier, être nomade, vivre au rythme de l'évolution des techniques et des mœurs, prendre des initiatives, savoir « saisir les opportunités » comme on le dit lamentablement dans un jargon d'occupation, être moderne quoi… Il faut baisser les impôts, et surtout ne pas tuer la poule aux œufs d'or, les entreprises qui rapportent ; il faut travailler jusqu'à soixante-dix ans et plus ; aux USA on travaille parfois jusqu'à quatre-vingt-dix ans, pas étonnant s'ils sont performants, vive la concurrence, etc. On ressort un nietzschéisme darwinien pour concierges, adolescents onanistes ou journalistes dans le vent, ce qui est à peu près la même chose en fait de niveau culturel réel ; on répudie le code chevaleresque de l'honneur comme une vieillerie holiste mais on plaide en faveur des « forts » contre la piétaille des « sans dents » ; l'individualisme serait le choix des meilleurs.

Deuxième registre : il faut privatiser toutes les activités, l'État est un mammouth stérile, on pourrait à la limite se passer de lui, il est toujours trop directif, tout doit être contractualisé, rien ne doit arrêter le progrès ; vivent les produits génétiquement modifiés, la libéralisation des drogues et de tous les médicaments, la libération des mœurs, l'esprit libéral se remplit de l'esprit libertaire, rien ne doit arrêter la logique mercantile, les importations, le marché est mondial ou n'est pas, les entreprises manquent de compétitivité, il faut dégraisser, licencier à tour de bras, libérons les initiatives, liberté en tout, etc.

Un tel discours contient probablement une part marginale de vérité, mais il hypertrophie certaines responsabilités pour mieux masquer la cause principale, qui n'a rien à voir avec le viol des vertus « viriles » du libéralisme et de cet esprit de « responsabilité » tant célébré. Pris en l'état, un tel discours est un mensonge que le présentateur nomme élégamment « *bullshit* ».

Il faut en vérité, pour expliquer ce phénomène de la dette, évoquer les thèmes suivants : le système des réserves fractionnaires, la création monétaire par le crédit, la loi française dite Pompidou-Rothschild de 1973 systématisée à l'échelon européen par l'article 123 du traité de Lisbonne de 2007.

L'économie, plus exactement la masse monétaire d'un pays, est comme une baignoire. Quand elle est trop peu remplie, il y a récession. Quand elle est trop remplie, il y a inflation. Lorsque l'économie était en période de croissance, on avait besoin de monnaie, et la banque centrale du pays (Banque de France, BCE de l'UE, FED, Bank of England...), normalement banque publique (mais la FED ne l'est même pas...) créait de l'argent *ex nihilo* par lequel l'État comblait ses déficits, satisfaisant aux réquisits de ses obligations régaliennes. Les banques centrales faisaient ainsi tourner la planche à billets. Mais l'abus de cette pratique, en tant qu'adoptée démagogiquement à des fins électorales, créait de l'inflation. Sous la pression des puissances d'argent, les États se sont ainsi engagés, depuis quarante ans, à ne plus faire appel à la création monétaire par les banques centrales, et ils se voient ainsi dans l'obligation d'emprunter aux banques privées (BNP, Bank of America, Société Générale, HSBC, UBS...), ainsi sur les marchés publics. Les États, les ménages et les entreprises font désormais leurs emprunts auprès des banques privées exclusivement, auxquelles, légalement, il est seulement demandé de posséder le sixième de ce qu'elles prêtent. Mais les sommes sont trop énormes pour satisfaire une telle demande, de sorte que les banques privées empruntent ce dont elles ont besoin auprès des banques centrales qui ne prêtent plus qu'à des banques, par là ne créent plus de l'argent qu'au profit des banques privées. Tel est le système des réserves fractionnaires. Mais les banques privées créent de l'argent par simple écriture comptable, ainsi de la monnaie dite scripturale, et font payer leurs services en exigeant des intérêts. C'est là la création monétaire par le crédit. Un tel argent est donc et par définition détruit par le remboursement des prêts. Il résulte de cette situation que le besoin d'argent induit par le fonctionnement de l'économie exige que les États, les ménages et les entreprises soient dans l'obligation d'emprunter à nouveau. Mais les intérêts de la dette font grossir la dette, de sorte que les nouveaux emprunts servent à rembourser les premiers avec les intérêts, dans une spirale excluant logiquement que la dette soit jamais remboursée :

la masse monétaire est tout entière aux mains de ceux qui la créent et la diffusent mais qui exigent que leur soit remboursé plus que ce qu'ils ont diffusé. La dette se nourrit d'elle-même. Depuis 1973, en France, les seuls intérêts de la dette publique ont été de 1400 milliards d'euros. La dette française des entreprises commerciales est de 7000 milliards d'euros pour la même période. Or la dette française actuelle est de 1500 milliards d'euros. Donc la dette actuelle correspond aux intérêts de la dette sur quarante ans. La dette ne se nourrit d'elle-même que pour enrichir les banques privées et leurs créanciers, qui sont anonymes. Naguère, l'État créait l'argent *ex nihilo* et vivait de la sueur des contribuables, mais il rendait des services qu'il est seul à pouvoir rendre. Il faisait l'ordre, il rendait la justice, il était la mémoire de la nation, il assignait sa finalité spirituelle à la société civile, il moralisait les mœurs, il entretenait une armée au service du bien commun. Aujourd'hui, l'État est le factotum servile des banques qu'il fait se goinfrer par le moyen de l'impôt, lesquelles, non contentes d'être moralement stériles, lui enjoignent d'institutionnaliser le désordre par la promotion de lois iniques destructrices du reste de moralité survivant dans la société civile afin de maximiser le consumérisme qui augmente leurs profits. En démocratie, les dirigeants sont élus par le peuple dont l'opinion est conditionnée par les faiseurs de l'opinion, c'est-à-dire par les puissances d'argent, lesquelles, par ailleurs créanciers des banques privées, font ainsi élire les dirigeants qui les servent. Par exemple, Emmanuel Macron en France fut élu en s'engageant à ne pas toucher au système bancaire actuel, et à détruire le système des retraites par répartition afin de contraindre les Français à contracter des engagements auprès des maisons d'assurances. En Occident, les syndicats, qui sont extrêmement peu représentatifs, n'existent que par le pouvoir politique, lequel ne subsiste que par les grands patrons et les banquiers, de sorte que les syndicats ne sont pas tant l'allié du peuple contre les patrons que la courroie de transmission entre les patrons et le peuple. En démocratie, la pression populaire consumériste, exacerbée par des syndicats objectivement alliés aux puissances d'argent, induit la démagogie, mais les intérêts des sociétés commerciales privées exigent de l'État des engagements officieux qui, eux aussi, requièrent que l'État ait recours à l'emprunt pour les satisfaire. Parallèlement aux intérêts de la banque privée spoliatrice jouissant désormais du privilège régalien de battre monnaie — privilège qui lui fut concédé par les États faibles, démocratiques, c'est-à-dire par les hommes politiques que les banques achetaient en payant leurs campagnes électorales —, les entreprises industrielles et commerciales privées font jouer aussi leur pression en forme de chantage sur ces mêmes hommes politiques afin de se ménager des contrats juteux ; par exemple les entreprises du bâtiment ont intérêt à ce que l'État fasse refaire, sans nécessité, tous les hôtels des conseils généraux et régionaux du pays ; dans le même ordre d'idée, les sociétés industrielles exportatrices de biens à très forte valeur ajoutée (mais qui font travailler peu de monde) ont intérêt à favoriser la baisse des taxes d'importation pour se procurer à bas prix des matières premières dans des pays qui, en retour, au nom de la réciprocité des échanges, inondent le pays de biens à faible valeur ajoutée (les produits agricoles par exemple, alors que la France rurale pourrait nourrir quatre-vingts millions de personnes) et créent du chômage, par là de nouvelles charges pour l'État qui se verra dans l'obligation d'emprunter aux banques. Pour cette raison, on voit qu'il existe une collusion objective entre les intérêts des banques et ceux des sociétés industrielles, quand bien même ces mêmes sociétés industrielles sont en demeure de contribuer à payer des impôts à un État qui doit de son côté rembourser ses emprunts auprès des banques privées.

Aux États-Unis, les choses sont encore plus simples. Il n'y a pas de banque centrale publique, il y a la Réserve fédérale, consortium de douze banques privées ethniquement très marquées, qui maîtrise l'émission de monnaie (le « *quantitative easing* ») mais qui de surcroît tient le lobby militaro-industriel. La Banque somme l'État de soutenir diplomatiquement et militairement les producteurs de pétrole du Moyen-Orient en exigeant de ces derniers qu'ils se fassent payer exclusivement en dollars, ce qui permet de soutenir le cours de cette monnaie en contraignant les autres pays industrialisés à en acheter. Ces sommes colossales ne font jamais retour aux États-Unis qui s'octroient ainsi, grâce à la puissance formidable de leur appareil militaire, le privilège de soutenir par la terreur et le chantage la valeur fiduciaire de leur monnaie, et de payer leurs factures d'importation en monnaie de singe.

Le seul moyen de rétablir l'ordre économique d'un pays est de rétablir son ordre politique, ce qui commence par la suppression de la démocratie, condition *sine qua non* de l'indépendance de l'État tant par rapport aux intérêts industriels peu soucieux du bien commun que par rapport aux intérêts bancaires de la fortune anonyme et vagabonde, mondialiste et antinationale. L'État fort, autoritaire, souverain, ainsi indépendant des puissances d'argent et des pressions des féodalités catégorielles, ainsi l'État fasciste, est le seul véritable protecteur et ami des peuples en lutte contre la tyrannie de la Finance. Mais les peuples sont idiots et pérennisent le système démocratique, garant supposé de leur « liberté » et de leur « dignité », par là plébiscitent leur servitude.

Ceux qui contrôlent les grands créanciers des banques, lesquelles font vivre les industriels ou les font mourir au gré de leurs préférences, n'aspirent à la puissance financière que pour accéder au pouvoir suprême, qui est de nature politique. Mais leur puissance financière est fragile, parce qu'elle est fiduciaire, tout entière dépendante de la puissance militaire, matérielle et humaine des États que ces banques ne tiennent que parce qu'ils y consentent. On dira qu'ils y consentent parce que leurs dirigeants sont eux-mêmes des créatures de la Finance, mais cette réponse est insatisfaisante, parce qu'il ne suffit pas d'être imposé par la Finance pour recevoir l'agrément du peuple. Il faut que le peuple soit lui-même complice du mensonge dont il est la victime. Et s'il reconnaît, sans l'avouer ni se l'avouer, qu'il est partie prenante dans le mensonge qu'il subit, c'est au fond qu'il trouve son intérêt dans le type de société mondialiste en laquelle on entend l'enfermer et le tenir en servitude irréversiblement. J'ose suggérer qu'il reconnaît, du fond de son subjectivisme consommé, dans les élites judéo-maçonniques mondialistes qui l'abusent et le broient, l'expression de sa souveraineté. Ça vous en bouche un coin, n'est-ce pas, la Conscience ?

La Conscience :

Supposé qu'il y ait du vrai dans votre explication, vous ne dites pas que c'est là la cuisine obligée toujours peu ragoûtante des sociétés démocratiques, des sociétés de liberté où l'individu est respecté dans son individualité et sa dignité, parce qu'il a raison de finalité. Franchement, cela vaut bien quelques iniquités de dessous de table, quelques rouages opaques, quelques pieux mensonges ; les demeures les plus propres ont toujours un coin crasseux. Toute société de liberté charrie une certaine dose d'ordures, de l'iniquité financière à la pornographie, mais c'est le prix à payer ; c'est comme les intestins dans un corps resplendissant, ça pue un peu et on le cache, mais on ne peut s'en passer. Si l'on refuse cette dose, on a recours à l'État répressif, policier, fasciste, fruit mortifère d'une pathologie de la pureté. Exiger du réel qu'il se conforme à l'idéal, c'est déréaliser ce qui est. Je serais bâillonnée et même trucidée dans votre société, vous ne l'êtes pas dans la mienne, vous y êtes seulement marginalisé ; et cela suffit à établir la supériorité intrinsèque des sociétés libérales sur les autres. Rien ne vous empêche de vivre en privé votre morale, d'y exalter votre ascétisme masochiste et d'y pratiquer vos patenôtres, sans ennuyer personne ; si vous n'aimez pas la société permissive, n'en dégoûtez pas les autres. Qu'est-ce qui vous autorise à leur imposer votre conception du Bien ? Seriez-vous Dieu ? Restez donc dans votre coin à bougonner, en marge de la société qui magnanimement vous supporte et vous nourrit de ses miettes ; on ne vous fera pas de mal si vous ne nous empêchez pas de vivre ; retirez-vous dans un recoin sombre en nourrissant vos frustrations, vos nostalgies et vos ulcères.

Tartempion :

Vous avez bien appris votre leçon, grosse dondon loquace et suffisante. Je vous rappelle néanmoins que ça ne m'empêche pas de pressentir en vous quelque chose de la brave fille abusée.

La Conscience :

L'insulte, de toute façon, n'est pas un argument.

Tartempion :

Je crains que vous ne compreniez que les insultes ; tout argument rationnel vous passe au-dessus de la tête. Et puis ça prendrait trop de temps.

La Conscience :

Je vais être bonne fille, puisque vous me gratifiez de bonne bêtise ; je vais faire comme si vous méritiez d'être écouté. Je suis toute ouïe.

Tartempion :

Il y a beaucoup à dire en effet. Mais je relève votre défi ; je sais bien que c'est un défi : vous entendez me mieux connaître pour me dissoudre dans vos sophismes, pour préparer des stratégies de contre-attaque. Cela prouve au moins que vous n'êtes pas si sûre de vous que cela. Avec vos attitudes de reine sage sûre d'elle-même, vous sentez dans le fond de votre culotte, qui vous tient lieu de conscience en puissance, ou d'inconscience, que vous êtes fragile comme l'est le mensonge, toujours fébrile, aux aguets, substantiellement inquiet.

D'abord, il n'est pas difficile de comprendre que la neutralité n'est pas neutre. La liberté de conscience, c'est la licence donnée à la Conscience que vous êtes de diffuser ses erreurs. La liberté de conscience « libère » la conscience de son ordination à la vérité, elle tient la vérité et l'erreur pour également fondées à être soutenues et répandues. Mais accorder même valeur à la vérité et à l'erreur, ce n'est pas être neutre, c'est faire un choix. L'erreur est la privation de la vérité, elle est l'ensemble des manières de la trahir, c'est-à-dire de la tronquer, elle est hérétique par essence : ne retenir du vrai qu'une partie, réduire le tout à la partie, c'est dénaturer non seulement le tout mais encore la partie en lui conférant une indépendance et une suffisance fictives, puisque la partie est essentiellement relative au tout qui lui donne être et sens. L'erreur est essentiellement relative à la vérité qu'elle conteste. Aussi la poser à côté de la vérité comme son égale revient à lui conférer une consistance qui n'appartient qu'à la vérité, de sorte que reconnaître un droit égal à exister à toutes les opinions, qu'elles soient vraies ou fausses, revient à faire passer l'erreur pour la vérité ; mais par là on est contraint de faire passer la vérité pour l'erreur : la neutralité est une machine de guerre en vue de la promotion de l'erreur. Elle est un mensonge au service du mensonge. Oh je sais ! Vous allez me sortir la sagesse du scepticisme, l'idée que personne ne saurait se targuer de posséder la vérité, et autres fariboles communes. Mais c'est là encore une attitude de mauvaise foi. Douter de l'aptitude à discerner la vérité, c'est juger douteux quelque chose. Mais juger consiste à comparer. On doit bien se référer à un idéal de l'indubitable pour déclarer telle ou telle assertion douteuse. Dans l'acte où il s'engage dans la voie du scepticisme, qui est le soubassement du relativisme, le libéral fait mémoire, « *in actu exercito* », de ce dont il conteste la cognoscibilité « *in actu signato* ».

Ensuite, il faut comprendre que le mécanisme ci-dessus évoqué de création d'argent *ex nihilo* par des organismes privés, c'est-à-dire le mécanisme de l'argent-dette, n'est pas un dispositif contingent de la société capitaliste, il en est le couronnement et la systématisation. Ce que je vais établir en quelques phrases.

Dans une société restée humaine, l'argent est le moyen de procéder aux échanges, et les biens échangés ont raison de fin ; dans la société capitaliste, les biens échangés ont raison de moyen d'opérer des échanges qui sont finalisés par l'accroissement du capital, et ainsi l'argent a raison de fin. Il va de soi que c'est la puissance d'avoir qui est visée à travers les fictions monétaires, c'est la pathologie de l'avoir érigé en raison d'être.

On veut avoir toujours plus, à la limite on voudrait avoir tout, et il faut tout de même se demander pourquoi. Il va de soi, en effet, qu'on ne veut pas avoir infiniment pour consommer, parce que toute puissance humaine de consommer est finie, à peine de se faire éclater la panse et de détraquer tous les organes de la machine à jouir. Il est enfin évident que l'argent ne permet de posséder ni la science, ni l'intelligence, ni la sagesse, ni l'amour, ni l'amitié, ni la vertu, ni aucun bien spirituel ; il permet seulement d'accéder aux biens matériels. Le capitalisme est ainsi l'organisation que se donne le monde du travail, de la production et des échanges, pour faire accéder ceux qui le subissent à un accroissement indéfini des biens matériels, cependant que cette infinité ne saurait s'expliquer par le désir charnel de jouir. Mais alors comment expliquer cette dernière ?

Je crois qu'on aspire à posséder toujours plus, au point à la limite d'aspirer à avoir tout, comme substitut du désir d'être tout, c'est-à-dire du désir d'être absolument, par là du désir d'être Dieu. Être au suprême degré de perfection, c'est posséder si intimement les biens que l'on peut avoir qu'on en vient à se les rendre consubstantiels, de sorte qu'on ne peut plus, à ce titre, les perdre : être absolument bon, c'est *être* la Bonté même ; mais c'est aussi continuer à *avoir* ces biens et perfections à quoi l'on s'identifie pourtant, afin d'en disposer, de les maîtriser, de les exercer. Être le parfait, c'est l'être sans cesser de l'avoir, c'est se mettre à avoir ce que l'on est parvenu à être : s'identifier à ce dont on se différencie sans cesser d'en être différent, se différencier de ce à quoi l'on est identique sans cesser de lui être identique. On comprend sous ce rapport que la pathologie de l'avoir puisse exprimer un désir d'être, le désir suprêmement orgueilleux d'être Dieu. Mais il faut aller plus avant dans cette analyse.

Je l'ai écrit souvent, après beaucoup d'autres : les biens matériels sont divisibles à l'infini, mais ils répugnent à être participés ; peut être participé un bien jouissant du pouvoir d'être tout entier en chacun sans être divisé ; je peux être vertueux sans vous empêcher de l'être autant que moi ; il faut même dire que plus je suis vertueux, plus je communique ma vertu qui s'enrichit du fait d'être donnée, au lieu qu'un bien matériel est tel qu'il m'en reste d'autant moins que je l'ai plus donné. Les biens spirituels peuvent être éminemment participés cependant qu'ils sont indivisibles : la vérité par exemple ne se coupe pas en morceaux ; si on la tronque ne serait-ce que d'un iota, ce n'est plus la vérité. Cela dit, les biens spirituels sont des biens que l'on aime pour eux-mêmes, et non pour soi. Et c'est parce qu'on les aime en se rapportant à eux qu'ils sont les plus délectables, en droit sinon en fait. Je m'explique : un bien tel qu'il enrichit son possesseur à proportion du pouvoir de ce dernier de le diffuser (au sens où l'on ne possède bien que ce que l'on enseigne, par exemple), c'est un bien diffusif de soi ; et un bien diffusif de soi, c'est un bien qui répugne à être possédé à la manière dont un bien privé est possédé ; un bien spirituel est un bien que je ne possède qu'en tant qu'il me possède ; c'est moi qui lui appartiens plus qu'il ne m'appartient, et c'est moi qui me fais l'instrument bienheureux de son rayonnement ; et c'est parce qu'il jouit de la vertu de faire de moi un instrument qu'il me comble ; il y a une dimension d'abnégation obligée dans la conquête effective du bonheur proprement humain. En revanche, un bien matériel est éminemment divisible et il répugne à être participé. Mais on comprend par là qu'un bien matériel, quelque indigent qu'il soit à combler des aspirations spirituelles, puisse être convoité infiniment : c'est précisément sa disposition à n'appartenir qu'à un seul moi qui séduit en lui un tel moi ; un bien matériel est un bien essentiellement privé, ainsi un bien qui répugne à être commun, par là un bien que le moi peut aimer en le rapportant à soi, c'est-à-dire en se le subordonnant, afin de célébrer sa propre absoluité en le consommant. On peut tirer de ces considérations que les biens matériels en viennent à avoir raison de fin à partir du moment où le moi, la subjectivité, la liberté, s'est absolutisé. Quelque indigent qu'il soit à étancher la soif spirituelle de l'homme, ce dernier, en tant que subjectiviste, préférera un bien matériel à un bien spirituel, parce que le premier peut être aimé sur le mode d'une chose que l'on rapporte à soi. Cela dit, si les désirs physiques sont finis, les désirs spirituels sont infinis : est spirituel ce qui est doté du pouvoir de réflexion ; on ne peut voir l'acte de voir, on peut penser l'acte de penser ; et l'on peut désirer l'acte de désirer parce que ce désir est spirituel ; or ce qui est réflexif est infini, parce que plus le désir est satisfait, plus il est aimable à lui-même, plus il aime son acte ; il se creuse à proportion de son pouvoir de se remplir. Dès lors, un désir sans fin des biens matériels est un désir d'esprit investi dans la matière. Mais c'est un désir d'esprit dévoyé, puisqu'il est subjectiviste. Le consumérisme est l'effet de la ruse du désir spirituel, c'est-à-dire du désir proprement humain, qui entend se satisfaire en se soustrayant à la condition abnégative obligée de sa réalisation. Le subjectivisme est la racine du matérialisme, non au sens anodin (certes exact) où le subjectiviste refuserait toute contrainte en s'octroyant le droit de ne résister à aucune sollicitation sensuelle, mais au sens plus pervers où seul le bien matériel lui permet de célébrer son absoluité tout en lui donnant l'illusion d'accéder à l'infini, à un infini potentiel qui sera vécu tel le substitut — qui en est la caricature — de l'infini actuel.

Or précisément, pour obtenir cette organisation permettant à l'homme de se prendre pour fin, il est nécessaire de maximiser la production et la consommation, mais tout autant de réduire toute chose à un bien économique, d'où l'économisation de toutes les sphères de la vie humaine : rien ne doit échapper à l'emprise du marché, tout doit pouvoir s'acheter, tout doit en venir à relever de l'ordre de l'avoir : la bonne réputation, la santé, le talent, les organes humains ; corrélativement, il doit n'y avoir qu'un marché, parce qu'une pluralité de marchés suppose leur limitation réciproque, par là leur finitude qui contrevient à l'exigence d'infinité quantitative investie dans le projet d'absolutisation de la subjectivité par l'inflation de l'ordre de l'avoir, d'où aussi la mondialisation. Aucun aspect de la vie sociale n'échappe au capitalisme, chaque homme tout entier et totalement est convoqué de gré ou de force à servir les exigences du marché, aucune activité humaine ne doit y échapper : le sport, la culture, le travail, l'expression artistique, l'élaboration du droit et la pratique de l'art juridique, celle de la science médicale et la pratique de l'art médical, et évidemment toute la sphère de ce qu'il est convenu de nommer les loisirs ; aucun bien ne doit être accessible qui n'ait acquis une valeur marchande : on doit pouvoir breveter les semences végétales, acheter les ventres qui mèneront à terme les fœtus des invertis, on en viendra peut-être à breveter, pour le vendre, l'air que l'on respire. L'homme se trouve condamné à produire et à consommer. Rien d'autre n'a de valeur que ce qui est économisable, il n'est plus d'échange que l'échange commercial intronisé fondement et modèle de tous les autres échanges, d'où l'impossibilité structurelle de cultiver la recherche désintéressée des biens spirituels, à moins de disposer d'assez d'argent pour se payer le luxe de faire subsister dans la société des échanges un espace où serait suspendue la loi d'airain du productivisme, du consumérisme et de la concurrence ; et même ce procédé n'a qu'un temps, parce que l'argent soustrait à l'échange se déprécie. Or l'argent-dette est le dispositif idéal qui, créant des dettes qui ne peuvent être remboursées, enjoint aux acteurs économiques (sociétés industrielles, ménages, États) de relancer indéfiniment le productivisme et le consumérisme. On a recours à l'obsolescence programmée, et l'invention de la mode des vêtements déchirés et troués, usés et tachés, mis sur le marché à des prix excédant ceux des vêtements non détériorés est comme un symbole non absurde de l'absurdité de la réalité économique actuelle.

Vous voyez bien, pauvre Conscience morale des sociétés que la morale a désertées, que la société contemporaine ne permet pas à un seul des types de mon espèce d'exister. Elle les supporte parce qu'elle n'ose les tuer. Elle a — *vous* avez, Conscience collective de notre temps pourri —, comme le disait Bernanos, le cœur dur et la tripe sensible. Vous êtes bien une bonne femme ; on peut dire de vous, le génie en moins, ce que Stefan Zweig disait de Paul Verlaine : « C'est réagir en femme, c'est se tromper par excès de sentimentalité, que tenter d'assimiler à la grandeur le simple pathétique. » Le subjectivisme s'actualise dans la déification du sentiment, parce que le sentiment relève de la sensibilité, ainsi du corps et de la matière, tout en cultivant une proximité avec la volonté qui se médiatise en lui, de sorte que le sentiment demeure au niveau de la matière tout en donnant l'illusion de l'élévation morale de l'esprit ; il fait croire, en ses effusions, qu'il élève l'âme animale au-dessus d'elle-même, alors qu'il la rive à son animalité pour lui donner de se prendre pour fin. Vous attendez que les gens de mon espèce disparaissent sans faire trop de bruit. Le capitalisme, ou le libéralisme dont il est le dispositif technique, proscrit par essence toute forme de vie méditative.

La Conscience :

Vous me haïssez de toutes vos forces, n'est-ce pas ? Vous ne pouvez que me haïr, puisque je vous interdis d'exister, vous empêchant d'exister quand bien même je voudrais vous maintenir en vie. Il y a donc entre nous une lutte à mort, et c'est vous qui en dernier ressort me déclarez la guerre, puisque je vous invite quant à moi à vivre votre idéal passéiste et statique dans votre coin sans déranger personne. Vous n'êtes pas réaliste, sénile crapoussin adulescent aroutiné à ses sombres chimères, vous êtes un fou dangereux. Vous êtes, sous vos dehors de marginal inoffensif, un fauteur de guerre, un terroriste, et vous m'obligez à vous traiter comme tel, en zombie sanguinaire affligé de l'amok. J'ai bien fait de vous visiter, je sais à quoi m'en tenir avec vous. Et je saurai prendre les dispositions qui s'imposent.

Tartempion :

C'est ça, grande tige républicaine aux mamelles siliconées ; vous seriez peut-être moins moche si vous restiez naturelle, dans le style de la génisse qui pète de santé. Nos contemporains ne sont même plus capables de comprendre — c'est une lapalissade — que le mal — eh bien ! —, ça fait mal, tout simplement. Le mal moral est plus mauvais que le mal physique, et il fait plus mal que ce dernier puisqu'il est plus mauvais, parce que la vie du corps est suspendue à celle de l'âme, et qu'une âme pourrie dans un corps sain finit par le pourrir. Quand le corps pèche, l'âme pèche en lui et se rend malade, mais elle ne s'en aperçoit pas ; par une bienveillante disposition de la Providence, la maladie de l'âme rejaillit dans le corps, où elle s'objective et accède un peu à la conscience de sa salissure mortifère. Je puis donc vous annoncer tranquillement que vous n'aurez pas besoin de moi pour tuer la machine consumériste dont vous êtes la caution. Elle se tuera toute seule, et vous avec elle.

La Conscience :

Et pourquoi cela, je vous prie ? Nous avons eu raison de tous nos ennemis, des vieux théocrates aux monarchistes absolutistes, des fascistes aux communistes ; l'islam est en train d'être dissous dans la société de consommation, et les résidus d'intégrisme sont financés par nous pour servir d'épouvantail, d'homme de main et de prétexte à avancer nos pions. Nous sommes toujours en vie, ne vous en déplaise, nous sommes la fin de l'Histoire de l'humanité ancienne ; en nous, elle est adulte, elle aborde son histoire véritable. Et mes seins ne sont pas siliconés, espèce de goujat sans goût.

Tartempion :

Pauvre fille suffisante ! Vous ne comprenez pas que le capitalisme est intrinsèquement contradictoire, qui convoque le plus grand nombre, et de la manière la plus coercitive, à l'effort de production et de consommation, dans le moment où la logique du système aboutit à une concentration inouïe de la richesse en un nombre de mains toujours plus petit, au détriment du plus grand nombre évidemment, lequel, progressivement prolétarisé, finira, par son incapacité à consommer, par réduire la richesse des élus, purement fiduciaire, à néant : quand l'échange devient impossible, la valeur de l'argent s'efface, et c'est pourquoi cette puissance financière éminemment concentrée a vocation à se convertir, s'y sublimant, en puissance politique à l'échelon mondial. C'est au reste, à mon avis, le projet des auteurs du système. Mais ils ne peuvent pas le dire, à peine de désolidariser la multitude de leurs actions ; ils ne peuvent surtout pas vous le dire, idiote utile, menteuse mentie. La puissance financière des créanciers des banques privées, vrais maîtres du jeu, est devenue telle que les États vivent à son rythme et subissent ses diktats. On s'achemine de manière à peine voilée vers l'État mondial. Les fausses calamités écologiques sont diffusées pour laisser entendre que la survie de l'humanité dépend d'une prise de conscience planétaire et d'une rationalisation supranationale des problèmes économiques de l'humanité. Mais que signifie ce projet ?

L'État mondial, horizon de toutes les manipulations contemporaines, est en quelque sorte la réalisation politique de l'ontologie spinoziste. Ce qui appelle une explication. Je ne me fonde pas sur des informations secrètes — vous me taxeriez encore, avec condescendance, de complotisme —, je me contenterai de développer la logique de concepts dont le contenu est accessible à tous.

IV

SOLILOQUE DE ZINZIN

« Quel sale type ce mec-là... Pour qui se prend-il ? Pauvre taré, encore un connard qui déjante. Suffit pas de péter les plombs pour avoir quelque chose d'intéressant à dire. Ça prétend s'élever au-dessus des autres en vous balançant à la figure sa propre chiasse verte qui lui submerge le gosier... Vous êtes un concentré de haine impuissante, un raté pitoyable. L'homme est bon par nature, sa méchanceté vient de traumatismes subis, c'est une victime, nous sommes tous responsables puisque nous sommes la société, la culpabilité est collective puisque la société l'a rendu méchant en le blessant. C'est pourquoi il est ignoble de mépriser son prochain comme vous le faites avec hargne, de lui imputer à crime ses tâtonnements et ses chutes. Ce n'est pas moral, ce n'est pas charitable, ce n'est pas chrétien, ce n'est pas social, ce n'est pas démocratique, ce n'est pas digne d'une conscience citoyenne et éclairée. Des types comme vous sont des asociaux, vous n'avez pas le droit d'exister, tout individu anticonsensuel est un terroriste. »

Ah !, la chanson progressiste... Il leur vient pas à l'idée de m'appliquer le traitement qu'ils me reprochent de pas appliquer à toutes les ordures qui m'ont fait du mal, à commencer par ces donneurs de leçons irresponsables de connerie satisfaite. C'est des cons mais aussi des salauds, des menteurs, et ils sont cons parce qu'ils sont des salauds. Pas de pitié pour cette engeance.

Tu t'indignes ? Tu renâcles, tu fais la fine bouche ?

Mais regarde au fond de toi si tu en es encore seulement capable, ce qui n'est pas acquis. Tu te crois beau ? T'es content de toi ? C'est t'y si facile d'effacer l'ardoise ? Ça grouille là-dedans, ça prolifère. La vermine t'écœure pas ? Ton cas est tellement désespéré que t'es plus capable de t'en apercevoir. Ces beaux sentiments : envie, jalousie, fainéantise, fascination du moi par lui-même, plaisir de se réjouir des misères et des souffrances d'autrui, de s'élever à son détriment, d'abaisser ce qui vous dépasse... Tu peux toujours dire pendant ce temps-là que tu compatis, que t'as l'esprit large... « Je ne suis pas parfait », que tu dis, « mais je fais de mon mieux, j'ai ma dignité ». C'est toujours la même antienne. On croit reconnaître ses torts, on croit faire l'effort héroïque de les reconnaître, et on s'absout en croyant ou en voulant croire qu'on a le droit de le faire. On se soustrait à soi-même en se mettant à distance de soi, comme si tout le venin du moi passait dans son objectivation. L'auteur de ta représentation de toi-même, c'est toi ; alors s'il y a du venin dans le moi-objet, il y en a dans le moi-sujet, et pour cette raison le moi-objet est le fruit de ce venin, il est mensonger, il ne se leste pas du millième du venin qu'il contient véritablement. On s'absout, j'ai dit, en fait on fait semblant de confesser ses torts, on en confesse seulement un tout petit peu pour se réjouir d'avoir si peu à se faire pardonner ; on se blanchit sans vergogne, c'est pas de la vraie confession. Il y a qu'une manière d'être honnête à l'égard de soi-même, c'est de cesser de penser à soi. La conscience est le lieu de parousie des idées, sa valeur est celle des idées qu'elle réfléchit, ou plutôt qui se réfléchissent en elle et qui la font exister. Mais elle ne veut pas l'admettre, elle croit qu'elle est le fondement des idées parce qu'elle a le pouvoir de les faire apparaître ; aujourd'hui, on adopte une idée comme on choisit un costume ou un style, les idées sont la panoplie du « *look* » : « ça me va, ça me va pas j'en change... » On ne se pense pas, aujourd'hui, pour penser des idées ; on pense des idées, n'importe lesquelles, pour se plaire à se penser soi-même ; on ne pense plus véritablement les idées qu'on pense, parce qu'elles ont le pouvoir d'arracher le moi à lui-même et de le renvoyer au-delà de soi ; mais c'est seulement l'oubli de soi de la pensée dans le service des idées vraies qui sauve la conscience de l'insondable mensonge à soi. En s'objectivant son ordure, lui le sujet qui pense, il croit qu'il va la dissoudre et la transfigurer ; mais c'est elle qui le dissout. Il n'y aurait pas grande perte s'il y avait quelqu'un pour tirer la chasse, mais il n'y a personne en ce monde pour le faire, il n'y a plus d'homme, il y a des hommes sans humanité, des consciences sans nature, la conscience de soi verbeuse de la merde en décomposition. On appelle ça l'humanité, l'Homme des Droits de l'Homme. L'homme n'est pas un roseau pensant. Il est la confirmation réflexive ordurière d'une nature splendide qu'il a toujours un peu plus salopée de génération en génération. Y a qu'à voir le résultat aujourd'hui. Viens, je vais te montrer.

Donne-moi la main et prends la mienne, on va aller voir les hommes. C'est beau la dignité de la personne humai-ai-ne.

Parlez-moi d'amour, redites-moi des choses tendres...

Un cadre dynamique se grattait le cul, bouffait ses crottes de nez et faisait des effets de menton en se mirant dans la glace avantageuse de l'ascenseur de son entreprise, qu'il occupait seul. Mais il ignorait que le service de sécurité avait placé là une discrète caméra. La trombine narquoise et goguenarde du chef de la Sécurité lui a renvoyé son ridicule. Le cadre a tout fait pour le faire virer, et il y est parvenu. Non mais... Où qu'on va si on respecte plus la hiérarchie ? L'homme est égaux, parce que l'homme il est libre, et la liberté ça fait qu'on a des droits, et d'abord le droit à la liberté. Et comme ils sont tous libres et égaux, ils sont tous également libres, et même libres de pas être égaux à tous les autres. C'est même de ça qu'ils ont tous envie, également ; faut être logique.

Votre beau discours mon cœur n'est pas las de l'entendre...

Un médecin suffisant qui voulait troncher une de ses patientes rétives (il y en a) a beaucoup rougi quand elle lui a fait remarquer, jeune mère de famille sans diplômes, qu'il faisait des fautes d'orthographe et commettait des solécismes. Il a décidé de la rendre vraiment malade. Il y est parvenu. Elle a failli en crever sans savoir que c'était à cause d'une blessure d'amour-propre. C'est bien l'amour-propre, c'est républicain, c'est généreux, c'est citoyen. Robespierre avouait qu'il avait toujours eu beaucoup d'amour-propre. Sans l'amour-propre on se ferait pas respecter. C'est pas du jeu ce qu'elle a fait ma patiente. Et puis, dans amour-propre, il y a amour, c'est normal qu'on s'aime soi-même et qu'on se respecte, l'amour-propre c'est le ressort de la démocratie. Et la démocratie c'est bien aussi, ça rend les gens meilleurs puisque ça supprime le pouvoir de l'homme sur l'homme, qui, comme chacun sait, est toujours despotique. La démocratie, ça rend les hommes libres et égaux ; mieux : ça préserve leur tendance naturelle à la bonté. Avec la démocratie, les gens sont tous heureux parce qu'ils s'aiment. Y a qu'à les regarder vivre.

C'est comme Monsieur Pierre Asticot. Il a la tronche du Tonton de Pif Poche, il est entré à l'école rigide et solennel, avec un bâton républicain dans le cul comme « enseignant » après avoir quitté l'école comme « étudiant », il a jamais connu la vraie vie, il a vécu dans les officines qui sont censées préparer à la vie. Il a été titularisé dans l'Alma Mater sans passer aucun concours, il est agrégé sur liste, syndicaliste, de gauche évidemment, il avait la tête pleine de convictions rousseauistes recyclées par Peirce et Dewey. Et puis, malgré ses protections maçonniques au rectorat, il a été envoyé dans un lycée professionnel où il y a que des bougnoules. Ils lui ont appris la vie. Il a été bousculé vite fait avec ses palabres et son ton pète-sec. Il a eu du mal à se retenir de faire dans sa culotte quand ils ont commencé à l'insulter et à le menacer. Ah !, ils se marraient quand il leur causait dialogue et respect d'autrui. Il a fermé sa gueule et il s'est mis en maladie. Aux collègues compassés, il raconte sur un ton grave et pénétré, à peine remis de l'échevellement électrique de ses bons sentiments : « Je ne répondais pas, il aurait fallu que je me mette à leur niveau, j'aurais eu l'impression de me salir en répliquant sur le même ton qu'eux ; ils ne sont pas encore mûrs pour la liberté, et c'est pourtant en les mettant en liberté qu'ils apprennent à être libres. Mais mon comportement leur a donné l'exemple de l'attitude citoyenne ; cette expérience m'a beaucoup appris, il faut garder espoir, ne pas céder aux pulsions d'exclusion qui gisent en chacun de nous. » Le peuple et la « diversité », il kiffe grave, mais de loin ; quand la réalité se met à envahir sa maison aseptisée pour vieux bébés en couche-culotte, il comprend plus rien, faut qu'il travestisse la réalité pour qu'elle lui soit supportable.

Pourvu que toujours vous répétiez ces mots suprêmes...

Madame Grand-mère, jeune vieille hyperactive de soixante ans, a beaucoup pleuré lors de la mort tragique de « Lady Di ». Elle l'a excusée de toutes ses frasques. Comme tout le monde, elle divinise le sentiment. Comme tous ses contemporains, elle se croit bonne, infiniment bonne, elle est optimiste et elle souhaite bonne chance à la jeunesse qu'elle aime éperdument par principe. Elle fréquente assidûment les salles de gymnastique ; elle a jadis pondu deux gosses entre dix avortements. À la page, elle est fière d'avoir initié sa pauvre fille à la pilule dès l'âge de quatorze ans, qui vit en concubinage avec un élève ingénieur martiniquais. « Toutes les religions sont bonnes pourvu qu'elles ne soient pas des manifestations de fanatisme et d'intolérance ; je suis contre la révolution mais pour l'évolution. Vous comprenez, c'est dans le cœur que ça se tient, c'est la seule chose qui compte. Si tout le monde était comme moi, il n'y aurait ni guerre ni chômage. Il faut savoir partager, accepter le dialogue, s'enrichir de ses différences. Qui peut être sûr de posséder la vérité ? Avec le progrès technique, on pourrait nourrir amplement tout le monde en travaillant quatre heures par jour et le reste du temps chacun pourrait s'épanouir et cultiver sa créativité. La pauvre Lady Di, je l'aimais comme ma fille, elle était si jeune et si innocente... Elle aurait pu être tellement heureuse. C'est comme tous ces petits enfants handicapés, non mais vraiment leurs parents sont des inconscients, ils n'ont pas de cœur, à l'heure de la pilule et de l'interruption volontaire de grossesse. On peut quand même choisir, c'est criminel de garder un gosse anormal, pauvre petit défavorisé qu'aura pas même pas de vie sexuelle épanouie ; on fait un malheureux de plus, c'est révoltant. » La générosité mortifère fuse en elle comme un éclair sanglant d'égoïsme criminel. Madame Grand-mère aime beaucoup les animaux, même les toutous adipeux et hémorroïdaires ; ce sont des personnes, ils souffrent comme nous, ils ont droit à la vie. Qui vous dit qu'ils ne pensent pas ? Eux aussi ont droit au bonheur. Ça lui fait tellement mal de voir souffrir. Elle se pâme d'amour pour elle-même en s'enivrant des accords qu'elle tire de ses bouffées de sentiment ; jusqu'à la fin, dix minutes avant la Grande Explication, elle sera encore rivée à ce que le monde déjà inconsistant par essence produit de plus illusoire.

Je vous ai-ai-me...

Un homme mûr, « sportif », sûr de sa générosité infinie, pérore à une terrasse de café devant une petite cour obséquieuse. Il a réussi dans la vie, il s'aime éperdument, il se sait encore consommable, il est incollable sur les performances des bagnoles, des ordinateurs et des portables. Quand il marche dans la rue, il ne rate pas une glace pour s'y mirer à la dérobée. Il prend grand soin de sa mise et de sa santé, il vivra vieux. Il se fait jouir en conjuguant la perspective du plaisir qu'il prendra tout à l'heure avec sa maîtresse, et la conscience de la sincérité — dont il s'étonne et qui le ravit — de la tristesse et de l'indignation qui le secouent : « L'un des chauffeurs poids lourds de mon entreprise, honnête et sobre, s'est tué récemment au cours d'une livraison. Il n'avait que trente-cinq ans ; on ne meurt pas à trente-cinq ans. Père de deux beaux enfants et d'une compagne qui l'adorait... Je dis que c'est pas juste. Il n'y a pas de justice, le mal frappe les innocents autant que les gens mauvais et malhonnêtes. Il y a pendant ce temps d'anciens collabos qui vivent jusqu'à cent ans. Des drames pareils n'auraient pas lieu si Dieu existait. La conscience se révolte, elle ne peut que se révolter. Il faut s'indigner, la jeunesse d'aujourd'hui ne s'indigne pas assez. Je m'occuperai personnellement de cette famille plongée dans l'affliction, victime de l'injustice de la Providence qui s'ingénie à nous mettre des bâtons dans les roues. Une telle action sera bien plus utile que les messes que sa famille italo-bretonne ne manquera pas d'offrir... Remarquez, ça ne me gêne pas qu'ils offrent des messes, je respecte les opinions de tout le monde pourvu qu'on respecte les miennes, et si elles ne relèvent pas du fanatisme. Cet homme n'avait rien demandé. Il n'avait pas demandé à vivre. Il était en droit de refuser le sort qui lui était cruellement dévolu, on l'a jeté dans l'existence sans lui demander son avis. Toute souffrance est injuste, qui n'est jamais consentie alors que l'homme est fait pour être heureux. De siècle en siècle, les hommes de bonne volonté apprennent à maîtriser leur destin. Ils y tendent héroïquement, par le développement des techniques, par la conscience toujours plus claire de leurs droits naturels imprescriptibles, en dissipant les préjugés et l'obscurantisme. Nous n'y parviendrons probablement jamais de manière complète, mais c'est ça qui d'une certaine façon est exaltant : la véritable perfection, c'est le mouvement même, réel, vers la perfection idéale, c'est le progrès indéfini, et c'est ça qui fait la grandeur de l'homme et sa dignité. »

L'âne bien-pensant reprend souffle et attend les compliments ; c'est fou ce qu'il peut y avoir de gens intelligents aujourd'hui pour donner des leçons de morale et de savoir-vivre à Dieu. Le vieux beau n'a pas saisi que le sentiment délicieux du scandale suppose la perception d'un désordre ; que le désordre n'est scandaleux qu'à proportion de son pouvoir de violenter l'ordre ; qu'il y a un Ordonnateur s'il y a un ordre. Le Mal dans la création suppose l'existence de Dieu, loin de l'exclure, au point que l'on peut se demander si l'athéisme n'est pas un gnosticisme pratique qui s'ignore ; s'il y a du mal permis par Dieu, c'est que Dieu est assez fort pour en tirer un plus grand bien ; le vieux beau ne s'aperçoit même pas que sa suffisance infinie le rend profondément con, qui fait — lui la petite poussière paumée quelque part dans l'univers — de son étroite vision du monde la mesure et la norme du cours du monde. Le parvenu adoubé en loge pour prolétaires dégrossis n'est même pas effleuré par l'idée que l'exercice de l'acte de vivre, qui lui est dévolu, n'est pas le résultat d'un contrat ; se révolter contre la vie, ou la discuter, suppose qu'on emprunte à la vie par laquelle on la conteste. C'est au don accepté qu'on puise pour se payer le luxe insolent de le repousser. Telle est l'iniquité profonde de l'humanisme.

Vous savez bien que dans le fond je n'en crois rien...

Un étudiant à la peau blanche a pris une claque dans la gueule par un autre étudiant, algérien et assuré de l'impunité. Il n'a pas rendu la beigne. Il avait peur, de l'immigré-qu'est-Français-autant-qu'toi qui régénère c'pays d'tapettes, mais aussi des Zautorités qui ont reçu pour consigne d'être systématiquement du côté des déviants, des envahisseurs, des révoltés et des anormaux. Jusque-là, on peut comprendre, sans justifier. Mais surtout il a consenti à se faire claquer le bol devant ses copains pour une raison bien plus lamentable. À ses propres yeux, il eût été déshonoré s'il avait dû reconnaître qu'il pouvait avoir des réactions racistes. L'étudiant blanc est un lâche, mais il est encore plus con qu'il est lâche. L'Europe tout entière est devenue lâche et conne, le monde blanc est parqué dans des réserves. Il va se faire égorger parce qu'il ne sait plus ni tuer ni mourir. Il est tétanisé par la Parole d'Elie Belette, bercé par les stances de Primo Levi :

« De tout ce que tu viens de lire, tu pourras déduire que le mensonge est un péché pour les autres, et pour nous une vertu. Le mensonge ne fait qu'un avec notre métier ; il convient que nous mentions par la parole, par les yeux, par le sourire, par l'habit. (...) Avec le mensonge, patiemment appris et pieusement exercé, si Dieu nous assiste, nous arriverons à dominer ce pays et peut-être le monde : mais cela ne pourra se faire qu'à la condition d'avoir su mentir mieux et plus longtemps que nos adversaires. Je ne le verrai pas, mais toi tu le verras : ce sera un nouvel âge d'or (...), tandis qu'il nous suffira, pour gouverner l'État et administrer la chose publique, de prodiguer les pieux mensonges que nous aurons su, entre-temps, porter à leur perfection. Si nous nous révélons capables de cela, l'empire des arracheurs de dents s'étendra de l'Orient à l'Occident jusqu'aux îles les plus lointaines, et n'aura pas de fin. »[2]

Il a compris une chose, l'étudiant : « l'insupportable police juive de la pensée » n'est que la condition de la licence qui lui est offerte, à lui et à sa génération, de se prendre pour fin ; le Juif est la conscience de soi de Dieu, et la judaïsation du monde est la déification du genre humain. Alors les petites contrariétés et déconvenues diverses valent bien d'être supportées ; ce ne sont là que des incidents mineurs dans la marche triomphante à la fraternité universelle, multicolore et écologique, dont il se veut l'un des acteurs les plus prometteurs. Au reste, avec un tout petit peu de patience, dans deux générations, le Maghrébin teigneux sera aussi dégénéré que lui. Il a fondé dans sa fac un Comité des Droits de l'Homme et de vigilance contre le réchauffement climatique. Il a déjà dénoncé auprès du recteur un condisciple indigne qui faisait pénétrer dans l'université des revues révisionnistes. Plus tard, il deviendra cadre cynique, bercé par les McDo, les portables, les kebabs et les baladeurs, dans une entreprise de publicité. Il oubliera cet épisode. L'amour-propre est rusé, qui sait se faire oublier pour se rendre supportable à lui-même, afin de préserver le culte du Moi qui s'y noie.

Mais cependant je veux encore écouter ces mots que j'adore…

Un garçon de café qui sortait sa meuf à Pigalle ou à la fête foraine a fait semblant de rien voir quand un gitan, un Antillais ou une racaille autochtone — il en reste — a mis la main au panier de sa conquête, parce qu'il pète de trouille lui aussi. Le garçon de café en goguette est quand même moins con que l'étudiant, moins con aussi que les vieux jeunes tout de même, mais il est aussi conventionnel et aussi lâche. Il est vrai que même les travailleurs manuels aujourd'hui sont des cons, même les agriculteurs, les flics et les militaires qui ont connu le feu ; même les

---

[2] Auteur inscrit au programme du baccalauréat français de 2003, l'un des principaux « témoins » de la « Shoah », dans son ouvrage *Lilith* (Poche Biblio, p. 122), écrit en 1981 dans la forme d'un testament destiné à son fils.

voyous qui finissent par s'aligner sur la connerie des assistants sociaux, c'est vous dire, mon pauvre Monsieur, ma bonne Dame, où on en est rendu, à quel point on est tombé bas. Le garçon de café est un con parce qu'il n'a même pas compris que c'est en éclatant la tête du caïd bronzé qu'il aurait eu droit à un peu de considération de la part de ce dernier. Le jour où l'élue de son cœur se fera rituellement honorer, brutalement, par les Jeunes ensauvagés de banlieue, chats harets vicieux des cités qui sont « des chances pour la France » et dont — nous ressassent les bouffons stipendiés des quartiers privilégiés — il sortira peut-être un nouveau Montaigne un jour, le garçon l'aura mauvaise mais il n'aura même pas la détermination envieuse et lâchement vengeresse de prendre sa carte dans un parti d'opposition musclée, s'il en reste, parce que s'y résoudre, par là se couper du prêt-à-penser dont lui-même n'est pas protégé, serait faire l'aveu de ce qu'il a été lâche et con toute sa vie. C'est qu'il a été à l'école lui aussi, il a même obtenu naguère son baccalauréat. Les études pour tous, c'est une conquête de la démocratie, c'est convoqué par la dignité de l'homme : tout le monde a droit désormais à devenir con.

Votre voix aux sons caressants...

La dactylographe est dans le métro, elle court au boulot. C'est l'heure où les contribuables sont encore à moitié endormis, lâchent en public des pets fluents et se regardent en chien de faïence. Beaucoup coincent assez puissamment parce qu'ils n'ont pas eu le temps de se laver. Fainéants, ils ont traîné au plumard. Elle s'est recouvert la gueule de poudre et de rimmel, elle a mauvaise haleine parce qu'elle ne mange pas assez, soucieuse de correspondre aux canons cinématographiques du moment. C'est pourquoi elle se bourre le palais de chewing-gum qu'elle malaxe avec une nervosité excédée ; comme elle avale beaucoup d'air en même temps, elle sait que ça va la faire péter toute la journée, faudra qu'elle trouve des prétextes à n'en plus finir pour s'éclipser, ça trompera pas ses copines qui vont la charrier et elle s'en désole, petit bout de viande pleine de nerfs peu consommable. Elle voudrait bien se faire sauter par son chef de service afin de changer de statut, mais bien sûr elle ne veut pas le reconnaître, non sans savoir qu'elle n'est pas seule en lice et que ses chances sont faibles de parvenir à ses fins, ce qui lui donne des envies de meurtre. Et puis d'abord elle est une femme libérée, elle fait ce qu'elle veut de son corps qui lui appartient, elle voudrait bien balancer son porc mais elle n'a pas de porc à balancer. Si un type un tantinet mignon en vient un jour à la bousculer un peu, la reconnaissance éperdue que son audace lui vaudra sera immédiatement éclipsée en elle par l'instinct de vengeance : « Tu prendras pour les autres, toi qui me violes timidement après m'avoir fait longtemps attendre, alors que j'attendais que ça depuis des lustres ; au secours, je porte plainte pour harcèlement, ce salaud est un porc, et on m'écoutera et je prendrai de l'importance. » La Déclaration des Droits de l'Homme devrait être complétée, avec une Déclaration du Droit des Animaux, par une Déclaration du Droit des Femmes, et il devrait y figurer l'article suivant : même les femmes laides ont le droit d'être comblées en amour, et aussi celui d'avoir accès au plaisir gratifiant de rabrouer un homme qui lui présente ses hommages. Elle s'est fait avorter il y a un mois parce qu'elle avait abandonné la pilule qui lui donnait des ballonnements, et puis elle a peur du cancer elle aussi. Elle médite une vacherie qu'elle pourrait sortir à sa collègue qui l'a humiliée hier inconsciemment. Elle est méchante, comme tous les hommes. Elle essaie de bouquiner pour se persuader qu'elle se cultive elle aussi, elle peine sur un roman de Kundera. Elle a lu Houellebecq quand on en a parlé, la profusion de cul très cru l'a indisposée un peu tout en lui chatouillant la matrice, mais elle s'est vite rassurée en apprenant que des zintellectuels en parlaient sur Isragaulle-Inter ; ça lui a éteint tous ses scrupules. C'est qu'elle est titulaire d'un DEUG de Lettres modernes. Elle hait ses copines qui sont passées par le bac pro, elle les méprise, toutes ces connes qui savent pas ce que c'est qu'une hypallage et une litote. C'est bon de pouvoir mépriser quelqu'un quand on se sait médiocre ; ça rend supportable la haine de soi.

Qui les murmure en frémissant...

Un étudiant en ESPE l'observe à la dérobée. Il prépare son CAPES et se voit déjà mandarin à l'université. Il est sûr de ne pas rester longtemps en école ou en lycée, dans l'une de ces poubelles rouillées nommées Pablo Neruda, Picasso, Jacques Prévert, Martin Luther King, Montaigne, Jean Zay ou François Mitterrand. Il a les dents longues et le sens de l'honneur très court. Il prendra sa carte du PS, ou celle d'un parti centriste lointainement gaullo-libéral, il ne fera pas de chichi pour être intégré dans une loge dont ses antennes précoces ont saisi l'influence déterminante. Il est con, et astucieux. Il sait que le temps n'est plus à la révolte et à la contestation, il sait que son monde est précisément celui dont a accouché l'ère contestataire libertaire dans ses slogans et libérale dans sa substance. Il a compris qu'il convient aujourd'hui, comme toujours, d'endosser la défroque de l'honnête homme du moment pour réussir, et qu'il sied à présent, selon les révélations médiatiques de l'Esprit du monde, d'être de droite économique et de gauche sociétale, ce qui au reste est cohérent. Le capitalisme, débarrassé de toutes les dernières pesanteurs patrimoniales liées aux formes antiques de la propriété privée, réalise un chambardement de l'univers qui concrétise les projets les plus ravageurs du soviétisme et du tiers-mondisme ringards. Il y a une chose qu'il n'a pas comprise, c'est que la ringardise a de l'avenir. Lui qui maîtrise tous les gadgets contemporains de la communication privée — il les a découverts dans son berceau, à l'aube du XXIe siècle —, il éprouve de temps à autre un vague malaise. « Il y a des caméras et des délateurs bénévoles partout, la vie privée n'existe plus, nous sommes tous des esclaves bien nourris mis en cage, mais le comble est que nous sommes consentants, nous sommes même le fondement de cette servitude ; point n'est besoin de matons et d'espions, nous suffisons largement pour nous espionner et nous surprendre les uns les autres ; chacun jouit d'un téléphone qui photographie, filme, enregistre, et tout se balance sur les réseaux sociaux inspirés par la vanité, l'exhibitionnisme, la médisance, la calomnie et la haine. C'est là notre glasnost mondialiste, qui réalise enfin le rêve séculaire de la liberté se prenant pour fin : la tyrannie de tous sur tous, sur le mode fade et doucereux de la vigilance démocratique. Si la société du Goulag résout ses contradictions dans la glasnost, c'est, disait-on, pour s'y supprimer ; et si c'était pour s'y ressourcer ? Allons, ressaisissons-nous, redevenons bien cons, c'est plus sérieux et plus payant. Oui, oui, je le pense aussi pour toi, la conne que je lorgne en excitant ma pitié, et qui t'est aperçue que je te regardais. T'inquiète. Je suis une petite pute ambitieuse, pas un porc à balancer, je suis pour l'égalité des sexes. Mais si un jour tu travailles pour moi, je te laisserai vieillir dans ta peau de secrétaire aux ambitions flétries, avec tes salpingites et tes constipations ; des comme toi on en fabrique à la pelle, on les jette quand elles sont usées. »

Me berce de sa belle histoire et malgré moi je veux y croire.

Lucienne Boyer, en 1940, ouvrit un cabaret nommé « Chez elle ». Elle avait fait apposer sur la porte de l'établissement : « Interdit aux Juifs ». Séduite par sa chanson sirupeuse, la France a pris goût aux boniments, elle aime qu'on lui mente. Aujourd'hui, à la porte du même établissement nommé « Chez eux », figure en anglais, en français, en hébreu, en arabe et en espéranto : « Interdit aux hommes libres ». On s'y secoue la paillasse, on s'y dévisse les hanches comme les singes à cul rouge dans leurs danses nuptiales, sur des airs de Jean-Jacques Goldman et de Patrick Bruel.

« Nul homme capable de trouver une raison à la mort d'un enfant ne mérite véritablement le nom d'homme. La mort de l'enfant, c'est le scandale absolu. Voyez tous la photo de ce petit immigré, victime de l'ingratitude et de l'égoïsme des nantis ; il a essayé avec sa famille de traverser la mer pour rejoindre le pays des Droits de l'Homme, il est mort d'épuisement et de faim ; c'est sûrement un nouveau Mozart assassiné. » Monsieur Instite, professeur des écoles blanchi au harnais du syndicalisme, est bien noté pour avoir décidé de ne plus rien apprendre aux élèves, afin de ne pas compromettre le développement de leur spontanéité, de ne pas étouffer leur créativité. « Tout enfant est naturellement bon et a du génie, il suffit de développer cette bonté et cette créativité étouffées par la société. Les pauvres sont exploités par les riches, ils souffrent, ils deviennent méchants parce qu'ils souffrent injustement, et ils deviennent bêtes parce qu'ils ont été rendus méchants. Mais les vrais méchants, les responsables de ce gâchis, de cette injustice insoutenable, c'est les riches et les exploiteurs, les descendants des colonisateurs et des marchands d'esclaves. C'est nous les Blancs, responsables de crimes contre l'Humanité. Nous ne souffrirons jamais assez pour payer cette dette. »

« M'sieur, si on souffre aussi on va devenir nous aussi bêtes et méchants, et ça sr'a un crime contre l'Humanité.

— Non, Steve, ce sera un juste retour des choses ; il n'appartient qu'à toi de développer une conscience planétaire de citoyen du monde. Tu dois te racheter en donnant leur chance aux nouvelles chances pour la France. Tu ne te rends pas compte que tu es né avec des privilèges exceptionnels, ce qui est exceptionnellement injuste ; tu n'as jamais manqué de rien, tu as une maison, la télé, les Droits de l'Homme, l'école pour tous, Internet, la démocratie, le rap, le mariage pour tous ; tu as trouvé tout ça tout cuit, tu n'as pas eu à lutter pour le conquérir. »

Monsieur Instite explique doctement aux charmantes petites têtes crépues ce que c'est que la Tolérance, il leur montre que l'Église était obscurantiste, que les prêtres vivaient en exploitant la crédulité publique, qu'ils étaient de mèche avec les seigneurs et les privilégiés, que le clergé ne donnait que de « bonnes » paroles de résignation et de soumission ; qu'ils produisaient seulement des idées — et quelles idées réactionnaires et étouffantes ! —, mais jamais des actes pour soulager la souffrance et faire la justice.

« Heureusement qu'il y a aujourd'hui "Médecins du Monde" et la Cimade, et les Casques bleus qui œuvrent pour la paix. Vous vous rendez compte ? Ils se dévouent et même ils meurent pour les autres, pour que chacun y soye heureux... Ça c'est du dévouement réel, du sacrifice utile, les médecins qui soignent et distribuent la pilule et ils permettent aux zandicapés d'avoir une vie sexuelle presque normale et de faire du sport et du théâtre, et d'avoir accès à la culture comme les autres qui sont normals ; tous les zommes sont également hommes, tous les hommes sont égaux ; et puis d'abord qu'est-ce que c'est le normal, hein ? Chacun il est comme il est, unique, incomparable, y a pas de normalité objective, c'est les nantis qu'ont imposé leur modèle, ça s'appelle l'ethnocentrisme. Les savants font progresser la science pour le bien de l'Humanité, l'homme est devenu adulte et il a plus besoin d'inventer le Ciel et Dieu, tout ça c'est comme le père Noël. Rien n'est plus beau que le sourire d'un enfant, tous les adultes devraient être des enfants, bons et purs comme des enfants... Mohamed, arrête de te tripoter, et rend son slip à Dorothée !

— Va te faire niquer, sale fils de pute blanche ; tous les Français sont des pédés, toutes les Françaises sont des salopes.

— Dis pas ces choses-là, Mohamed, tu provoques des réactions racistes. C'est à ça que ça sert, l'école, faire des citoyens, des hommes égaux, c'est pour ça qu'on y apprend plus rien, si on y apprenait quelque chose il y aurait des différences, des inégalités entre vous, ce serait injuste. L'école laïque et obligatoire, l'école de Jules Ferry, elle rend l'homme adulte en retrouvant son cœur d'enfant ; si on avait du cœur, il y aurait pas de guerre, ce serait la fraternité universelle, c'est vous qui réussirez ce monde meilleur. On vaincra la mort, la maladie, la haine, le racisme, l'antisémitisme, les inégalités.

— Les feujs enculés !

— Et la Shoah ! Tu te rends compte de ce que tu dis ? La Bête immonde a perpétré la Shoah... La mémoire de la Shoah, on l'entretient tous les jours pour qu'elle se reproduise jamais. Les Juifs ont toujours soutenu les minorités contre l'arbitraire des Grands, on leur doit la liberté de conscience, l'esprit critique, la science, ils donnent la morale au monde.

— Ouais mais ici on est la majorité ; les keufs, les feujs et les Fromages, y font pas la loi ici.

— Ici, c'est la loi de la République, qui est ouverte à tous, où nous nous enrichissons les uns les autres de nos différences.

Chacun il a le droit de vivre comme il veut, la liberté est sacrée, les Résistants nous ont donné la liberté, ta liberté s'arrête là où commence celle des autres. Tout le monde doit te respecter, mais tu dois aussi respecter tout le monde. Personne a le droit de vous frapper, si vos parents vous frappent il faut le dire, il faut dénoncer les violences parentales, et pis c'est interdit de travailler à la maison, c'est inégalitaire et ça vous traumatise, la DASS elle a des psychologues, vous saurez qu'est-ce que c'est bientôt, ça sera dans huit jours la période des tests. »

Traduisez :

Les vrais héros, les saints qu'il faut honorer au moins d'un culte d'hyperdulie, ce sont les zigotos qui se dévouent d'âge en âge pour permettre au plus grand nombre de jouir en rond, le plus longtemps possible, dans un égoïsme féroce illusoirement travesti en amour du prochain ; pendant que la masse s'englue dans le nirvana consumériste, une petite minorité s'apprête à dominer, qui sait mentir et corrompre plus fort et plus longtemps que tout le monde. En 89, la Bourgeoisie a excité la plèbe pour zigouiller une aristocratie dont la première voulait prendre la place, puis la Bourgeoisie a inventé le capitalisme et l'exploitation de la masse en faisant passer la pilule avec les Droits de l'Homme, la déification de la subjectivité, et la crainte du retour à l'ordre des choses. Aujourd'hui, le peuple élu excite les milliards de non-Occidentaux avides et envieux pour exténuer la race blanche et ses talents naturels qui la désignent tel le maître du monde, pour prendre la place de ces maîtres ; puis le peuple élu réinventera le socialisme à l'échelle planétaire afin de tenir bien tranquille la masse bigarrée dans ses vomissures consuméristes ; mais il faudra faire travailler cette masse pour les Élus, alors on conservera quelques Blancs qui ainsi, entre le trône judaïque et la plèbe métissée, prendront la place, à l'intérieur de ce nouvel Ancien Régime inversé, d'une nouvelle bourgeoisie industrieuse, compétente, frustrée et mécontente comme la précédente. Il faudra peut-être attendre la consommation exhaustive de ce programme pour qu'enfin l'Homme blanc, au terme d'un processus qui lui aura fait payer tous ses renoncements et trahisons passés, redécouvre le sens de la fierté et retrouve sa place dans le monde.

Consentir à se faire tuer, user, mutiler pour les viscères vaniteux et envieux du Dernier Homme, les masses, les congés payés, la semaine de vingt heures, le sourire de l'enfant qui se réduira bientôt à ce consommateur vicieux, télévore et exigeant qu'il est déjà, cela suppose qu'on ait déifié l'homme. Et que voulez-vous, c'est plus fort que moi, mais ça ne passe pas. Je ne trouve l'homme supportable que quand il souffre, renonce à lui-même, regarde au-dessus de soi et s'accomplit en s'oubliant dans le service d'un Bien ; la souffrance ne suffit pas à regarder au-dessus de soi, mais elle y prédispose. L'homme qui n'est qu'homme est une bête innommable ; l'homme est un « dieu mortel », « un dieu tombé qui se souvient des cieux » ; il est humain à proportion de la vivacité de ce souvenir. Il n'est humain qu'en s'ordonnant à Dieu. Cette petite merde déguisée en instituteur est aussi criminelle qu'un proxénète pédomane.

V

DEUXIÈME ENTRETIEN

La Conscience :
   Il n'est pas certain que l'on s'achemine vers un État mondial au sens strict. Ce que je pense en revanche, tout en m'en réjouissant, c'est qu'une conscience planétaire — la mienne — se fera jour progressivement dans tous les peuples du monde, dont les dissensions actuelles se résorberont progressivement à mesure que cette conscience sera plus développée ; le genre humain s'homogénéisera, de manière aussi spontanée que nécessaire, mais il serait contraire aux valeurs dont je suis la Conscience que cette miscégénation biologique et culturelle se fît autrement que sous l'égide de la liberté ; plutôt qu'une ablation des différences, il y aura une explosion des différences, chaque homme sera reconnu comme unique et insubstituable, dans une reconnaissance mutuelle radieuse ; chacun choisira d'être ce qu'il décidera d'être, et c'est ce pouvoir de choix qui fera l'unité du genre humain. La démocratie libérale s'est révélée telle la forme achevée d'organisation politique de l'homme devenu pleinement humain. Je sais vos sarcasmes que je vous prie de garder pour vous ; il y a des injustices partout et il y en aura toujours probablement, comme il y aura toujours des risques de régressions polymorphes ; mais cela n'atteste nullement une imperfection de la démocratie libérale ; cela révèle tout simplement que ses deux principes fondateurs — la liberté et l'égalité — ne sont pas encore partout également respectés.

Tartempion :
   Eh bien, grande fille naïve, je vais m'employer à vous faire déchanter.

D'abord, on ne prône la liberté et l'égalité entendues comme idéaux, ainsi comme principes normatifs, que dans une société individualiste, car si l'on vise un bien commun entendu en son sens classique holistique, la liberté n'est pas une fin en soi, et l'inégalité est plébiscitée comme condition de la complémentarité. Or, en contexte individualiste, liberté et égalité s'appellent tout en étant incompatibles. Elles s'appellent parce que des hommes infiniment libres sont également libres, au point que, par une perversité de l'intelligence, la recherche de l'égalité voulue pour elle-même peut — non sans satisfaire les pulsions de l'envie — en venir à servir de substitut à celle d'une impossible liberté infinie, quand bien même cette égalité sourcilleuse pourrait constituer un frein pour la liberté réelle. Elles s'appellent aussi parce que si la liberté est infinie, elle est liberté pour tout, liberté pour *le* tout, licence pour devenir tout ; or il n'y a, par définition, qu'un seul tout ; des libertés infinies sont appelées à finir par n'en faire plus qu'une, à tout le moins par devenir égales, non seulement quant aux droits mais en fait. Cela dit, liberté et égalité s'excluent pratiquement, parce que la liberté individuelle est génératrice de différences, or qui dit différence dit inégalité. Livrez à lui-même chaque individu d'un groupe, vous aurez des inégalités presque aussitôt, de manière spontanée, par le jeu de la différence des talents, des caractères, et sous l'effet de la chance. On ne peut satisfaire au double réquisit de l'égalité et de la liberté que si l'égalité est formelle, et il s'agit d'une égalité de droits, mais dans cette perspective l'inégalité réelle surgit, qui frustre la prétention de chacun à avoir autant que l'autre dans tous les domaines, et spontanément apparaissent le ressentiment, la remise en cause du corpus des lois supposées organiser un tel paradis : si tous sont supposés avoir les mêmes droits, il est nécessaire de leur garantir les mêmes moyens d'exercer les mêmes droits, à peine de proclamer des droits fictifs. Si la liberté et l'égalité s'appellent et se repoussent de manière concomitante, on n'obtient concrètement qu'un cercle infernal de passage de l'une à l'autre qui se renie dans la première qui en retour renvoie à la seconde, indéfiniment, dans un mouvement épuisant qui frustre tout le monde. Et tel est ce passage sempiternel du libéralisme au socialisme, et *vice versa*, dans ce qu'on appelle pudiquement une « alternance » génératrice de classes, qui objectivement sert les intérêts des plus riches en faisant socialiser les pertes et privatiser les profits, ce qui est le programme même de la Haute Finance tel que je l'ai décrit plus haut ; on aboutit à une accumulation des richesses toujours plus concentrée, comme c'est le cas aujourd'hui. Un pour cent de la population mondiale possède autant que les 90 % de cette même masse ; les deux mille personnes les plus riches dans le monde possèdent à elles seules plus que les quatre milliards et demi des plus pauvres. Remarquez qu'on n'a jamais vu cela depuis les débuts de l'histoire du monde : une inégalité radicalisée, doublée d'une absence de liberté réelle, puisque la puissance de l'argent confère à son possesseur celle de contrôler les mentalités et les pouvoirs politiques ; la liberté de l'homme moderne, c'est d'évoluer sans contrainte, mais régulièrement drogué, dans un parc zoologique construit en béton, avec des espaces de nature bien circonscrits pour espèces menacées, mais rempli d'innombrables cages à lapins où la population s'entasse afin de s'enfermer dans le noir et jouir de mondes virtuels ; tout y est virtuel, même la liberté. J'en déduis simplement qu'il n'y a liberté effective que dans une société qui ne fait pas de la liberté et de l'égalité des fins en soi ; la démocratie libérale produit le contraire des principes qu'elle revendique.

La Conscience :

Et vous croyez m'impressionner avec de telles inepties ? Comprenez, raisonneur déclassé, que les notions d'égalité et d'inégalité n'ont de sens que si les individus supposés égaux ou inégaux sont commensurables. Il doit bien y avoir identité relative entre des différents, ne serait-ce que pour les comparer afin d'attester leurs différences. Mais si les personnes sont tenues pour incommensurables, l'égalité change de signification : tous les hommes sont égaux en ce sens que chacun obtient le privilège égal pour tous de devenir lui-même, ineffable et unique. Les

différences de conditions sociales s'en trouvent alors relativi-
sées, et la contradiction que vous croyiez dénoncer dans la
démocratie libérale s'en trouve désamorcée.

Tartempion :

Ce que vous ne dites pas, bougresse sophistique, c'est que
l'état social que vous décrivez aboutit au communisme. Je
reprends l'idée de réalisation sociale du monisme spinoziste. On
ne peut rien faire contre la logique des idées, qui toujours s'inscrit dans la réalité.

Keynes enseignait lui-même : « Les idées, justes ou fausses,
des philosophes de l'économie et de la politique, ont plus d'importance qu'on ne le pense généralement. À vrai dire, le monde
est presque exclusivement mené par elles. Nous sommes persuadé qu'on exagère grandement la force des intérêts constitués. »[3] De même le communiste Milovan Djilas : « Ce sont les
idées qui dirigent le monde, même si elles sont fausses. Et les
idées les plus puissantes ne sont pas nécessairement les plus
exactes. »[4] Par-delà les sectes et les lobbies, ce sont les idées qui
mènent le monde.

Il reste, ne vous en déplaise, que les idées fausses ne mènent
le monde que par la médiation de complots, ainsi d'entreprises
stratégiques qui relèvent de la ruse.

Dans les choses humaines, il y a de la contingence : une idée
a une logique qui ne dépend pas de celui qui y adhère, mais ce
dernier est libre de repousser une telle idée, et avec elle la
logique qui l'anime. On peut penser que de toute façon tout
finira par le communisme que l'État mondial visé par l'État profond de l'entité états-unienne ne peut pas ne pas instaurer.

Cela dit, le problème reste de savoir, pour un opposant
comme moi, si les puissances non encore inféodées aux États-
Unis, telle par exemple la Russie de Vladimir Poutine et de ses
successeurs probablement déjà désignés, sont partie prenante

---

[3] *Théorie générale de l'emploi, de l'intérêt et de la monnaie*, Payot, p. 397.
[4] Dans *Les Vrais Penseurs de notre temps*, par Guy Sorman, 1989,
France-Loisir-Fayard, p. 217.

dans ce processus. D'aucuns pensent que ce nouveau tsar, ancien membre éminent du KGB, serait l'exécuteur des décisions prises sous Andropov, selon le scénario décrit par Anatoliy Golitsyne. Dans cette perspective, son nationalisme serait de pure façade, destiné à accueillir la juiverie américaine au moment où les intérêts sionistes et ceux des USA deviendront trop opposés ; et ce processus servirait tout simplement les intérêts d'un communisme classique, dans le sillage du stalinisme ; il se serait agi au fond, par la décision osée dont seuls sont capables des dialecticiens éprouvés et des joueurs d'échecs, d'obtenir le découplage de l'Europe et des États-Unis en feignant de renoncer à la collectivisation des moyens de production. D'autres — les plus nombreux dans mon camp de réprouvés riche en espoirs naïfs — pensent qu'il est réellement devenu nationaliste et réactionnaire, auquel cas il serait effectivement opposé à ce processus mondialiste ; dans cette deuxième hypothèse, le communisme sera instauré par la Banque à partir des USA, contre le vœu et les intérêts de l'Amérique des « *rednecks* ». L'Amérique du Nord est le bastion qui sert d'infrastructure militaire et administrative aux partisans de l'État mondial, à ces « néo-conservateurs » et sionistes fanatiques peuplant l'État profond du pays. Pour l'Amérique blanche des « *Pilgrim Fathers* » du *Mayflower* et de leur progéniture évangéliste et « chrétienne-sioniste », le mondialisme objectivement charrié par l'économie américaine est censé servir la volonté de puissance de la Nouvelle Jérusalem ; pour les mondialistes à vision maçonnique et les Juifs, c'est la volonté de puissance nationaliste américaine qui est l'instrument de leurs visées antinationales. Supposé que la Russie soit redevenue la Russie en se libérant de son identité soviétique, il faut comprendre alors que les visées hégémoniques de l'Amérique sont en dernier ressort l'instrument objectif d'une visée communiste ré-enjuivée, trotskiste en l'occurrence, comme le sont les « néo-cons ».

Mais, quoi qu'il en soit des visées subjectives des uns et des autres, il y a solidarité objective entre État mondial et communisme, et c'est ce que je me propose de vous démontrer. Je crois au fond que toutes les manœuvres de la politique contemporaine sont conditionnées au plus haut niveau de décision — qui n'est pas celui de l'Europe — par une lutte sourde entre léninistes — dont Gorbatchev se voulait un représentant convaincu — et trotskistes.

Il paraît ringard d'oser évoquer la nature humaine aujourd'hui, parce que le dernier des ignorants qui croient penser tient la notion pour une manifestation de cet « essentialisme » caractéristique, dit-on, des mentalités primitives. Soyons clairs : s'il n'y a pas de nature humaine, c'est que tout est culturel, et c'est encore que l'homme est sa liberté qui crée les valeurs comme le Dieu de Descartes créait l'ordre des raisons. Notez au passage que s'il n'y a que du déterminisme, si la liberté est une illusion, il faut au fond être matérialiste, et confesser que l'homme est matériel et contracte la nature de la matière, ce qui revient à admettre d'une certaine façon l'idée de nature humaine, mais réduite aux lois de la matière dans ce paquet de chair et d'os qui parle. En fait, le déterminisme est le masque de l'exaltation d'une liberté sans frein, dans la mesure où il prône une absence de finalité — c'est-à-dire d'intention — dans le cours du monde, ce qui donne aux libertés humaines de n'avoir pas à plier devant une Liberté divine dont le magistère leur répugne. Cela dit, répudier toute nature exige que l'on identifie l'homme à son pouvoir de choix. Mais choisir est délibérer, délibérer est comparer, comparer suppose un principe de comparaison qui ne saurait être objet de choix puisqu'il est principe de choix. Cela revient à confesser l'existence d'un Bien objectif absolu qui hiérarchise les biens, et qui fonde ce qu'il est convenu de nommer les valeurs. S'il est objectif, il est l'expression de la nature des choses ; et le bien proprement humain est alors, par définition, l'expression de la nature humaine. Évoquer pudiquement la condition humaine pour se dispenser d'avoir recours aux notions scolastiques de nature et d'essence, c'est là encore un artifice grossier qui ne trompe que ceux qui veulent l'être. Or notez encore ceci :

Chaque homme porte en lui la marque de l'humaine condition, comme l'enseigne — sur ce point avec raison — l'un des vieux tentacules de la pieuvre que vous êtes, ô Conscience idéologiquement métissée. La nature humaine est tout entière et non totalement en chaque homme. Elle y est tout entière, autrement chaque homme concret ne serait qu'un avorton, une tendance à être humain, un morceau inhumain — parce qu'incomplet — d'humanité. Mais elle n'y est pas totalement, autrement le déterminant à raison duquel Socrate est homme serait le déterminant à raison duquel il est Socrate, et alors il n'y aurait jamais eu sur Terre qu'un seul homme qui serait Socrate et qui serait l'Humanité subsistante. L'homme serait un ange, et tous les hommes se réduiraient à un seul ange. Que la nature humaine soit tout entière et non totalement en chacun d'entre nous, cela explique qu'aucun homme ne soit capable d'actualiser opérativement toutes les potentialités de son essence : la manière particulière d'exercer l'humanité, propre à chaque individu, est une restriction des pouvoirs de son essence ; un homme déterminé est déjà homme ou femme ; il est blanc ou noir ; il est petit ou grand, doué pour telle chose ou pour telle autre mais non pour toutes. Si l'universel de la nature est exclusif de la particularité du mode de son incarnation, cet universel est particularisé, en tant qu'il coexiste avec le particulier, formant un tout avec lui dont il sera une *partie*. Si, à l'inverse, l'essence de tel individu est son individualité même, alors tous les individus n'en sont qu'un seul, car les individus ont en *commun* d'être des individus, et cette individualité se confond avec l'universel indifférencié de l'être pur sans essence ni nature. Il n'est pas d'individu sans particularité, et il n'est pas de particularité qui ne soit particularisation d'un universel, car si le particulier est exclusif de l'universel, il se convertit en universel, ayant en *commun* avec les autres particuliers d'être un particulier : tout singulier, *tout existant est l'individuation d'un universel, moyennant une particularisation déterminée.* L'homme a une essence et n'est pas son essence, à la différence de l'ange qui, étant son espèce, est habilité à actualiser opérativement sa substance, à l'extérioriser, selon toutes les ressources essentielles de cette dernière. C'est au reste pourquoi la Cité, constituée d'hommes, fait se réaliser mieux qu'en un individu les potentialités de cette nature humaine, et c'est ce qui fait du bien commun la cause finale terrestre de l'individu. Cela dit, l'État en général est « extraposition » de l'essence de l'âme humaine : aux « *oratores* » correspond en chacun l'intelligence ; aux « *bellatores* » correspond le « cœur », unité du courage et de la volonté ; aux « *laboratores* » correspondent les passions et désirs sensibles. Or par définition, l'État mondial n'a pas d'extérieur, il est individué par le genre humain, il se veut l'« extraposition » de la nature humaine non seulement tout entière, mais aussi totalement, puisqu'il n'existera plus, de fait et de droit, d'homme singulier en dehors de cette communauté ; cette dernière se voudra ainsi le déploiement de la nature humaine tout entière et inclusive de toutes ses manières particulières de se réaliser. L'État mondial est donc voué à faire se réaliser exhaustivement les virtualités de la nature humaine, mais par là il est condamné à se substantifier, puisque seule une substance qui est son essence ou une essence qui est substance est capable de s'actualiser opérativement de manière exhaustive.

Qu'est-ce à dire, en termes contemporains ? Ceci : l'essence humaine devient l'ensemble des rapports sociaux, et la société mondiale devient la nature humaine hypostasiée, la Substance dont chaque homme devient un accident. Mais alors chaque personne humaine n'est que la conscience de soi du tout social ; les hommes ne diffèrent les uns des autres qu'au niveau de l'accident et non au niveau de la substance. Chaque individu est la société tout entière prenant conscience d'elle-même en lui, de manière unique et ineffable, conformément à votre vœu de singularité absolue incommensurable aux autres. Or la propriété privée requiert la différence réelle du tien et du mien, ainsi du toi et du moi ; dans une société substantielle, les hommes sont trop peu différents pour revendiquer une propriété privée, puisque tel moi ne diffère d'un autre qu'en tant qu'accident d'une Substance unique et commune aux deux ; les hommes deviennent intrinsèquement dépendants les uns des autres, mais chacun peut en retour revendiquer le statut suivant : être toute la société à lui tout seul, être l'essence humaine tout entière accédant en lui à la conscience d'elle-même ; si l'on observe que la société forgée de rapports sociaux n'est que ce que les hommes en font, on peut dire que dans l'État mondial le genre humain se fait cause de soi, créateur de son essence. Cette conséquence explique les manipulations génétiques, la reconstruction d'un nouvel homme à partir d'une indifférenciation — requise par la substantification de la société — de toutes les différences, raciales, ethniques, de classes, ou sexuelles, et la prétention scientiste à accéder à l'immortalité. Par ce subterfuge, l'homme devient créateur de lui-même tout court, et déifié, ce qui est la consommation du subjectivisme. Et tel était bien le projet de Marx dans ses *Thèses sur Feuerbach* : l'essence humaine est pour lui l'ensemble des rapports sociaux, et l'homme promu par le marxisme est bien « l'homme générique », l'homme total, l'individu qui est à lui seul toute la société, et qui est créateur de lui-même. L'homme générique — « *das Gattungswesen* », l'essence générique de l'homme — est ce que devient l'homme en transformant la Nature, son corps et sa nature inorganique, qui devient sa réalité et son essence par son travail : l'homme se crée en changeant la nature, car en l'humanisant, il se naturalise, se donne sa nature, et cette dernière subsiste en et comme l'ensemble des rapports sociaux ; tel est le sens des *Manuscrits de 1844*. Jacques Attali, qui veut l'État mondial avec capitale à Jérusalem, et qui roule pour la Banque Lazare, c'est-à-dire pour les Rothschild, a consacré un livre entier à Marx, et il y montre que tel est l'idéal auquel il aspire en tant que libéral mondialiste.

Le sens de l'instauration de l'État mondial est en vérité la déification de l'homme, et c'est pourquoi l'État mondial est intrinsèquement pervers. Les puissances d'argent qui le favorisent y aspirent en convoitant de convertir leur pouvoir financier en pouvoir politique absolu ; les masses y aspirent en convoitant de se vautrer dans le grand collapsus qui supprime toute tension induite par la présence des différences, et qui consacre la prétention de chaque subjectivité à s'éprouver comme souveraine. Le Moi sacré de chacun ne sera rien sinon par tous les autres, conformément au vœu de Jean-Jacques Rousseau, mais cette interdépendance, en apparence ablative de toute autonomie, ne sera que l'envers d'un gain prométhéen : le Moi de chacun sera aussi le Tout ; faire se réaliser l'identité du Moi et du Tout, telle est bien la condition technique de l'actualisation du désir d'être Dieu. Par où il appert qu'un Sartre, déclarant à jamais irréalisable l'avènement de l'En-Soi-Pour-Soi, était un enfant de chœur au regard de la radicalité et de l'audace du marxisme consommé.

Le communiste Milovan Đjilas, compagnon de route de Tito et emprisonné par lui, avait montré naguère que le communisme ou suppression de la propriété privée était dans les faits la propriété socialiste, c'est-à-dire l'appropriation collective des moyens de production par les dirigeants du Parti, et qu'elle sert à l'usage personnel des dirigeants pour distribuer des faveurs qui consolideront leur pouvoir, de sorte que sous ce rapport « le monde communiste est (…) un régime féodal dans lequel les dirigeants du Parti sont les nouveaux seigneurs »[5], ce que Đjilas appelle « la Nouvelle Classe », et cela évoque singulièrement la nouvelle caste des « nomades » vantée par Attali. On conçoit que le projet d'État mondial soit de même nature, et que les Juifs aient pu favoriser le communisme, et encore qu'une lutte sourde se déroule entre prétendants à la nouvelle classe : Juifs, ou satanistes, ou maçons, ou toute autre entité qui aurait la prétention de se prendre pour une race élue ; même l'eschatologie juive entend se poser comme le salut de l'humanité entière et non comme la seule domination des Juifs.

Cela dit, il me paraît peu concevable que le « fond du fond » de la subversion puisse être sataniste, au sens où il s'agirait d'un antithéisme, pour deux raisons ; d'une part, le mal est divisé contre lui-même, car le bien et l'être sont convertibles, de sorte

---

[5] *Les Vrais Penseurs de notre temps*, par Guy Sorman, 1989, France-Loisir-Fayard, p. 213.

que les opérateurs de la subversion ne peuvent pas avoir d'unité positive ; d'autre part, le moteur de la subversion est l'orgueil, le subjectivisme, et on ne voit pas que les masses devenues subjectivistes puissent se soustraire à la souveraineté de Dieu pour se soumettre à celle du démon, puisqu'elles se soustraient à Dieu pour se déifier ; à moins que leur satanisme ne soit un panthéisme où le diable n'est que le premier chronologiquement parmi les individus lancés dans ce processus de déification des subjectivités, égales parce que déifiées. Mais dans ce cas le diable n'est pas l'objet d'une adoration : le plérôme des subjectivités angéliques et humaines est le verbe de Dieu, consubstantiel à Dieu, et ainsi divin. Le diable veut certes être adoré, mais il ne peut s'y prendre autrement qu'en invitant les hommes à s'adorer eux-mêmes en l'adorant.

Et vous savez bien, Conscience à la mémoire courte mais aux dents longues, que l'idée d'État mondial était dans les flancs de la société libérale dès le moment de la SDN, et que 1945 a amorcé le processus irréversible de son avènement avec l'ONU.

Tout était programmé à Nuremberg.

J'ai dit deux mots de tout cela à Pascal Bernardin qui s'est intéressé à l'écologie et aux manipulations auxquelles elle donne lieu. Il a montré, de manière pertinente, qu'elle est une stratégie destinée à instaurer l'État mondial, et il rappelle que Gorbatchev est le grand promoteur de cette idée. Selon la logique du marxisme, il convenait de détruire le communisme dans un seul pays, afin de faire advenir le communisme dans le monde entier par exacerbation des contradictions du capitalisme ainsi libéré, mondialisé, par l'éclipse de l'URSS. Mais il n'est pas sûr que Bernardin se retrouve dans mon propos. Il croit, semble-t-il, que ceux qui tirent les ficelles du mondialisme bancaire sont exactement les mêmes que ceux qui ont lancé la perestroïka, et qu'ils constituent un directoire secret de « Supérieurs inconnus ». Les choses sont peut-être moins simples, moins idéalement sataniques. Objectivement, le communisme soviétique, les sionistes, les Juifs en général, les francs-maçons plus ou moins explicitement satanistes et les ultralibéraux du mondialisme bancaire roulent pour la même finalité : le mondialisme qui déifie l'homme. Mais il n'est pas sûr qu'ils soient subjectivement solidaires. Les libéraux croient s'être subordonné le marxisme en finançant la révolution bolchevique afin d'exténuer l'ancien monde, et en la détruisant ensuite par la perestroïka, à la manière dont on jette un kleenex usagé ; cela dit, si tous — les libéraux du mondialisme bancaire et les mondialistes communistes — veulent l'État mondial, si ce dernier ne peut être que socialiste, si donc la fin poursuivie est ultimement la même, il reste que les méthodes ne sont pas identiques ; elles peuvent même différer à un point tel que les stratégies des uns et des autres peuvent en venir à les rendre à ce point hostiles entre eux que leur projet commun en viendrait à se détruire. Évidemment, ma bonne Dame, je m'en réjouis, ce qui ne vous étonnera pas. De plus, si la perestroïka a été fomentée par les services secrets idéologiques les plus marxistes, il se peut que ce soient les mondialistes bancaires qui se révèlent les instruments du marxisme, et sous ce rapport on peut douter de la signification réelle de la démarche actuelle de Vladimir Poutine. L'enjeu est de taille : faut-il, quand on ne veut pas de vous comme reine du monde, s'appuyer sur la Russie contre les USA, ou bien sur l'Europe seule contre le monde ?

VI

SOLILOQUE DE ZINZIN

Vous n'aimez pas ma manière de délirer... M'enfin si aujourd'hui quelqu'un se mettait à écrire comme Corneille, Racine, Voltaire, Stendhal, Benjamin Constant, Joseph de Maistre ou même Bernanos et Drieu la Rochelle, serait-il seulement lu ? Il y a toujours, certes, des petits muscadins poudrés et médiatiques pour raconter que Louis-Ferdinand Céline est génial en dépit des « Pamphlets ». Il y a de frêles culs glorieux qui se donnent le frisson en dînant avec le diable, et qui arborent une contrefaçon d'indépendance ostentatoire. Tout le monde sait, même eux, ce que ça vaut. Ils rentrent dans le rang quand on leur fait les gros yeux. Il y a des universitaires qui font encore des thèses sur Rutebeuf, Villon, Rabelais et Madame de La Fayette, mais c'est seulement pour montrer la « modernité » de ces penseurs, pour les récupérer, les réduire au statut d'anticipation imparfaite de notre monde parfait. La société contemporaine entretient encore son patrimoine artistique, mais ce n'est nullement par piété filiale ou amour de la beauté intemporelle. Elle a une sourde conscience de son infinie platitude et de la dégénérescence sans pareille qu'elle impose au genre humain, lequel avait déjà depuis toujours de fortes tendances à se réduire à ses tripes. Elle entretient ses monuments et ses chefs-d'œuvre pour se donner la justification d'une dimension spirituelle à vocation transcendante, et dont elle est la négation. Elle est coquette, la société actuelle. Les élites du savoir s'en foutent pas mal de l'éminente qualité intrinsèque du patrimoine qu'elles conservent. D'abord elles en vivent. Mais en vérité on s'en fout des grandeurs du passé. Les « intellectuels » sont comme tout le monde. Ils torchent leurs articles avec lassitude, ils sautent leurs secrétaires et leurs étudiantes, ils se paient des vacances abrutissantes à la plage, ils bouffent comme des cochons dans les meilleures maisons, ils boivent, se piquent, copulent, se font aduler dans les journaux comme les stars dont c'est le métier, ils dénigrent leurs collègues comme les divas, et ils se piquent de gravité de temps à autre pour rappeler qu'ils ont une conscience et qu'ils sont la conscience de leur temps. Ne leur sont chers que le biberon, la fesse, la gamelle et la considération. On est mathématicien de renom, ou chercheur en biologie, ou helléniste, ou spécialiste du supin chez Tacite, seulement pour se distinguer du copain qui n'a rien pour cacher l'avidité de ses crocs alimentaires ou de ses glandes exigeantes : quand un intellectuel pète ou bande, ça fait figure de besoin prosaïque légitimé par l'angoisse existentielle exquise, désincarnée, de ses augustes préoccupations cérébrales. La culture en son entier en est réduite à l'examen de passage nécessaire, en forme de caution d'honorabilité, à la course à la jouissance dans la compétition sociale. Il y a même des types qui font profession de philosophie. C'est les « zintellectuels » pur porc, les censeurs impavides, les grandes filles de joie stipendiées par les Loges et la Banque, qui le savent bien mais qui veulent pas le savoir, en affectant de chérir leur indépendance jalouse ; ah les faux-culs ! Y a pas plus servile, obséquieux, prudent, carriériste, courtisan que ces oiseaux. Mais plus personne veut consommer de la vraie littérature bien torchée, inspirée, soignée ; il y a le cinéma et les vidéos qui dépaysent à moindres frais en dispensant de penser. Pourquoi se fatiguer ?

Et puis il y a la censure. On a pas le droit de dire du mal des Juifs et des crouilles, ou des francs-maçons, des multinationales, des mensonges historiques et des abus de pouvoir constitutifs de toute démocratie. C'est interdit parce qu'ils ont le pouvoir. En plus tout le monde s'est persuadé d'avoir l'air d'un con s'il dit qu'il pleut quand il pleut, en particulier s'il ose accorder la moindre considération au complot judéo-maçonnique. Les « zintellectuels » patentés ont décrété que c'est bête et pas sérieux ; alors la foule des semi-cultivés elle enquille au pas cadencé ; depuis que chacun s'est mis en tête de penser que par lui-même en écartant tous les préjugés, tout le monde pense strictement la même chose ; tout le monde pense que la pensée doit jamais trouver la vérité, mais seulement la chercher, ça fait sage et méditatif, et profond et modeste. On a donc toujours le droit de se foutre abominablement de l'Église catholique, marâtre dogmatique, et des curés qui sodomisent bien entendu tous les enfants de chœur ; mais curieusement ça vient à l'idée de personne que les rabbins peuvent être pédés et escrocs. Tiens, il y a pas très longtemps, dans le New Jersey, le rabbin Baruch Lanner, président de l'« *Orthodox Union's National Conference of Synagogue Youth* », a violé une bonne vingtaine de mineures qui lui étaient confiées. Le Beth Din a fait pression sur les familles pour qu'elles retirent leur plainte, rapport au réveil de l'antisémitisme. Évidemment, ça a marché, tout le monde a regardé ailleurs. Le peuple élu, faut les comprendre, depuis qu'ils se prennent pour l'incarnation de l'Absolu... Remarquez que c'est pas moi qui le dis, c'est eux : le peuple juif est le « corps mystique de Dieu »[6]. Leur royaume est de ce monde, et ils sont divins, ils veulent donc pour eux le paradis sur la Terre, et le paradis sur Terre, ça sent mauvais. Le paradis c'est l'absence de conflit, ou plutôt la victoire définitive sur tous les conflits ; je le vois comme l'acte conflictuel ultime qui se rend vainqueur de tout, y compris de la tendance à susciter des conflits, ce qui fait qu'il est en même temps dépassement des conflits ; or la Terre et l'existence sur Terre vivent des conflits et des tensions qui les animent, alors faire le paradis sur Terre revient à instaurer le règne de la mort.

Et puis ça effleure personne que les curés deviennent des pédés depuis qu'ils ont décidé, avec Vatican II, de plus prendre le Monde à rebrousse-poil. Ils se contentent de l'épouser, d'être à son écoute comme ils disent, alors forcément, en l'épousant ils

---

[6] Jean-Marc Chouraqui, remplaçant Alain Finkielkraut au centre « catholique » de la Baume-les-Aix, dans un colloque organisé par le trimestriel *Conférence*, en avril 2002.

deviennent comme lui. S'ils croient qu'ils vont le rendre meilleur en essayant de le « comprendre »... Livré à lui-même, avec ses langueurs entropiques, le monde est proprement incompréhensible, parce que c'est à peine si l'on peut dire qu'il est : le monde, la réalité, c'est le corps de l'Idée, son sac à merde, ses viscères, son envers incertain, sa décomposition ; c'est son terreau obscur dont elle est la négation victorieuse.

Aujourd'hui, il y a que les bouffons, les fous furieux, les déjantés consommés à pouvoir dire des choses sérieuses, les allumés, les inactuels, les déclassés, les recalés sociaux qu'ont plus grand-chose à perdre. On les supporte tantôt avec des airs excédés, tantôt avec une moue de commisération navrée. On les exhibe même de temps en temps pour montrer aux générations futures ce en quoi osa se commettre le genre humain lorsqu'il n'était pas encore complètement passé de l'obscurité à la Lumière. Les choses sérieuses, celles qui ne peuvent passer sans dénoncer le mensonge universel, elles ne peuvent se faufiler que dans la rancœur caricaturale, la méchanceté, une certaine forme de nihilisme social et historique, et dans la bouffonnerie dans le caractère dérisoire de laquelle l'exactitude peut encore se cacher, se dévoiler en se cachant, casser le morceau sans se suicider. D'ailleurs, comme par une sorte de renvoi gastrique de spiritualité dégradée en habitudes et en réflexes, les gens aiment bien un peu penser, de temps en temps, comme ça, pour changer. Mais ils ne consentent à réfléchir que sur le ton de la plaisanterie. Faut diluer et en même temps outrer pour être éventuellement entendu ; faut à la fois simplifier et faire court. Avec moi, on est servi.

La littérature passe moins mal que les exposés théoriques dont tout le monde se fout éperdument. On dit que la littérature c'est l'émotion. Moi je veux bien, mais l'émotion c'est comme les choses « profondes » ; on parle de « profond » à tout bout de champ, et Montherlant disait qu'un pot de chambre aussi, c'est profond. Tout est émotion, et ça définit pas la littérature, à moins que tout soit littérature. La littérature est émotion et sentiment si l'on y tient, mais comme détente affective d'un acte qui s'est primitivement posé dans la raison, et par elle. La littérature est un art, l'art concerne le beau, et le beau est l'affaire de la raison, c'est comme ça. Les choses ne sont jamais totalement ce pour quoi elles se donnent, non parce qu'elles mentent, mais parce que tout ce qui est mondain est changeant ; la face d'un type est bovine un jour, angélique un autre, il donne l'impression d'être sot, et c'est une intelligence. Le dedans rationnel du réel n'est pas la série de ses manifestations extérieures. Et l'art du beau, ça consiste, dans une divine surprise, à rendre visible ou manifeste, pour les sens, ce dedans qui, pris comme tel, n'existe que pour la raison. On aimait la littérature jadis ; on aimait « lire » quand les gens savaient écrire, et « lire » ça voulait dire : apprécier la forme, c'est-à-dire l'essence, c'est-à-dire encore le fond même, quand l'intérieur parvient à s'extérioriser sans se trahir, avec ce parti pris de simplicité et ce soupçon de négligence insouciante dans l'exécution par où se laisse entrevoir le grand style. Il y avait un public pour ça, qui avait du goût, qui gardait quelque chose de l'heureuse époque où l'égalité entre les hommes n'avait pas aligné le genre humain sur son exemplaire le plus faible. C'était l'époque où certains étaient dits bien nés, qui n'étaient pas affligés de la maladie de se comparer ; ils étaient eux-mêmes sans chercher à paraître parce qu'ils étaient, par naissance qui les plaçait en haut, dispensés du souci de s'élever et de prouver ; ils n'avaient pas le sentiment de déchoir en admirant. Et la simplicité de leur manière d'être rejaillissait dans leur faculté de juger. Tant qu'on sera en démocratie, il n'y aura plus de public pour la littérature ; il n'y a pas de littérature sans public ; il n'y aura donc pas de littérature ; elle a perduré un temps après 89 parce que le meilleur des vertus aristocratiques était parvenu à se prolonger en vivant sur son erre. Maintenant c'est fini. Quand on savait « lire », on racontait toujours les mêmes choses, des choses communes, universelles — l'amour, la mort, le courage, le salut, l'honneur, la misère, l'espérance et les regrets, le tragique et l'épique —, des choses toujours intéressantes parce que ce ne sont pas des choses mais ce qui fait qu'il y a des choses, dont la force de vérité eût fini par émousser l'attention, en invitant l'homme à les vivre sans les penser, si l'on n'avait cultivé, depuis toujours, le souci sacré de les bien dire. Voilà que je me mets à parler comme Tartempion. Faut que je me ressaisisse.

Aujourd'hui on ne recherche plus la vérité ni l'art — qu'elle appelle — de la bien dire, et qui est le beau. Le beau élève l'âme, il la détache d'elle-même et la force à ne pas se prendre pour fin. Quand le moi est sacralisé, il n'y a plus de beauté. On recherche le dépaysement, l'excitation, le rêve, le refuge dans l'imaginaire, ou l'état d'âme qui fait « pouêt-pouêt », et qui donne aux médiocres, tout étonnés d'être encore capables de s'émouvoir, d'oblitérer la sourde conscience de leur vacuité. L'amateur de lecture, aujourd'hui, ne supporte au mieux, quand on l'invite à penser, que les moralités courtes, les aphorismes, ce qui frappe et séduit l'imagination en paralysant la raison, et c'est pourquoi il aime Nietzsche. Nietzsche, c'est estampillé génial, ça n'a ni queue ni tête, ça amuse, ça titille l'émotive en nouant des paradoxes surfaits. Le Grand Commandeur Apprenti Médiacouille (GCAM) va pas être content qu'on assassine son surhomme aux narines béantes, son pourfendeur de curés, son admirateur germanophobe des Juifs et des aristos français décadents du XVIIIᵉ. GCAM, la grande tige hautaine prétentieuse, style Boulainvilliers suffisant des temps modernes, stérile et quantitativement diarrhéique — que de la compilation — qui n'a jamais eu d'autre souci que de gagner ses étoiles d'intellectuel patenté dans l'orchestre restreint des Grandes Consciences reconnues. À force de chier sur sa famille d'origine (« les cathos, au poteau ! ») en flattant toutes les croupes influentes, il s'est fatigué en s'aigrissant, parce qu'on n'a pas voulu de lui. C'est un peu comme la Grande Putasse Démo-chrétienne (GPDC), directrice du *Nouveau genre humain*, qui caresse en vain depuis quarante ans le con des évêques de France pour leur faire accepter sa salade néo-thomiste à la sauce jean-pauliste.

Et puis quoi, il y a quelque chose de franchement obscène dans le culte contemporain pour la beauté, même la vraie. Tous ces gens délicats qu'aiment le grégorien, qui croient ni en Dieu ni en diable, qu'écoutent avec des frissons les messes de Bach dans les églises, et puis qui vont ensuite grailler pour finir la soirée en baisant entre esthètes, bourgeois frottés de culture classique pour faire la différence avec les parvenus de trop fraîche date... Une œuvre d'art, c'est comme une espèce de petit trou noir miraculeux percé dans l'espace-temps, qui donne un aperçu fugitif de l'envers métaphysique du décor. Je dis l'envers, mais il faudrait dire l'endroit, parce que c'est ce monde des sens qui est l'envers du réel, qui passe et se déforme et se trahit et se consume et finit par mourir, par renoncer à lui-même, par faire l'aveu de son inconsistance. Si l'envers est le matériel, l'endroit est le spirituel, et l'objet du spirituel, c'est l'Idée, l'archétype, les Idées que Dieu pense, mais c'est parce que Dieu les pense que le monde existe, alors que c'est parce que le monde existe que nous faisons mémoire des Idées. Bref, vous me voyez venir avec mes gros sabots : il y avait de l'art quand l'idée de Dieu n'était pas proscrite, chassée par la subjectivité humaine puante et envahissante. Ce qu'il y a de plus intéressant et de plus réel dans le Moi, c'est la raison, qui est mienne mais qui est aussi celle des autres, capable de se donner tout entière à tous sans se perdre ni s'épuiser en eux. Et la raison se nourrit d'Idées. Et donc, pour le plus grand danger de l'art, il y a ce fait incontournable que l'art parle de Dieu et de l'essence du Moi, évidemment sans les confondre. Et quand on se met à ne plus croire en Dieu, on ne croit plus en l'Idée divine du Moi et des choses, et c'est pourquoi on n'a plus rien à dire. Et ces petites crevures d'esthètes athées se résignent pas à gaver leur sensibilité poussive de décadents avec de la merde humaniste pur jus ; il leur faut, pour les faire jouir, du divin à ces délicats, du premier choix pour ces raffinés à froufrous ; ils se rabattent sur les valeurs sûres, sur le vrai beau, celui qu'on ne sait plus faire. Mais, de l'effort de dévoilement du divin, d'un appel à l'incarnation du divin, ils retiennent plus qu'une chose, c'est que ça parle de l'homme qu'ils réussissent, les fumiers, à déifier. Bande de salauds... Même les œuvres d'art, rien que pour ça, j'ai envie de chier dedans aussi, rien qu'à cause de ceux qui les regardent et qui s'adorent en elles. Sans référence à Dieu au moins implicite, le culte du beau c'est le culte de l'Homme ; c'est beau comme les Twin Towers, les colonnes de Buren et la nouvelle messe, y a qu'à dire… Alors vous comprenez bien que j'ai pas envie de m'y livrer au culte du beau et de l'art pour l'art, même si j'avais la prétention et les capacités pour le faire. Mais j'ai pas beaucoup de capacités, et puis je crois qu'il y a plus rien à faire, tout est perdu, tout est gâté, on est tout seuls sans pouvoir de défense et encore moins d'attaque ; on peut toujours s'occuper, en attendant le Grand Matin qu'on verra pas, à faire des pitreries burlesques, à proférer des imprécations noires et des horreurs pas possibles, entre deux gros sanglots et deux vraies prières.

Tiens, en fait de pitreries burlesques, j'en profite pour vous parler de Bouffon, ça vaut le détour.

Selon les dictionnaires, un bouffon est un personnage de théâtre dont le rôle est de faire rire, un histrion, un pitre, un polichinelle, un rigolo pas sérieux, un grimacier grotesque, un objet de moquerie pour le bon peuple qui exorcise ses propres ridicules en se reconnaissant dans leur caricature que le bouffon lui renvoie. Un bouffon de cour est un personnage comique mais repoussant chargé de divertir un Grand, mais il jouit du privilège régulier, par ses dons d'observation et son intelligence cruelle, de dire tout haut ce que tous pensent tout bas. Il dit au roi ses quatre vérités. Ce faisant, il montre au peuple et il rappelle au roi que ce dernier n'est pas l'origine première du pouvoir qu'il exerce, et qu'il a des comptes à rendre à Celui dont il est le lieutenant. Aujourd'hui, jour de gloire, c'est le peuple qui est roi. Mais autant un roi pouvait, par cette constitutive magnanimité induite par son upsélie qui le disposait à la sagesse, user de son pouvoir de protéger son bouffon : il usait de sa force souveraine pour poser le témoin qui la limitait ; autant la souveraineté populaire, anonyme et passionnelle, est incapable, débordée par ses prétentions irrationnelles, de se concevoir autrement que comme parfaite, omnipotente, infaillible, omnisciente, par là exclusive de tout observateur critique et de toute digue. C'est pourquoi le monde moderne n'aime pas les bouffons, sauf ceux qui, stipendiés, font semblant de l'être avec sa permission. C'est aussi pour cette raison que tout témoin — ainsi martyr — lucide des laideurs de son temps fait aujourd'hui figure de bouffon, au sens trivial et dépréciatif du terme. Le monde moderne ne retient des bouffons que leur méchanceté mordante, leur ridicule, incapable qu'il est de discerner en ces travers les siens propres, ceux-là mêmes dont le bouffon, tel un bouc émissaire, se couvre pour leur salut. Autant dire que Bouffon est tout sauf un idiot de village.

Bouffon, c'est une figure, un zigoto comme on en rencontre rarement. Quoique jeune encore, il a beaucoup vécu. Il eut ce qu'on appelle une jeunesse heureuse, mais ça l'emmerdait souverainement d'être platement heureux. En d'autres temps, il eût été chercheur d'or, aventurier, bandit de grand chemin, révolutionnaire, conquistador, desperado, condottiere, activiste, terroriste fondateur de société secrète, découvreur de nouvelles terres, escroc international, cinéaste à scandales, général victorieux, grand séducteur mondain. Mais l'époque est faite pour les destinées ordinaires et confortables. C'est pourquoi Bouffon a décidé très tôt de foutre par terre toutes les chances que la vie avait accumulées sur sa tête pour faire de lui un cadre supérieur bien-pensant et rangé. Il n'est plus possible aujourd'hui de vivre dangereusement, à moins d'embrasser la vocation de Bouffon. Il y fallait de l'acharnement, de l'imagination, de la vitalité. Il en eut. Né quelque part dans le milieu douillettement bourgeois d'une cambrousse prospère et relativement protégée des horreurs propres aux grandes villes, il eut pour parents des médecins aisés bien installés et hautement considérés, tels des baronnets de province : clubs de golf et d'équitation, loge maçonnique, dîners chez le préfet et le président du conseil général, du Lion's club, du Rotary, et tout le saint-frusquin. Son père, homme remarquable par ailleurs, eut la faiblesse de trop apprécier les jupons et, ne sachant pas faire preuve d'une suffisante discrétion, il y ruina toute la considération dont il jouissait dans son milieu. Il y passa toute sa fortune, sans toutefois toucher à celle de sa femme qui, prudente, l'avait mise hors d'atteinte, consentant en retour à supporter, avec philosophie, les frasques de son époux volage. Ce travers générateur de mauvaise conscience chez le senior l'empêcha de s'intéresser à son fils qui lui sut gré de ne pas faire ce que font la plupart des pères un peu doués : écraser leurs enfants. Bouffon connut les nourrices onéreuses, les cours particuliers, les palaces, les bons faiseurs, la cuisine raffinée, les stations de sports d'hiver, les automobiles de prestige, les salopes jouvencelles de la bonne société, les succès scolaires et la morgue insouciante à l'égard des prolétaires qu'il partageait avec ses condisciples dans des établissements scolaires protégés.

Ses bonnes études le menèrent tout naturellement à Paris, dans un lycée de renom de la Rive gauche, dont il intégra les classes préparatoires aux grandes écoles. Jusque-là, rien que de très banal. Mais sa nature excessive et sanguine, impatiente et paradoxale, s'était déjà — sans toutefois entraîner les conséquences socialement catastrophiques pour lui mais qu'il appelait de ses vœux, et qu'il saura provoquer par la suite — manifestée assez bruyamment. Selon l'agité du bocal existentialiste, tout homme procède à un moment précoce de sa vie à un choix fondamental, absolument libre et à ce titre — selon le mec du Castor — parfaitement injustifiable, qui, quoique susceptible d'être repris et aboli ou inversé à chaque instant, conditionne tous ses engagements futurs, ainsi toute sa vie et tout son être puisque, selon Jean-Baptiste, l'essence de la réalité humaine se réduit à la série de ses actes et, partant, de ses choix. Dans le cas de Bouffon, ce choix fut celui de n'avoir jamais un destin ordinaire et programmable, et de se complaire dans toutes les causes perdues. Dès l'âge de douze ans, Bouffon décida d'être exceptionnel en se faisant exceptionnellement déroutant. Encore écolier, il fonda un club des anthropophages, et une association pour la défense des assassins d'enfants. Puis il rédigea un plaidoyer pour la défense des exploiteurs de travailleurs immigrés, un autre pour la réhabilitation de la dignité des pédophiles, un troisième pour la légitimation des maris qui battent leur femme, mais aussi, pour faire bonne mesure, des femmes qui trucident leur mari, un quatrième qui se voulait promouvoir la mémoire de la Sainte Inquisition, de l'esclavage des Noirs et du baptême des Saxons par Charlemagne. Son entourage ne s'en inquiéta guère. Ces fantaisies inoffensives ne prêtaient pas à conséquence. Plus tard, excédé par la mollesse vomitive des théologiens qui se manifestaient dans le sillage de Vatican II, il se convertit avec enthousiasme au satanisme, à l'ésotérisme, aux gnoses chamarrées qui tenaient de l'hindouisme, de la radiesthésie, de l'occultisme, de l'hermétisme, du spiritisme, de l'astrologie, des films d'horreur et fantastiques dont il raffolait, et des bandes dessinées les plus délirantes et les plus malsaines. Parce qu'il était scolairement doué, il put sans difficulté concilier les occupations les plus austères et les passe-temps sulfureux les plus farfelus et les plus envahissants. Il but de bonne grâce, non sans maintes crises de fou rire, l'hydromel des ancêtres (acheté à Prisunic) des Pères aryens et des guerriers mythiques, autour de feux de solstice qui réunissaient une multitude de tarés déguisés et foireux. Mais rien de tout cela, somme toute anodin et passablement répandu, ne réussit à satisfaire son goût pour le scandale, sa passion pour la singularité, son appétit pour l'originalité. C'est alors qu'il rencontra, encore sataniste, concomitamment et presque par hasard, le catholicisme réel, l'intégrisme tridentin, et qu'il découvrit les aberrations de la religion fuligineuse de la Chose. Voilà qui, en fait de provocations scandaleuses, était enfin à sa mesure. On ne pouvait pas trouver pire. Ces découvertes intempestives, pour son plus grand plaisir, commencèrent à inquiéter sérieusement son entourage timoré. À l'aune de l'indignation qu'il suscitait, il comprit qu'il n'aurait pas besoin, à l'instar d'Érostrate, de mettre le feu à un nouveau temple d'Artémis — il avait un temps songé à plastiquer la statue de la Liberté à New York — pour faire parler de lui. La modération de la théologie lefebvriste lui paraissant suspecte et entachée de trahison latente, il s'empressa de vouer la Fraternité sacerdotale Saint-Pie X aux gémonies des tièdes, et se fit avec virulence sédévacantiste militant. Il n'avait jamais eu beaucoup de mal à se tenir à distance des partouzes, des pétards et des cuites ravageuses, des ambitions universitaires et de l'habitude de jeter l'argent par les fenêtres, mais il avait d'autres tendances auxquelles il ne concéda plus rien : c'en fut fini des séances de spiritisme et des odes à Satan, du guénonisme et de la recherche du Graal. Il serait un saint ou il ne serait pas, un préposé par l'Absolu à la diffusion de la Vérité absolue. Il se jeta dans la lecture des Pères de l'Église et de la prose hérissonesque (Ernest Hérisson, maître incontestable et incontesté de la Chose), des grandes encycliques antimodernistes et des travaux chosistes rassino-bardécho-christopherséniens. Là, ça devenait franchement inquiétant. Ses bons parents, Monsieur le Curé moderniste, ses professeurs et ses amis en étaient atterrés : il récitait son chapelet tous les jours, honorait la vertu de chasteté, connaissait son catéchisme sur le bout du doigt, et ne passait plus aucune nuit blanche, sauf pour méditer et lire.

Intégrant sans difficulté une école de chimie, il se passionna un peu trop ouvertement pour les propriétés du gaz cyanhydrique, et réussit à se faire éjecter de son établissement avant même d'avoir obtenu son diplôme : mauvais esprit, insolences, psychanalyste rossé par Bouffon bien qu'il fût mandaté par le directeur de l'école d'ingénieurs qui doutait de plus en plus de sa santé mentale. Bouffon avait ajouté à cette liste déjà lourde un outrage supplémentaire infligé à la communauté scientifique en mettant en cause le bien-fondé des conclusions de Galilée, martyr héros de la science et victime de l'obscurantisme.

Après ces prouesses, il lui fallut bien tenter une reconversion. On recrutait alors à l'Éducation nationale, par petites annonces, des chargés de cours vacataires. Parce qu'il avait reçu une formation d'ingénieur, on lui proposa d'abord un poste d'assistant à l'université mais, en tant que non-titulaire du CAPES — très sélectif : il faut au moins quatre sur vingt pour être admissible —, on ne put lui confier dans le Secondaire que celui de préparateur en chimie et de répétiteur en mathématiques. Il s'acquitta de sa tâche avec probité pendant plusieurs mois puis, prenant au mot les directives de son proviseur qui voulait toujours plus de démocratie, d'ouverture et de liberté d'expression au lycée, il prit pacifiquement possession de l'ordinateur central de l'établissement, qu'il transforma en lieu de liberté réelle toute consacrée, selon les leçons de Thucydide, à diverses espiègleries irrévérencieuses, dont celle de la révision historique. Jusque-là, les chères têtes blondes (Mourad, Ali, Aziza, Youssouf, Samira et tant d'autres enfants du pays) n'avaient pas été agressées par d'autres informations-pirates que celles, court-circuitant les réseaux pédagogiques d'Internet, des ébats d'un homme avec une vache, une tortue géante, un serpent python, ou d'une femme avec un gorille, un étalon, un nourrisson et un ecclésiastique transsexuel. Ni les parents d'élèves intelligemment conscientisés, ni les élèves eux-mêmes exercés à la plus grande ouverture d'esprit, ni la direction du lycée, ni le rectorat ne s'en étaient émus. Il n'y avait d'ailleurs pas lieu de s'émouvoir : ces expressions corporelles ne relèvent-elles pas d'une esthétique onirique libératrice ? L'éducation rousseauiste, qui postule à bon droit la bonté naturelle de l'homme et la divinité de sa conscience, exige même ce genre d'expérience qui donne à chacun de choisir sa sexualité, de l'épanouir selon toutes les ressources créatrices du sentir spontané et du sentiment infaillible. D'autre part, tout ne vaut-il pas mieux que les miasmes rémanents de la morale chrétienne, castrateurs et générateurs de totalitarisme par les refoulements aliénants qu'elle opère ? Les directives des sages sont très claires à ce sujet : il n'y a pas de morale naturelle parce qu'il n'y a pas plus de nature humaine stable et anhistorique que de vérité absolue et intemporelle. Tout est relatif, tout est culturel, tout est produit de la liberté. La neutralité laïque n'est pas neutre, elle est le combat de toutes les générations et de tous les instants, elle n'est pas une forme sans contenu (ça, c'est pour la galerie), elle a pour contenu syncrétique et libérateur la négation polymorphe de l'ordre catholique. Je vous invite à faire une pause concernant ce dernier point, vous reprendrez votre souffle ensuite pour affronter la narration des exploits de Bouffon :

« L'école, pour les véritables républicains, n'a jamais été que le moyen d'amener le peuple à penser et à se sentir républicain. »[7] C'est d'ailleurs la raison pour laquelle, les hommes étant par définition égaux, il fut décidé qu'on n'apprendrait plus rien à l'école en fait de véritables savoirs objectifs, dès lors que tout apprentissage révèle toujours tôt ou tard, dans un groupe, l'inégalité native des talents de ses membres. On obtint 105 % de bacheliers chaque année à partir du moment où fut élue Sa Majesté Avunculaire Ier de la Francisque prostatisée, dont le gouvernement était branché sur la boîte à idées du Grand Orient. La liberté de conscience suppose la neutralité, et la neutralité est une ruse, un pieux mensonge, mais la liberté de conscience n'est nullement — rassurez-vous — un pieux mensonge : de même que le Dieu de saint Augustin m'est plus intérieur que je ne le suis à moi-même, de même la Conscience du Grand Orient est plus ma conscience que ma conscience n'est mienne. L'homme est bon et tout ce qu'il veut est légitime, mais il ne sait pas toujours ce qu'il veut vraiment, il lui arrive même de détruire librement sa liberté ; être libre est difficile, il faut l'y aider, lui apprendre à être libre, le forcer à être libre, c'est les grands ancêtres qui l'ont dit, à commencer par Jean-Jacques.

« Ce qu'il faut, c'est organiser l'humanité sans roi et sans Dieu. » C'est là la formule programmatique, rapportée par Jeanneret, de Jules Ferry qui, initié à la loge « La Clémente Amitié » en 1875, passé ensuite à la loge « Alsace-Lorraine », fut deux fois Premier ministre, quatre fois ministre de l'Instruction publique et des Cultes, et père de la « Laïque ».

« La neutralité est et fut toujours un mensonge, peut-être un mensonge nécessaire (…). Le passage à franchir était périlleux (…). On forgeait au milieu des impétueuses colères de la droite la loi scolaire. C'était beaucoup déjà que de faire établir une ins-

---

[7] Serge Jeanneret, maurrassien germanophobe, vichysso-résistant, *La Vérité sur les instituteurs*, Paris, Flammarion, 1942.

truction laïque et obligatoire. On promit cette chimère de la neutralité pour rassurer quelques timides dont la coalition eût fait
obstacle à la loi. »[8]

« En 1968, la rue, le monde politique ont tenu un langage
qui paraissait être celui des maçons. Si la maçonnerie devait être
rattachée à une racine politique, ce serait celle des libertaires. »[9]
Et nul n'ignore que le seul ministère à n'avoir jamais été, depuis
un siècle et demi (sauf pendant la période de l'État français),
lâché par les Fils de la Veuve, est le ministère de l'Instruction
publique.

Faire des citations comme ça, à tire-larigot, ça vous a un côté
pédagogique passablement chiant, mais que voulez-vous, c'est
nécessaire à mon propos : je vous ai bien dit que la réalité
dépasse le délire. On croit qu'on est normal parce qu'on est
comme tout le monde, alors que c'est tout le monde qui n'est
pas normal, et qu'on soit le seul à être resté normal est une anomalie qui vous tape sur le système et qui, à sa manière, vous
rend anormal, mais ça ne vous réconcilie pas pour autant avec
tout le monde, et on en vient à penser qu'on est effectivement
l'anormal, et on perd sa vitalité, on sait plus où on en est. On est
prêt pour l'abattoir, pour la dilution dans l'anomalie normali-
sée. Il faut avoir le courage d'être l'anormal des anormaux, quoi
qu'il en coûte, même s'il faut passer pour un fou, pour sauver sa
peau. Le seul grand risque, c'est l'autisme, et c'est pourquoi il
faut se replonger dans la réalité délirante de temps en temps, en
la sachant telle, d'une part pour ne pas prendre son isolement
pour une marque d'anomalie, d'autre part pour ne pas se complaire dans un isolement qui finirait par vous brûler la cervelle
en cédant au désir de rejeter la réalité délirante dans le délire de
l'irréel. C'est quand ils font timidement l'aveu de leur tendance
à mentir, à se complaire dans l'irréel, que les fous devenus
majoritaires dans une communauté dont vous faites partie vous

---

[8] René Viviani, *L'Humanité* du 4 octobre 1804.
[9] Roger Leray, ancien grand maître du Grand Orient de France, sup-
plément hebdo *Le Monde* du 13 septembre 1981.

donnent le moyen d'éviter à la fois la dilution en eux, et l'autisme. D'où l'opportunité de ces citations un peu pénibles.

« Elle <l'Éducation nationale> s'empare de tout l'homme sans le quitter jamais, en sorte que l'Éducation nationale n'est pas une institution pour l'enfance, mais pour la vie tout entière. »[10]

« (...) les diverses formes d'éducation extrascolaire, en particulier les programmes éducatifs diffusés par les médias pourraient contribuer à neutraliser la transmission "familiale" des préjugés. »[11]

« Les sociétés, et plus particulièrement leurs institutions gouvernementales doivent être essentiellement considérées comme des "systèmes apprenants". Les sociétés les plus à même d'enregistrer des succès seront celles dont la "capacité d'apprentissage" est élevée : flexibles, elles ont la capacité d'anticiper et de comprendre le changement et de s'y adapter. Elles bénéficient de la participation active des citoyens au processus d'apprentissage. Au cours de cet apprentissage, l'histoire devra être récrite et réinterprétée. »[12]

« La possibilité d'une laïcité positive, moteur d'une éducation nationale, est donc liée à la possibilité d'une acceptation commune de valeurs et à l'affirmation commune de finalités. (...) La pensée marxiste classique n'est pas éloignée, aujourd'hui encore, de cette vision du monde prophétique <dans laquelle l'école actualise "ce qui devrait nécessairement venir du développement spontané de l'humanité"> si l'on en juge par les derniers livres de Georges Snyders <spécialiste des "sciences de

---

[10] Rabaut Saint-Étienne, le 21 décembre 1792, Archives parlementaires 1/55/346/2.

[11] Quatrième conférence des ministres de l'Éducation des États membres de la région Europe, « Perspectives et tâches du développement de l'éducation en Europe à l'aube d'un nouveau millénaire », Paris Unesco, 1988, p. 11.

[12] *International symposium and Round Table*, 27 nov.-2 déc. 1989, *Beijing, China, Qualities required of education today to meet foreseeable demands in the twenty-first century*, *Proceedings*, Unesco, p. 34.

l'éducation", membre du PCF>. Mais les marxistes ne sont pas au pouvoir et la plus grande partie du corps social refuse, pour l'instant, cette éventualité. Alors ? »[13] Louis Legrand était professeur de « sciences de l'éducation » à l'université de Strasbourg, ancien directeur de l'Institut national de la recherche pédagogique, auteur d'un rapport au ministre de l'Éducation nationale intitulé « Pour un collège démocratique ». « Alors ? », dit-il... Alors, afin de conformer le peuple à l'idéal qu'il désire sans en avoir clairement conscience encore, il faut changer le peuple à son insu et avec son accord tacite, par le moyen de l'école elle-même inspirée par les principes pédagogiques des Soviétiques et des cryptocommunistes américains et européens, plus virulents aujourd'hui que jamais : il s'agit de méthodes psychopédagogiques révolutionnaires dont « l'objectif fondamental est la socialisation des enseignés. En ce sens l'éducation doit être d'abord action, en second lieu seulement connaissance. »[14] Par où l'on voit que l'école ne sert nullement à apprendre quelque chose, mais à changer les mentalités en vue de la révolution mondiale. Sous ce rapport, la diffusion à très grande échelle des drogues, de toutes les formes abrutissantes de productions audiovisuelles focalisant l'énergie des masses par l'inflation du sexe, de la violence et de l'onirisme, favorise l'éradication, avant la confection de l'Homme nouveau humaniste, de toute réminiscence ascétique chrétienne.

J'ai des varices et des hémorroïdes, je suis sale, je pue, je porte dans ma chair les noirceurs de mon âme gâtée, en vieillard dyscole repoussant et repoussé que je suis. Moi qui suis un déchet déglingué, cassé de partout, incapable de vivre selon la hauteur morale de mes certitudes, je suis vraiment mal placé pour donner des leçons à mon prochain. Mais je trouve plus honnête, en fin de compte, de vivre en désaccord avec des certitudes que j'ai le courage de pas changer, même si leur souvenir

---

[13] Louis Legrand, *L'École unique : à quelles conditions ?*, Paris, Scarabée, 1981, p. 61. Presque toutes ces citations sont tirées du *Machiavel pédagogue* de Pascal Bernardin.
[14] *Idem*, p. 97.

me crucifie et me rappelle à chaque instant que je suis un pas grand-chose, plutôt que de changer de certitudes pour me mettre, comme ils disent « en accord avec moi-même », pour les mettre à mon niveau minable. Là-dessus j'ai un truc à dire qui concerne les corrupteurs professionnels, les soldats déclarés de la subversion, mais aussi les bien-pensants qui vont à la messe. Les bien-pensants constipés, avec leurs discours édifiants, leurs filles qui doivent avoir une grise tronche de raie pour être vertueuses, ils veulent vous persuader qu'il faut lutter contre sa nature pour recevoir la grâce, et allons-y que je te refoule toutes les énergies guerrières, toutes les aspirations immanentes, tous les pouvoirs de jubilation de la nature humaine. Mais ceux d'en face, les disciples de Belzébuth, les adorateurs de l'homme, ils font pas mieux, je dirais même qu'ils font la même chose à leur manière, en déclarant que tout ce qui s'oppose aux appétits humains, même les plus exigeants et les plus tordus, serait antinaturel ; et vas-y que je te glorifie la nouvelle religion du corps et du sport, que je te fais passer toute invitation à l'abnégation pour une frustration de la nature toute belle et toute pure, toute parfaite et infaillible. Ils ont pas compris que, même sans tenir compte de la cassure qu'on trouve en soi à la naissance depuis qu'Ève a frôlé le serpent en lui faisant des risettes — il en est resté quelque chose chez toutes ses filles —, la nature humaine destine l'homme à des biens qu'il lui appartient de vouloir *librement* ; c'est paradoxal mais c'est pas contradictoire. Qu'est-ce qui en résulte ? Que l'homme est comme donné à lui-même, pour le meilleur et pour le pire, et presque toujours pour le pire, à moins d'accepter l'invitation à l'héroïsme, qui devrait nous galvaniser tous si nous étions moins nuls et moins mesquins, avec notre sale grande gueule lamentable qui prétend avoir des droits. Être libre, c'est choisir, et choisir c'est exclure, on peut pas faire autrement, c'est sacrifier. Alors si on est fait pour le meilleur, on doit sacrifier beaucoup de moins bon, et même du très bon. Ça s'appelle l'abnégation, c'est dans le programme de l'homme, il fonctionne normalement comme ça, et c'est ce qui lui vaut malgré tout un petit reliquat de dignité malgré toutes ses misères. Alors quand il y a des faiseurs de bonheur qui vous balancent, le bec enfariné, qu'il faut pas se retenir ni se sacrifier ni se dépasser, ils se rendent pas compte qu'ils enlèvent à l'homme tout ce qui l'empêche d'être une ignominie complète, et qu'ils prescrivent quelque chose de pas naturel non plus ; l'homme est un tas de gélatine qui s'affaisse et qui empeste dès qu'il arrête de lutter. Contre les grenouilles de bénitier, il faut se souvenir qu'il faut aimer ce qui est aimable, surtout ce qu'on se propose de sacrifier, pour que le choix ait une valeur ; aux gnomes revendicateurs et gnomides boscotes peuplant notre humanité contemporaine, il faut rappeler que la béatitude, ça se gagne : ça ne peut se donner qu'en étant choisi, et c'est choisi par sacrifice obligé du moins bon. D'une certaine façon, je vous le dis franchement, le genre humain n'est supportable que dans l'effort, dans la souffrance, quand il renonce à son moi gluant. Être homme, c'est lutter contre la tendance native à tomber plus bas que l'animal. La cassure congénitale dans l'homme, c'est pas sa vocation à la lutte, c'est l'insurrection violente contre l'invitation à lutter. Refuser le péché originel, c'est avoir de la merde dans les yeux ; mais c'est aussi s'insurger contre le destin de lutteur. Et ceux qui s'insurgent contre cette destinée, ils font tellement de bruit, ils sont tellement enférocés, tellement soulevés par la passion d'écrabouiller ce qui s'oppose à leur désir de tranquillité peinarde, qu'ils finissent par prendre leur colère révoltée pour du courage, de l'appétit de justice, du tressaillement volontaire, de la lutte épique et des pulsions de libération glorieuse, alors qu'ils roulent pour la victoire de l'entropie, de l'animalité en eux, laquelle, lovée dans une humanité dont la raison tient lieu d'instinct, n'a aucune borne naturelle ou spontanée à ses passions qui, déchaînées, sont bien plus ravageuses que l'innocente animalité.

Bouffon, tout à son prosélytisme généreux, n'avait pas encore compris tout ça. Ses farces à vocation critique furent supportées un temps. Mais quand il fut question de calculs sacrilèges relatifs aux temps de crémation d'un cadavre à Auschwitz, quand les obscénités aussi repoussantes que l'évocation des ravages opérés dans le même lieu de pèlerinage par le typhus se mirent à indisposer l'âme pure des enfants, on se mit rapidement à comprendre d'où venait le vent, et il fallut sévir. Bouffon, pervers polymorphe, fut traduit devant un conseil de discipline qui décida de son éviction définitive et sans indemnités de l'Alma Mater. Bouffon comprit alors que le temps était venu pour lui, qu'il attendait depuis toujours, de rompre les dernières attaches qui le retenaient au monde des gens normaux. Il commença par fonder un foyer catholique, avec une femme catholique qui ne s'était ni droguée ni roulée dans tous les lits de ses camarades de son âge, et qui tenait pour un honneur d'être une mère au foyer consacrée à l'éducation de ses enfants qu'elle voulait nombreux. On voit là qu'il n'y alla pas avec le dos de la cuiller. Puis, fort de son expérience lui ayant révélé que la liberté d'expression n'existe plus en Europe et dans nos sociétés modernes depuis 1945, il décida, comptant sur la légendaire finesse d'esprit de l'Anastasie batave pour le soustraire à cette pression inquisitoriale dont il avait été l'objet, de s'expatrier en Belgique où il fonda une maison d'édition.

Comme il avait fait le choix — autre conséquence de son goût pour la marginalité — de publier des textes intelligents tout en méprisant la passion pour le confort et l'argent, il fut bientôt menacé de faillite et dut s'enquérir d'un gîte pour sa famille et accessoirement pour lui-même. C'est alors qu'il rencontra Pierre II. Vous ne connaissez pas Pierre II ? Allons donc ! Onésime Ribouldingue, alias Pierre II, est pape. Oui, vous avez bien lu, pape autoproclamé. Ils doivent être, avec Benoît XVI et l'espèce de Savonarole archéo-marxiste qui danse le tango poverellique au Vatican, une trentaine actuellement dans le monde. Pierre II, dans sa jeunesse, suivit le *cursus honorum* ecclésiastique jusqu'au degré de sous-diacre (ce qui ne l'empêcha pas plus tard de se déclarer prêtre), mais il fut chassé du séminaire de Malines après qu'il se fut senti obligé, par une irrésistible pulsion intérieure, de proclamer dans la cathédrale qu'il était la réincarnation d'Hildebrand, le pape de fer plus connu sous le nom de Grégoire VII, contempteur à Canossa du césarisme en la personne d'Henri IV l'empereur, et qu'il était appelé à faire comparaître le roi des Belges devant la devanture du bistrot « Chez Léon » à Bruxelles, un cornet de frites à la main et le sceptre royal enfoncé dans l'oreille gauche, pour faire pénitence publique suite à son refus de faire chevalier Léon Degrelle. Ce propugnateur de la métempsycose évolua par la suite et se maria trois fois. Il épousa tout d'abord une Birmane dont les odeurs l'indisposaient, puis il décida de changer de peau en convolant avec une Suédoise qui avait le tort d'aimer trop la Gueuze Bellevue (elle rotait bruyamment et pissait comme un cheval). Il se décida enfin, après deux répudiations bibliques, pour une néophyte d'origine juive : saint Malachie, avec lequel il était en relations télépathiques, lui avait confirmé sa vocation papale en lui révélant qu'il serait le dernier pape et que le dernier pape serait juif. Mais, Onésime ne l'étant pas, il prit le parti de se faire juif par alliance pour respecter sa vocation. Entre-temps, assez coriace en affaires, il avait fondé trois librairies très spécialisées à Bruxelles — deux consacrées à la Chose, une troisième au catholicisme onésimien — qui, assez prospères, lui permirent de constituer une fortune suffisante pour acquérir un grand immeuble dont il fit son palais pontifical. C'est là, dans un petit appartement, qu'il consentit à loger Bouffon. Plus tard, comprenant que la mode était à l'anti-Chose, la jeunesse belge conscientisée fit sauter deux de ses librairies. Mais il restait à Onésime assez de revenus pour continuer à vivre dans l'aisance, d'autant qu'il s'était constitué une cour généreuse de par le monde en répandant la vérité onésimienne. Il réunit, un beau matin, un conclave dans sa cuisine, composé de sa femme, de sa femme de ménage, de ses maîtresses, de ses trois chats, du portrait de son arrière-grand-père, de Paco Rabane et de la Castafiore de l'Évangile selon Tintin. Ainsi devint-il pape de la fin des temps. Quand le fruit de ses onésimiennes et frénétiques copulations avec sa plus récente moitié s'annonça, il avait, selon les astres qu'Onésime avait consultés, trois semaines d'avance. Mais la médecine ne pouvait avoir raison contre les astres. L'enfant prématuré, qui devait absolument naître devant l'autel privé de Pierre II, dut attendre l'autorisation de commencer de vivre au-dehors selon les décrets de l'infaillibilité onésimo-astrologique, si bien qu'il en mourut dans le sein de sa pauvre papesse maternelle. La confiante naufragée du ciboulot faillit en claquer... Elle avait, affligée d'une septicémie avancée, des boutons plein la figure et une haleine puante à faire dégueuler un rat. Pierre II décida alors de conserver le corps de son défunt héritier, ce qui l'obligea à affronter les services sanitaires de Bruxelles qui croyaient qu'il voulait le faire empailler pour l'offrir à la dévotion de ses fidèles. Bouffon lui manifesta à ce moment son amicale reconnaissance en acceptant, après avoir vainement tenté de le raisonner, de prendre à sa place les horions que la troupe argousine réservait à toute personne s'opposant à la levée du corps.

Ensuite, les choses sont, si l'on peut dire, rentrées dans l'ordre, mais Bouffon ne s'était pas assagi. Il se laissa un temps caresser par la perspective de fonder une revue culturelle. On pouvait augurer qu'elle serait à la mesure de sa fantaisie. Il est probablement superflu d'ajouter que ce coco était très surveillé. Sa stratégie était de ne rien cacher de sa vie privée et professionnelle, de n'être jamais prudent, d'afficher une ingénuité savamment calculée, qui désarçonnait, au moins jusqu'à un certain point, les enquêteurs les plus suspicieux.

VII

TROISIÈME ENTRETIEN

La Conscience :
Vous délirez, mon pauvre vieux ; de toute façon l'inter-dépendance entre peuples, induite par les évolutions techniques fulgurantes des modes de transformation de la Nature, est irré-versible, et elle se conclura par la société mondiale. Vous êtes un rebut de l'Histoire, destiné à rejoindre les pièces inutiles et non recyclables du crassier universel.

Tartempion :
Vous êtes écœurante par la nature de vos projets, mais vous êtes aussi horripilante par votre présomption. C'est ce qui vous perdra. Il y a aussi la question de la Shoah. Vous vous doutez bien de ce que j'en pense.

La Conscience :
Vous touchez là au fond de l'ignominie. Vous ne respectez rien. Vous êtes irrécupérable.

Tartempion :
Je suis iconoclaste.

La Conscience :
Vous êtes un profanateur, un détrousseur de cadavres, un blasphémateur.

Tartempion :
C'est ça. Maintenant, fermez-la un peu, ou alors je vais finir par croire que vous avez peur de moi et surtout de la vérité.

Le judaïsme procède proleptiquement du christianisme, parce que ce qui est premier en intention est ultime en exécution. Et le moyen a vocation à être détruit dans le service de la fin dont l'avènement le rend obsolète. Ce qui fait l'identité du judaïsme depuis deux mille ans, c'est son refus du Christ dont le Royaume n'est pas de ce monde. Pour être médiateur entre Dieu et l'homme, il fallait bien que le Messie fût à la fois Dieu et homme, Dieu se faisant religion, acte de relier l'homme à Lui. Quand on refuse au Messie d'être Dieu, on refuse la médiation divine cependant que, se voulant élu par Dieu — ainsi choisi pour une mission —, on plébiscite la nécessité d'une médiation. Qu'en résulte-t-il ? Ceci, tout simplement : le Juif est pour lui-même, collectivement, son propre messie. Il est l'immanence de Dieu dans l'Histoire, il est la conscience de soi de Dieu. Il se reconnaît ainsi la double vocation de sauver l'homme et de sauver Dieu qui, sans lui, serait une substance inconsciente en attente de sa personnification. Il est ainsi conséquent que ce peuple, en tant que christique, se propose de mourir dans la chambre à gaz au Golgotha d'Auschwitz, et de ressusciter en Israël. Le peuple juif est à la fois nation et Église, il est à la fois Église militante, Église souffrante et Église triomphante, et il est homme et Dieu. Une telle Église a ses prêtres, ses docteurs, ses martyrs, ses tribunaux, ses croisades, ses hérétiques, ses saints, ses réprouvés, son Saint-Office aussi. Et quelque chose me dit que l'Union soviétique n'est pas étrangère à l'élaboration d'un tel dogme que les Anglo-saxons et antifascistes de tous les horizons firent leur, avec empressement, après que l'on eut terrassé la Bête immonde dont je suis un lointain rejeton. Évidemment, les dirigeants russes contemporains savent les conditions dans lesquelles ce dogme fut établi. Il serait — reine de l'orthodoxie humaniste — véritablement catastrophique, pour la pérennité de votre règne, que la cuisine théologique où le dogme fut concocté révélât ses secrets. Or que font les dirigeants russes actuels ? Ils célèbrent régulièrement, en grande pompe, la victoire de l'Armée rouge sur la Bête, et font mémoire, avec la plus grande révérence, des Six Millions sacralisés à Nuremberg. Ils ratifient le principe sur lequel repose ce que vous appelez le Nouvel Ordre mondial, que l'État mondial a vocation à couronner : « Tout ce qui n'est pas nous, humanistes citoyens du monde, est réactionnaire, porteur de la Shoah qui en révèle l'essence répressive et criminelle, fasciste, monstrueuse, inhumaine ; dès lors, c'est nous ou la Shoah dont la mémoire sempiternelle doit servir de repoussoir salvateur contre toutes les nostalgies malsaines. » La Shoah est l'incarnation du Mal, dressée à jamais pour barrer toute velléité de critique de la démocratie libérale supposée incarner, quant à elle, la fin de l'Histoire. Si les responsables russes d'aujourd'hui étaient vraiment des réactionnaires horrifiés par leur propre passé matérialiste et athée, sanguinaire et progressiste, soucieux de réparer les pots cassés et de lutter contre les effets et les causes de la maladie mortelle dont ils se veulent guéris et des illusions utopiques dont ils se disent dégrisés, ils commenceraient par dénoncer le Dogme, afin de se poser en champions des nationalismes insurgés contre la pieuvre états-unienne et sa tyrannie militaro-financière. Or ils n'en font rien, bien au contraire. La répression antirévisionniste et antifasciste est aussi implacable en Ivanie qu'en Occident. Alors que penser ? D'aucuns, qui se veulent subtils, considèrent que c'est une carte gardée en réserve afin de se protéger de l'impérialisme américain, carte dont l'Ours Ivan brandit la menace en forme de chantage assez longtemps pour se donner une puissance suffisante l'habilitant à moyen terme à se passer de sa dépendance à l'égard du système financier international actuel : « Laissez-nous vous vendre nos matières premières et nous refaire des plumes, relancer notre démographie et nous mettre à niveau technologique, ou bien nous crachons le morceau. » Mais cette explication n'est guère convaincante, parce que les stratèges états-uniens savent pertinemment, supposé que telles soient les motivations de leurs homologues ivaniens, que de toute façon, à terme, ces derniers auront intérêt à cracher le morceau, au vrai aussitôt qu'ils auront rattrapé leur retard : à quoi bon entretenir un mythe mondialiste destructeur des nations si l'on est supposé avoir renoncé à l'internationalisme pour choisir la voie nationaliste ? « Autant, se disent les stratèges américains, que le conflit s'engage tout de suite entre l'Ivanie et l'Oncle Sam, et sur notre initiative, à peine d'être mis en demeure d'affronter la Russie quand elle sera plus forte. » Or on voit bien que si l'Amérique essaie effectivement un peu de déstabiliser la Russie, elle n'y met pas vraiment le paquet, ce qu'elle ferait si la Russie était pour elle un vrai danger. Le propre des puissances politiques actuelles, c'est de conjuguer un irénisme théologico-philosophique d'une bêtise enfantine, et un cynisme efficace extrêmement sophistiqué, redoutable à court et à long terme. Dès lors, j'ai quelques raisons de penser que cette hypothèse de la carte gardée en réserve est erronée, et j'en reste à la mienne : la Russie de Poutine a intérêt à perpétuer le Dogme shoatique, et elle n'est nullement habitée par le projet de se faire le fer de lance des nations ; ce qui revient à dire qu'elle est restée communiste ; le bonhomme roule pour le marxisme, subjectivement ou objectivement. Plus exactement, la Russie et les États-Unis sont en compétition pour l'acquisition de la position d'opérateur privilégié de l'État mondial, lequel est objectivement gravide de la collectivisation.

J'évoquais à l'instant Đjilas[15] ; ce dernier pensait que la Nouvelle Classe issue de la perestroïka ne peut pas renoncer à la propriété socialiste. Pour lui, le modèle yougoslave n'a jamais existé, c'était le même féodalisme industriel qu'ailleurs, en URSS ou en Chine, de sorte qu'il ne croyait pas à la perestroïka et à la glasnost, vouées à l'échec selon lui. Il pensait que le communisme allait disparaître, que la Russie ne serait pas assez puissante pour affronter l'Ouest, qu'une agression de l'Europe par la Russie avait été le rêve de Staline, empêché par le plan Marshall, afin de la convertir en atelier de production, mais qu'une attaque nucléaire serait suicidaire pour la Russie, et qu'une attaque conventionnelle serait aussi un échec faute de ressources économiques et d'alliés. Tel n'était pas l'avis d'Alain

---

[15] *Op. cit.*, p. 215 et suivantes.

Besançon[16] : « Il ne se passe rien à l'Est, parce que, par définition, le communisme est immuable et irréversible ; la perestroïka ne serait rien d'autre qu'une tactique de l'Empire soviétique pour berner l'Occident et ses propres peuples. » Ce qui est
certain, c'est que le communisme réel est à la fois, en tant que
mondialisme, déification du genre humain, ainsi plébiscité par
tous les subjectivistes, et féodalisme au profit d'une caste,
qu'elle soit juive ou autre. Le capitalisme actuel, comme mondialisme bancaire, vise un tel féodalisme à l'échelle planétaire,
et il sera contraint, pour les raisons que j'ai développées, d'instaurer le socialisme après avoir fondé l'État mondial. Le communisme marxiste soviétique classique instaure d'abord le communisme dans un seul pays pour ensuite établir l'État mondial.
Mais si la fin est la même, il demeure que les démarches sont
différentes et ne peuplent pas leur directoire universel des
mêmes « *happy few* » à statut surhumain, et sous ce rapport les
acteurs du mondialisme sont rivaux, d'autant que le soviétisme
instauré par les Juifs avait, sous Staline, chassé ses Juifs — à
tout le moins avait-il commencé à le faire : les dirigeants ne sont
pas les mêmes. Il faut donc se demander si l'URSS de Poutine
est encore secrètement communiste ou si elle est vraiment nationaliste. Si ce qui précède est exact, on peut exclure que les
manœuvres de Poutine soient solidaires du mondialisme bancaire ; s'il flirte avec lui, c'est pour s'en servir ; il est ou bien un
nationaliste à vocation fascisante, ou bien un communiste hostile à l'Occident anglo-saxon. Et je pense qu'il est objectivement
un communiste, complice du mondialisme judéo-maçonnique
avec lequel il est en rivalité stratégique mais non idéologique.
    Ce qui fait quand même réfléchir, avec le recul du temps,
c'est le jugement pas si ancien que cela d'Edward Teller, père
de la bombe H : « Lorsqu'en 1949 le président Truman donna
son feu vert à la recherche sur la bombe H et m'en confia la responsabilité, les Soviétiques, conduits par Andreï Sakharov,
avaient déjà dix-huit mois d'avance sur nous. »[17] « En vérité, la

---

[16] *Idem*, p. 208.
[17] *Idem*, p. 198.

Russie est devenue plus imprévisible que jamais, donc plus dangereuse ! Et pendant que nous dissertons, les Soviétiques ont pris sur le monde plusieurs années d'avance »[18], pas en matière d'explosifs nucléaires, mais sur le plan de la défense anti-nucléaire. Teller ajoutait que les Russes travaillaient sur le système antimissile depuis les années soixante[19], que le système de défense antimissile actuellement installé <les propos de Teller datent de trente ans> autour de Moscou arrêterait 90 % des fusées dirigées sur cette ville[20], qu'ils ont pris dix ans d'avance sur la recherche relative à l'usage des lasers et qu'il n'est pas sûr qu'on puisse jamais les rattraper ; que nous sommes ignorants sur les recherches militaires menées par l'URSS[21], que Reagan a proposé en 1983 le programme IDS, réponse tardive à l'avancée considérable des Russes. Le programme IDS a été abandonné quand on s'aperçut qu'il faudrait dix ans pour mesurer seulement sa faisabilité aux USA. Si ces informations sont sérieuses et non totalement dépassées, si elles ne relèvent pas de l'intoxication, c'est que les Russes avaient les moyens d'affronter une guerre mondiale dès les années de la perestroïka, et que les jugements de Ðjilas sur l'impéritie soviétique sont erronés, de sorte que la décision russe de saborder le stalinisme ou « communisme dans un seul pays » ne relève pas des prémisses d'une disparition du communisme ployant sous le poids de son impéritie, mais d'une stratégie marxiste, de sorte qu'on peut se demander toujours ce qu'il en est des véritables intentions de Poutine et de ceux dont il est le héraut.

Voyez-vous, j'apprends récemment qu'une dispute a eu lieu entre Moscou et la Pologne, cette nation prétentieuse et geignarde comme peut l'être la France. Varsovie serait en train de réviser l'histoire afin de s'innocenter de toute responsabilité dans le déclenchement de la dernière guerre mondiale. Poutine lui rappelait vertement, à bon droit au reste, que la petite

---

[18] *Idem*, p. 199.

[19] *Ibid.*

[20] *Idem*, p. 200.

[21] *Ibid.*

Pologne catholique, excitée comme une puce virulente contre l'Ours ivanien par la perfide Albion, fermée à toutes les solutions pourtant généreuses et patientes que lui proposait l'Allemagne (mais cela, Poutine ne le dit pas), était la première responsable de ce conflit. Varsovie, vierge vertueuse, se pose en victime des agressions et occupations « nazie » et soviétique, se défaussant sur le pacte de non-agression entre Moscou et Berlin en 1939. Notre Poutine entend remettre les pendules de l'histoire à l'heure en se proposant de créer à Moscou une immense collection de documents de la Seconde Guerre mondiale, consultable par n'importe qui. Qu'ajouta Poutine, à Saint-Pétersbourg, en janvier 2020 ? Que Moscou devrait suivre l'exemple de Tel-Aviv qui n'autorise personne de par le monde à oublier les horreurs de l'Holocauste. « Parmi les victimes de l'Holocauste, un grand nombre étaient des Juifs soviétiques », de sorte que nous ne devons pas non plus oublier les sacrifices des autres peuples soviétiques ayant défendu « leur patrie et le monde entier contre la peste brune ». La Russie supposée nationaliste et antimondialiste embouche les trompettes assourdissantes du pilier idéologique principal des opérateurs du mondialisme. Ce qui tout de même laisse songeur. Poutine chouchoute ses Loubavitch, non du tout parce qu'ils seraient antisionistes comme le sont les « Neturei Karta » pro-palestiniens : les Loubavitch, dans l'attente de leur « Messie », ont au contraire pour projet d'influencer la politique de l'entité sioniste afin de consolider ses frontières spoliatrices, et ce dans le but d'accélérer la venue du « Messie ». Les Loubavitch sont liés aux Oligarques et avec eux à la tribu des Rothschild dont la fortune réelle est de trois cents à mille fois plus élevée que celle d'un Bill Gates.

La Conscience :
Vous avez vraiment beaucoup d'imagination. Vous inventez des stratégies tordues prêtées à vos ennemis pour vous donner l'illusion d'entrevoir entre ces derniers des dissensions qui pourraient servir les intérêts de votre camp de paléo-hitlériens.

Tartempion :
   Mais non ma grande. Je ne suis pas dans le secret des dieux, je suis même un marginal éloigné de toute source d'information croustillante. Mais j'essaie d'avoir du bon sens, et un peu de psychologie. Pour étayer mon propos, j'en appellerai au jugement d'Henry Kissinger, en 1970 : « Aujourd'hui, pour la première fois de notre histoire, nous devons admettre la réalité que le défi [communiste] *est sans fin*... Nous devons apprendre à mener notre politique étrangère comme les autres nations ont eu à la conduire — sans échappatoire et sans répit... *Cet état de choses ne disparaîtra pas.* »[22] Quand on prend conscience du fait qu'un type comme Kissinger avait tout de même quelques raisons de se croire bien informé des stratégies secrètes et des diagnostics de ses maîtres, on mesure ce qu'il peut y avoir de singulièrement étonnant dans l'événement semelfactif de la chute du communisme en URSS seulement dix ans après. Le faux hégélien Fukuyama, dans son best-seller *La Fin de l'Histoire et le dernier homme*, dont je tire cette citation, était persuadé quant à lui — ce qui est votre thèse même, Conscience — que la démocratie libérale représente l'indépassable fin de l'Histoire, le vœu de l'univers entier depuis le Commencement adamique, et que Kissinger aurait été aveuglé par un pessimisme imputable à un manque de confiance profond dans les vertus de l'idée démocratique. En d'autres termes, l'optimisme démocratique serait le réalisme même, Kissinger serait un vieux con ; « on a eu la peau du communisme parce que l'idée démocratique est invincible, inscrite dans les gènes de l'humanité qui ne peut pas ne pas se reconnaître en elle tôt ou tard » : telle est l'expression de la morgue eschatologique libérale. Or c'est là, voyez-vous, que je suis passablement perplexe. Quand on prend conscience du niveau de spiritualité de l'homme moyen généré par la démocratie libérale, on ne peut pas ne pas être frappé par le sentiment

---

[22] "*The Permanent Challenge of Peace: US Policy, toward the Soviet Union*", in *American Foreign Policy*, 3e édition, New York, Norton, 1977, p. 302.

d'une profonde décadence, qui est létale ; on est vraiment près du « dernier homme » nietzschéen, et ces optimistes qui croient au « progrès » sont en vérité d'effroyables pessimistes, qui font se consommer la prodigieuse histoire du monde, riche d'éclairs de génie sans nombre et de dévouements admirables, de souffrances en quantité incalculable aussi, par l'engendrement de cette crotte de bique qu'est l'homme moderne réduit au mécanisme de ses glandes et aux mirages de ses imaginations sentimentales. Alors, que voulez-vous, j'ai tendance à penser que le diagnostic de Kissinger était exact, que le communisme était bien vivant et redoutable avant la chute du Mur, et qu'il est tombé seulement parce qu'il a *voulu* tomber, non en tant que communisme, mais en tant que « communisme dans un seul pays ».

Les sarcasmes ne cessent de pleuvoir, en plus des milliards d'insultes horrifiées, sur l'épopée des fascismes et leur croisade antibolchevique : quand bien même le fascisme, pris au sens large, n'eût été mû que par l'anticommunisme, la réponse fasciste au communisme serait inutile parce que, nous disent ceux que vous inspirez, la démocratie aurait raison de tout, y compris du communisme. Voyez-vous, si mon explication est fondée, cet optimisme démocratique est une illusion mortifère.

Je crois que le fascisme fut d'abord anticommuniste, et que le communisme n'est pas mort. Je crois donc que le fascisme reste actuel. Il reste actuel parce que les monarchies, qui sont aussi anticommunistes, étaient déjà implicitement capitalistes avant 89 qui était une révolution bourgeoise et libérale ; parce que ces monarchies sont devenues explicitement capitalistes avec les restaurations chartistes ; parce que ces restaurations ont passivement renoncé à elles-mêmes dans le surgissement des républiques ; parce que les républiques ont déchaîné le capitalisme qui a par contrecoup engendré le communisme. Une monarchie traditionnelle fonctionne dans le contexte d'une économie essentiellement terrienne, agricole, sans les sophistications de la société industrielle. Quand cette dernière surgit en contexte monarchique, alors ou bien on passe en république, ou bien le monarque devient une potiche comme au « Royaume » Uni, et le vrai pouvoir passe à la bourgeoisie industrielle et financière.

Je rappellerai, après d'autres, que l'acte commercial régi par la seule justice commutative — et c'est bien là le caractère propre des sociétés libérales —, ainsi déconnecté de la justice distributive, par là soustrait au souci du bien commun et réduit au souci du bien privé, est contradictoire, car il présuppose l'égalité des échangeurs, cependant qu'il est finalisé par l'inégalité. Il suppose l'égalité des échangeurs, car n'importe quoi doit pouvoir être vendu à n'importe qui, tous doivent être tenus pour également consommateurs, afin de maximiser l'échange ; et Montesquieu — un autre tentacule de la pieuvre que vous êtes — rappelait bien que le commerce est la profession des gens égaux. Ce même acte commercial est pourtant finalisé par l'inégalité, puisque le cycle commercial n'est plus de type « marchandise-argent-marchandise » (MAM'), où l'argent n'est que le moyen d'échanges utiles, mais du type « argent-marchandise-argent » (AMA'), où la marchandise est le moyen d'opérer des échanges finalisés par le gain, ou accumulation du capital. Dans le même ordre d'idée, je rappellerai que l'acte industriel, déconnecté de la justice distributive, est contradictoire, qui suppose l'interdépendance toujours plus grande des travailleurs, quand la finalité d'un tel acte est cette indépendance requise par la nature privée — parce qu'elle est exclusivement matérielle — du bien convoité. Le communisme est au fond la résolution de ces deux contradictions. Et, en dehors du retour au primat de la justice distributive, qui suppose l'avènement du fascisme, il est le seul à les résoudre, mais au prix de l'humanité dans l'homme. La justice distributive va du tout à la partie, elle vise une distribution des biens et charges publics proportionnelle aux mérites de chacun ; mais tout est à vocation publique puisque tout bien privé est finalisé par le bien commun, et sous ce rapport tout est public, qui ne devient privé que par cette distribution même ; et une telle distribution suppose la maîtrise, par le tout, de l'engendrement et du renouvellement de ses propres parties ; or la monarchie traditionnelle est fondamentalement statique, fondée sur un agrégat d'ordres dont le devenir est dépendant de lois familiales de succession ; l'État est limité au roi (« l'État, c'est moi »), et les lois fondamentales relèvent essentiellement de la coutume, ce qui revient à dire que le renouvellement des personnels constitutifs de chaque ordre est laissé aux hasards de l'hérédité ; le Politique est une extension de la vie familiale, il n'a pas encore véritablement acquis son autonomie, et le tout n'est pas maître de la position de ses parties. Il en résulte que l'autorité politique, ou royale, n'a pas les moyens de maintenir les exigences de la justice distributive.

Résumons :

Le capitalisme adopte le cycle AMA'. L'argent est fin. C'est pourquoi il prône le prêt à intérêt : tout se vend, même et surtout l'argent intronisé principe de toute valeur et doté de la valeur maximale. Si l'argent a raison de fin, il est clair que les acteurs économiques chercheront tôt ou tard à mettre la main sur le mécanisme de la création monétaire, en dérobant à l'État son privilège régalien de battre monnaie. En se faisant rembourser avec intérêts, ils institueront un processus dans lequel les dettes ne sont pas remboursables, ce qui induira une concentration des richesses toujours plus accusée puisqu'il faudra emprunter pour rembourser et creuser sa dette en empruntant. En cela le capitalisme est, comme je l'ai dit, contradictoire, qui concentre les richesses en un nombre de mains toujours plus petit, cependant qu'il convoque un nombre toujours plus grand de producteurs et de consommateurs afin d'installer des marchés toujours plus étendus, en même temps que le système tend à réduire tous les biens — même ceux qui répugnent le plus au marchandage — à des biens économiques : les marchés doivent s'étendre en quantité et en qualité. Quand tout l'argent est concentré, il n'y a plus de réciprocité, plus d'échange, et l'argent lui-même perd toute valeur puisque toute sa valeur tient dans son pouvoir d'échange. Pour que la puissance que représente l'argent aussi longtemps qu'il conserve sa valeur ne soit pas réduite à néant par l'effet de cette concentration maximale en laquelle pourtant il s'achève, il faut que le système capitaliste se sublime en un autre système selon l'« *Aufhebung* » ; il faut donc que cet achèvement soit pris aux deux sens du terme : conservation et suppression. On conserve la propriété, mais on abolit le privé. De privée, la propriété devient collective.

VIII

SOLILOQUE DE ZINZIN

Avec Bouffon, on a décidé lui et moi de lancer notre revue. J'étais déjà devenu marginal quand on s'est rencontrés, il a pas eu à faire d'effort avec moi pour faire semblant d'être normal. Il bouffait n'importe quoi, il avait pas le temps de s'occuper de ces choses, toujours à méditer un coup du tonnerre pour réveiller ses contemporains, jamais déçu, jamais découragé, avec une naïveté dans l'action qui, rétrospectivement, laisse confondu. Lui au moins il faisait quelque chose, sans commencer par se demander si ce serait payant ; il savait que ç'aurait été la meilleure manière de rien faire. La tentation mortelle, incapacitante, qui nous pend au nez à nous les réprouvés, ç'a toujours été celle du « à quoi bon ? ». À quoi bon prendre le monde à rebrousse-poil quand il veut pas être sauvé ? À quoi bon lutter contre l'entropie mortifère qui avale tout, qui finit toujours par avoir raison des volontés individuelles les plus héroïques ? Tout finit en bouse de vache, en collapsus, c'est le destin de Sisyphe. Il fumait pas, Bouffon, il picolait pas, un vrai ascète ; c'était pas comme moi qui biberonnais sans vergogne. J'ai été un homme normal, vous savez, il y a longtemps, avec une femme et des gosses et un métier, des fiches de paie et des déclarations d'impôts, des relations honorables, des soucis de vanité sociale divers, et tout le toutim. Je regardais la télé, je lisais les journaux, je faisais de la lèche au bureau à mon patron pour monter en grade. Et puis ça m'a pris un jour comme ça, par la grâce de Dieu probablement, j'en ai eu assez de cette sinistre comédie, avoir une vie active morose pendant quarante ans en faisant semblant de croire au bonheur, en faisant confiance aux règles de la société pour

conserver ma condition d'homme, et finir retraité avec des coli-
fichets séniles pour faire joujou en attendant la mort. Après les
soubresauts classiques de l'adolescence prolongée, je commen-
çais à m'embourber dans le train-train ennuyeux et confortable,
et j'ai senti que le temps passerait très vite désormais, que je me
retrouverais vieux en moins de deux, sans savoir ce qui m'arri-
verait, sans avoir jamais su pourquoi vivre et ce que je foutais
sur Terre. Il fallait que je bouge, que je comprenne un peu. Les
angoisses métaphysiques, ça a commencé pour moi avec les
odeurs. Il y avait de plus en plus de bougnoules partout dans
mon quartier jadis coquet et protégé de proche banlieue, et
même dans mon immeuble, arrogants, provocateurs, conqué-
rants. Je croyais au début que c'était une fatalité, les nécessités
de l'économie ou autres fariboles de ce genre, je me suis rensei-
gné, j'ai commencé à lever un peu le coin du voile, et l'indignation m'a pris. C'était l'époque montante d'Hercule, au moment
où il s'est fâché à cause des ambitions de Petit Rat qui jouait
les implacables alors qu'il venait de l'écurie républicaine ric-
racienne. J'ai milité chez lui, beaucoup, de plus en plus, j'ai
donné du temps et du pognon, je me suis fait mal voir, j'avais la
naïveté d'y croire à l'époque, qu'il faut pas être excessif, qu'il
faut être crédible, qu'il faut jouer le jeu de la démocratie parlementaire et tout ça. Le Paquebot avait pas encore été abandonné
à la grosse vache ignare marchande de harengs night-clubbeuse
qui tient lieu de fille à Hercule. Ma femme a été excédée par mes
engagements compromettants, on a perdu nos amis, mes gosses
se sont éloignés pour satisfaire leur passion d'être comme tout
le monde, j'ai été viré de ma boîte, on a divorcé, je suis tombé à
la cloche et voilà. Évidemment personne m'a repêché au Paquebot, les bras cassés on aime pas là-bas, surtout les excités qui
font mauvaise réputation d'extrémiste au mouvement. Ô combien de marins, combien de capitaines, combien de petites gens
dévoués, disponibles, qui y croyaient les pauvres, le Paquebot a
engloutis ! Ils sont nombreux, comme moi, à y avoir laissé leur
vie de famille, leurs études, leurs économies, leur carrière professionnelle, leur santé, leur vie pour certains. Et tout ça pour

quoi ? Pour entretenir un parti dont les dirigeants sont aujour-d'hui tous des tapettes, des francs-maçons ou des Juifs. Vous comprenez qu'on puisse l'avoir mauvaise, à force de se faire cocufier par des hommes providentiels.

La chose dite, derrière la trombine d'Hercule Gros Con, son air matois à la mâchoire prolétarienne, y a eu même à un moment un soupçon de quelque chose de l'intuitif fulgurant par-fois, un sens de la mesure et de l'audace mêlées, que ses travers arrivent pas à étouffer. Mais depuis que le Gros Con et le Petit Rat ont fait couler le navire en s'anathématisant, il n'y a plus qu'à attendre que la machine sociale se casse la gueule toute seule. Ils ont emporté avec eux les derniers espoirs des braves gens qu'ils avaient saignés, au nom de leur « idéal » et au profit de leurs pommes, de leurs ambitions et de leurs portefeuilles, pendant quarante ans. Chacun a conservé qu'un bout du bon combat, la stratégie de rupture pour GC, les idées radicales (au moins au début, parce que l'oiseau s'est vite rangé) pour PR. Un bout de vérité c'est pas la vérité. Une vérité tronquée, c'est pire que pas de vérité du tout, parce que ça se retourne contre la vérité. Gros Con, avec sa grande gueule, il a laissé passer une chance historique avec l'affaire du « détail ». Il s'est tout simple-ment dégonflé, provoluté, ventrouillé ; c'est qu'il avait peur de perdre son héritage avec cette affaire, son pognon de parvenu, son honorabilité de parlementaire. Fallait casser le morceau à propos de la Chose, ça aurait hurlé pendant quelques semaines et quelques mois, il y aurait eu peut-être quelques assassinats, tout le monde aurait poussé des cris d'orfraie violentée, et puis le Grand Mensonge aurait été nettoyé. Pendant toute la nuit qu'a suivi son bienheureux dérapage, il s'est demandé, Gros Con, s'il allait pas faire front. On était tous derrière lui, nous les damnés grillés, avec nos dossiers irréfutables, pour déjouer la rhétorique universelle des hallucinés du Mal absolu ; le lende-main, il a préféré pas aller à la bataille, il a biaisé. Il a demandé à moitié pardon, il a chié dans son froc en prenant des airs de matamore, il est rentré dans le rang. Son bâton de maréchal, son chant du cygne, ç'a été son duel présidentiel avorté avec l'idiot de village Ric-Rac. Et puis il est allé se coucher avec son pognon. Petit Rat, lui, il a voulu jouer les finauds, il s'est aligné sur les indignations feujs contre les ratons avec l'affaire du « 9-11 », y a rien à attendre d'un petit pisse-froid qui brûle de retourner à son vomi ric-racien d'origine. Maintenant, on est tout seuls, les espoirs électoraux sont envolés, ils ont toujours été un miroir aux alouettes mais on le savait pas à l'époque. Maintenant je suis libre. Je serai écrasé par le système comme une limace par des roues de camion, il restera rien de moi, mais après tout, peut-être qu'un peu de jus de limace sur un coin de route suffit à la Providence, dans les situations désespérées, pour opérer des miracles. Qu'est-ce qu'on sait de ce qu'on laisse quand on fait le grand saut ? Moins que ce qu'on espère, plus que ce qu'on redoute.

Tout ça pour vous dire qu'on a fait l'essai de lancer une revue. J'en ai gardé un exemplaire que voici :

SOUSCRIPTION. CAMPAGNE D'ABONNEMENTS ET DE LANCEMENT. PRÉSENTATION DE L'AACL.

§ 1 L'Association des amis de la controverse loyale a pour but de rendre possible la création de la revue philosophique L'Esprit libre *de l'insurréaction élitiste. Les fondateurs de l'association — qui seront peut-être, grâce à vous, fondateurs de revue — sont au mieux des révolutionnaires qui ont horreur de s'ennuyer, au pis des quadragénaires désabusés, riches d'expériences et de déceptions diverses : religieuses, politiques, intellectuelles, universitaires, professionnelles, sportives, sexuelles, amoureuses et conjugales, cynégétiques, halieutiques, cinéphiliques, cruciverbiques, carcérales, gastronomiques, ludiques, littéraires, artistiques, hallucinatoires, relationnelles, zététiques, péirastiques, morbides, historiques, dérélictives, juridiques et judiciaires. Tous sont négativement unis par le refus du consensus mortifère qu'imposent les dominants autour de l'idée millénariste de fin de l'Histoire. Ils prennent acte du constat suivant, récemment*

dressé par le sociologue contemporain Pierre Bourdieu[23] : « La socio-logie dérange, en dévoilant les mécanismes invisibles par lesquels la domination se perpétue. Elle dérange, en priorité, ceux qui bénéfi-cient de ces mécanismes, c'est-à-dire les dominants. Elle dérange aussi ceux qui, parmi les intellectuels, se font les complices, au moins tacites et passifs, de ces mécanismes et qui voient dans le sociologue un insupportable reproche vivant. » De fait, « les médias contrôlent l'accès à l'espace public. Toutes les tentatives pour faire parvenir jus-qu'au public le plus vaste un message dissonant ou dissident se heur-tent à la barrière du journalisme. (...) Les intellectuels devraient lut-ter collectivement pour se réapproprier la propriété de leurs instruments de diffusion. (...) Nombre d'entreprises intellectuelles sont tuées dans l'œuf parce qu'elles ne peuvent accéder à la notoriété publique que le moindre essayiste de cour obtient chaque jour de ses compères en connivence médiatique. » L'Association des amis de la controverse loyale (AACL) entend regrouper tous ceux qui, auteurs et lecteurs, même les dangereux individus de la race des enseignants — avec une condition toutefois : qu'ils soient dégoûtés de leur métier au point de haïr les « jeunes » — et / ou dotés d'une certaine compé-tence dans un domaine quelconque du savoir mais en rapport avec l'exercice général du souci philosophique, sont capables de faire leurs les formules suivantes, respectivement de Herbert Marcuse (a) et de Guy Debord (b) :

(a) « (...) la démocratie consolide la domination plus fermement que l'absolutisme ; liberté administrée et répression instinctuelle deviennent des sources sans cesse renouvelées de la productivité. »[24] (...) « Il n'y a plus pour le système capitaliste un véritable "exté-rieur" — si bien que même le monde communiste déterminant et

---

[23] Journal *L'USMAG*, novembre 1999, n° 510, p. 45 et 46.

[24] *L'Homme unidimensionnel*, Éditions de Minuit, 1964, p. 7.

contre-déterminant est compris dans l'économie et la politique capi-
talistes. »[25] *(…)* « *L'originalité de notre société réside dans l'utilisa-*
tion de la technologie, plutôt que de la terreur, pour obtenir la cohé-
sion des forces sociales dans un mouvement double, un fonc-
tionnalisme écrasant et une amélioration croissante du standard de
vie. »[26] « *Le totalitarisme n'est pas seulement une uniformisation*
politique terroriste, c'est aussi une uniformisation technique non ter-
roriste qui fonctionne en manipulant les besoins au nom d'un faux
intérêt général. »[27] « *Avoir la liberté intellectuelle devrait signifier*
qu'on a restauré la pensée individuelle, actuellement noyée dans les
communications de masse, victime de l'endoctrinement, signifier
qu'il n'y a plus de faiseurs d'"opinion publique" et plus d'opinion
publique. »[28]

(b) « *Le domaine de l'histoire était le mémorable (…), la connais-*
sance qui devait durer, et aiderait à comprendre, au moins partielle-
ment, ce qui adviendrait de nouveau : "une acquisition pour tou-
jours", dit Thucydide. Par là l'histoire était la mesure d'une
nouveauté véritable ; et qui vend la nouveauté a tout intérêt à faire
disparaître le moyen de la mesurer. »[29] « *Tout expert sert son maître,*
car chacune des anciennes possibilités d'indépendance a été à peu
près réduite à rien par les conditions d'organisation de la société pré-
sente. »[30] « *Jamais censure n'a été plus parfaite. Jamais l'opinion de*
ceux à qui l'on fait croire encore, dans quelques pays, qu'ils sont res-
tés des citoyens libres, n'a été moins autorisée à se faire connaître,
chaque fois qu'il s'agit d'un choix qui affectera leur vie réelle. »[31] *La*

---

[25] *Idem*, p. 12.
[26] *Idem*, p. 16.
[27] *Idem*, p. 29.
[28] *Idem*, p. 30.
[29] *Commentaire sur la société du spectacle*, Éd. Gérard Leibovici, Paris, 1988, p. 27.
[30] *Ibid.*
[31] *Ibid.*

paresse du spectateur « est aussi celle de n'importe quel cadre intel-
lectuel, du spécialiste vite formé, qui essaiera dans tous les cas de
cacher les étroites limites de ses connaissances par la répétition dog-
matique de quelque argument d'autorité illogique. »[32] « En janvier
1988, la Mafia colombienne de la drogue publiait un communiqué
destiné à rectifier l'opinion du public sur sa prétendue existence. La
plus grande exigence d'une Mafia, où qu'elle puisse être constituée,
est naturellement d'établir qu'elle n'existe pas, ou qu'elle a été vic-
time de calomnies peu scientifiques ; et c'est son premier point de res-
semblance avec le capitalisme. »[33]

§ 2 Avant d'aller plus loin, le lecteur voudra bien observer que,
pour les fondateurs de l'AACL, les travaux de Pierre Bourdieu et de
Guy Debord ne constituent en aucun cas des références canoniques.
Aux yeux des fondateurs, ce n'est pas véritablement la sociologie qui
dérange. Nous en voulons pour preuve, d'abord, le fait de la diffusion
hyper-médiatisée de la sociologie, somme toute « innocente » (du point
de vue de l'intelligentsia inquisitoriale actuelle), de Pierre Bourdieu.
Nous en voulons pour preuve ensuite le fait de l'invitation infantili-
sante à la « philosophie » la plus convenue opérée ces derniers temps
par les prébendiers les plus serviles de cette même intelligentsia, et
destinée à prévenir, dans la société dont l'abrutissement n'est jamais
définitivement acquis, toute pulsation en forme d'hystérèse subver-
sive de bon sens authentiquement philosophique.

On voudra bien noter que, par « bon sens authentiquement phi-
losophique », on entend ici quelque chose de bien précis. Est philoso-
phique toute opération de cette aptitude intellectuelle à embrasser
l'essentiel de la réalité — sa cause — en conjuguant la disponibilité
intuitive de l'esprit saisissant l'être dans sa manifestation et l'ins-
tance critique proprement rationnelle et dialectique de l'intellect se
refusant à réduire l'être à sa manifestation contingente. Ce pouvoir
d'intuition s'exerce en deçà de l'anamorphose des préjugés. Cette

---

[32] *Idem*, p. 39.
[33] *Idem*, p.72.

aisance dialectique s'exerce par-delà la représentation commune que le bon sens se fait de lui-même lorsqu'il dégénère en appétition affective d'évidences irréfléchies, tels les pseudo-savoirs dissociés de l'acte de savoir qu'on sait. C'est à raison de son évidence que tel donné est posé comme principe non démontré de démonstration ; or l'évidence brute est obscure — non évidente, en tant qu'elle est antérieure à toute raison — sans donner, précisément, la raison de ce qu'elle révèle. Ainsi est-il « évident » que le marxisme n'a plus aucune valeur heuristique ; que le communisme est mort ; que la philosophie des Droits de l'Homme est l'horizon indépassable de la sagesse pratique ; que tout racisme est une abomination morale et une escroquerie scientifique ; que le mondialisme est une nécessité dont il faut se réjouir ; que le catholicisme tridentin est une adultération du christianisme dont par ailleurs le noyau coïncide avec l'humanisme démocratique ; que l'intelligence est démocrate et n'est jamais dogmatique ; que les progrès scientifiques sont autant d'instruments de la liberté ; que la souffrance est toujours un mal ; que la peine de mort offense la dignité de la personne humaine ; que le problème de Dieu et des fins dernières ne relève pas de la raison ; que Picasso est un grand peintre ; que Staline fut un dictateur imposant par la force au peuple russe le joug du collectivisme ; que le fascisme est un avatar tératologique de l'esprit démocratique ; que tout terrorisme est intrinsèquement pervers ; que Heidegger est le plus grand philosophe du XXe siècle ; que tous les révisionnistes sont des falsificateurs de l'histoire ; que les obsédés du complot judéo-maçonnique sont des psychopathes ; qu'Albert Einstein est un scientifique parfaitement original ; que le gaullisme est de Droite ; que le cannabis n'est pas une drogue ; que les Juifs ne peuvent être que les victimes intelligentes de l'universelle et sanglante bêtise à front de taureau ; que le marxisme est d'essence juive ; que la Nouvelle Droite est un véritable contre-pouvoir ; que la pilule libère les femmes ; que le Front national est fasciste ; que le concept hégélien de Concept désigne l'homme ; que l'immigration est une chance pour l'Europe et pour le Tiers-Monde ; que la lecture gilsonienne de saint Thomas d'Aquin est la plus autorisée ; que le concile Vatican II est infaillible ; que Jean-Jacques Rousseau est un grand écrivain ; que la philosophie de Nietzsche a favorisé l'antisémitisme ; que la laïcité et la liberté de conscience désamorcent les risques de guerres de religion ; que la tolérance est un principe de paix ; que la France en tant que jacobine ou parvenue à son point de maturité historique est une machine à intégrer de manière réussie l'immigration universelle ; que l'usage du subjonctif imparfait est une pédanterie ; que l'anarchisme régionaliste anticentralisateur est une résurgence du pétainisme ; que la Russie post-gorbatchévienne est en passe de se constituer en Troisième Rome fascisante ; que l'augustinisme politique est réactionnaire ; que l'haltérophilie est un sport de brute ; que l'Orthodoxie est orthodoxe ; que Jean-Luc Marion est un philosophe ; que les Américains ne seront jamais ni communistes ni fascistes ; que l'obéissance est toujours une démission de la liberté ; que la passion de la propriété privée conjure l'avènement du socialisme ; que les fonctionnaires sont tous des fainéants et des médiocres ; que tout totalitarisme est une aliénation ; que Jean-Paul Sartre n'est pas un philosophe intéressant ; que la dialectique est une fumisterie ; que le national-socialisme et le communisme sont frères ennemis ; que les nations boivent les idéologies comme le buvard boit l'encre ; que les partisans de l'avortement renouvellent l'Holocauste ; que Jean-Paul II, Benoît XVI et François œuvrent pour la paix dans le monde ; qu'il faut toujours préférer l'évolution à la révolution ; que les sociétés avancées dépérissent parce que l'État y est trop fort ; que le pouvoir, mal nécessaire, est intrinsèquement mauvais et foncièrement corrupteur de ceux qui l'exercent ; que Rocky Marciano eût été terrassé par Cassius Clay ; que la contre-révolution est le véritable contradictoire de la révolution ; que le néo-platonisme puise à l'esprit de la gnose éternelle ; qu'on ne peut ni ne doit discuter des goûts et des couleurs ; qu'il n'existe pas de sens de l'histoire, etc.

Par ailleurs, Guy Debord savait parfaitement, pour avoir bien lu Adam Smith et David Ricardo, que le capitalisme se proclame volontiers à la fois naturel, nécessaire et indépassable, par là éternel, de telle sorte que l'occurrence de « capitalisme », dans le texte ci-dessus cité, désigne, de l'avis même de ses lecteurs et amis les plus autorisés, toute mafia, tout lobby (que les lecteurs sauront identifier, et que de futurs auteurs jugeront peut-être opportun de dénoncer), intéressés à la pérennité de la psyché libérale et de la pratique capitaliste, par là solidaires du verrouillage de la société, dont la revue L'Esprit libre de l'insurréaction élitiste (L'ELIE) entend précisément s'émanciper. À ce sujet, les fondateurs de l'AACL ne jugent nullement suffisant de s'en tenir à la dénonciation (qu'ils ne tiennent pourtant pas pour inopportune) de l'influence de ces instances secrètes, à tout le moins discrètes : réseaux bancaires, comité de direction de l'Union des associations internationales (UAI), Royal Institute of International Affairs (RIIA), International Institute for Strategic Studies (IISS), Groupe de Bilderberg, Trilatérale, sectes internationales diverses telle l'Église de Moon, FMI, Unesco, Cimade, ONU, Opus Dei, Council on Foreign Relations (CFR), Institut français des relations internationales (Ifri), internationales maçonniques multiples, B'nai Brith, groupes de pression ethniques, etc. Ces instances, certes, n'ont de cesse de présenter d'elles-mêmes l'image banale édulcorant en ceux qui les subissent (i.e. le monde entier) la crainte inspirée par leur pouvoir réel. Mais de telles instances ne sont pas inconnues du grand public (non plus que les scandales politiques et financiers, actes de concussion et de prévarication, passe-droits en tous genres, crimes impunis, mensonges officiels innombrables, modes de conditionnement étouffants de l'opinion publique si assurés de leur irréversible impunité qu'ils ne prennent même plus la peine de se dissimuler), leurs desseins ultimes objectivement identiques ne sont pas secrets ; le grand public ne les ignore jamais qu'intentionnellement et, grand opérateur de sa servitude consentie, les plébiscite tacitement : organes substitutifs du mythique « Législateur » de Rousseau, ces fonctions coercitives, loin de confisquer la souveraineté du peuple — laquelle n'a pas d'existence naturelle — la réalisent. Elles la concrétisent en hypostasiant la puissance d'obéissance consentante du « vulgus » gonflé de gratitude pour les tyrans qui le servent. Ces derniers servent le « vulgus » en convertissant en souveraineté réelle — vécue sur le mode d'un dessaisissement subjectivement libérateur de sa responsabilité — sa *vocation naturelle à s'approprier au magistère bienfaisant d'une autorité juste et éclairée. De sorte que les instances ci-dessus évoquées constituent, aux yeux des fondateurs de l'AACL, autant de syndromes de causes plus profondes et paradoxalement — mais non contradictoirement — plus accessibles — certes à la seule réflexion philosophique — quoique beaucoup plus méconnues. Ces instances sont tout au plus des causes instrumentales, par là autant d'effets, suspendus ontologiquement à des causes premières d'ordre conceptuel ou, si l'on veut, idéologique. On peut bien, en d'autres termes, invoquer comme cause première du devenir historique l'orgueil de tel ou tel groupe humain, ou sa convoitise pour le pouvoir sous toutes ses formes, et considérer comme instruments de sa domination les doctrines et idées qu'il s'efforce à répandre et à imposer pour assurer sa victoire sur ses rivaux. On peut bien exciper de causes infra-humaines (biologiques ou passionnelles) pour rendre raison de la genèse et de la diffusion des idées ; il reste que l'infrahumain dans l'homme ne saurait expliquer l'humain, que la thèse du primat de la causalité de l'infrahumain sur celle de l'idée est elle-même une idée ; que l'appétit sous toutes ses formes (passions, désirs, volonté) est intrinsèquement suspendu, comme la puissance l'est à l'acte, au savoir rationnel et réfléchi qui les déclenche (*ignoti nulla cupido, nihil volitum nisi praecognitum*) *et, par là, à la logique des idées dont se nourrit ce savoir même. Aussi est-ce en dernière instance le contenu des idées qu'il convient, afin d'expliquer par sa cause véritablement première le devenir historique, de questionner.*

§ 3 Compte tenu de ce qui précède, les fondateurs de l'AACL, qui vous est ici présentée et que vous êtes invités à rejoindre, sont convaincus de la pertinence des constats suivants :

En premier lieu, il n'est plus possible, actuellement, de philosopher sereinement, c'est-à-dire de philosopher, à l'intérieur des cadres officiels universitaires ou apparentés. Les dogmes philosophiques du pouvoir dominant, implicites (dans la mesure où un tel pouvoir, métaphysiquement libéral, exclut en vérité tout dogme et n'en adopte que négativement ou méthodologiquement), sous-tendent toute recherche et la briment en limitant les travaux universitaires à des exercices d'exégèse. Les jurys des concours et doctorats ont pour unique fonction de jouer le rôle anciennement dévolu, dans l'Église catholique (mais à des fins assurément non catholiques), au Saint-Office, et de proroger la domination idéologique sans partage des classe et hyperclasse bourgeoises et financières dont ils sont eux-mêmes les marguilliers dociles. Ces propos décrivent adéquatement, mutatis mutandis, *la fonction des jurys de concours administratifs et les modes de sélection opérés dans la sphère du privé (banque, industrie, commerce) par la mafia des grandes écoles et par les fraternelles maçonniques (qui coïncident quant à l'essentiel).*

En deuxième lieu, à tous les niveaux de pouvoir et de décision de la société — financier, juridique et judiciaire, universitaire, commercial, médiatique (qui englobe l'édition), artistique, politique évidemment, mais même aussi religieux —, le système est verrouillé, fonctionne par la censure directe ou indirecte (aliénante quoique consentie) et l'autocensure, avec l'aval tacite de la société tout entière qui croit y trouver son compte. Et de fait, dans une certaine mesure, la société y trouve son compte. Elle obtient, pour l'essentiel, ce qu'elle veut et, globalement, elle en dispose, en se dispensant du redoutable effort de penser. Elle se dispense de penser en se livrant à l'activité presque exclusive de la « libido sentiendi » *(universelle) et de la* « libido dominandi ». *Cette dernière, en tant qu'expression, active ou tacite, de la volonté populaire, est largement diffusée et exercée sur des oppositions la plupart du temps fictives qu'elle entretient et volontiers suscite pour justifier les pratiques répressives que la psyché démocratique dont elle dérive sait de son point de vue injustifiables et, évidemment, inavouables.*

En troisième lieu, il est vain de tenter d'utiliser les réseaux médiatiques institués, générateurs de notoriété spectaculaire et lucrative, ou de reconnaissance sociale aujourd'hui aliénante (compte tenu du peu de valeur intellectuelle et morale de ceux qui sont supposés la dispenser), parce qu'ils sont tous vassalisés, ou clientélisés.

§ 4 C'est pourquoi les fondateurs de l'AACL se proposent, par le lancement de L'ELIE, *de donner la parole à tous ceux à qui elle est refusée, c'est-à-dire plus volontiers aux réflexions radicales (i.e. encore à celles qui remettent en cause le bien-fondé des postulats de la pensée contemporaine et la légitimité de l'« ordre » social actuel), marginales et marginalisées, pourvu qu'elles soient honnêtes, sérieuses (les critères du sérieux sont laissés à l'appréciation du lecteur), rationnelles, argumentées, désintéressées, libres de toute obédience que leurs auteurs répugneraient à rendre publique, loyales, si possible courtoises, et, autant que faire se peut, respectueuses de la lettre des lois qui régissent en Europe l'expression publique. Ce dernier point appelle une précision : il est strictement inapplicable, c'est pourquoi* L'ELIE *invite ses futurs collaborateurs à apprendre tantôt à faire semblant de respecter la loi pour la mieux violer, tantôt à faire semblant de la violer sur des points de détail pour faire passer pour des transgressions de détail les violations importantes qu'ils se feront un devoir et une joie de perpétrer.*

Que les futurs abonnés ne s'offusquent pas : l'esprit des lois européennes, ayant pour caractéristique première la marque de leur vocation à tuer par leur lettre tout esprit véritable, il suffit, si elles sont efficaces, d'en épouser la lettre pour en occire l'esprit mortifère immanent et, si elles sont inefficaces, d'en épouser la lettre pour en trahir l'esprit vide. Les futurs sociétaires voudront en outre bien noter qu'à défaut d'être heureux sur Terre, il n'est pas vain de cultiver les occasions de rire. Bien entendu, l'AACL sera surveillée dès le moment de sa création par les Grandes Oreilles. Aussi les futurs collaborateurs de L'ELIE *sont-ils invités, quand ils entendront être compris de leurs censeurs vétilleux, à s'exprimer en petit nègre et, quand ils voudront n'être pas inquiétés, à respecter les règles de la syntaxe en cultivant le vocabulaire choisi qu'exige l'acribie de leur réflexion.*

L'ELIE *privilégiera l'authentique production de pensée nouvelle au détriment des dossiers historiques (sauf s'il s'agit de découvertes inédites qui invitent à la réflexion originale), la création intellectuelle au détriment de l'information, la densité au détriment de la « lisibi-lité » (argument mercantile déguisé en « souci de clarté »). L'ELIE se fera un honneur, en d'autres termes, de mépriser l'intérêt commercial des productions accrocheuses et faciles, et de privilégier, avec le far-felu, le burlesque et l'inactuel, le byzantinisme amphigourique, le chiant et l'abscons. Anastasie la Putasse n'a pas le temps — notre millénaire est pressé — de former ses collaborateurs à l'art du discer-nement des esprits : la probité intellectuelle et morale de L'ELIE ren-contre ainsi son intérêt pour la liberté (intelligenti pauca). Il y a des esprits vides qui font de l'obscur pour paraître profonds, et ceux-là sont pris au sérieux par les esprits vides chargés de les juger ; il con-vient donc, face à de tels juges, de faire semblant, en produisant de l'obscur, d'aspirer à paraître profond, afin de suggérer que ce qui est dit est vide d'esprit, par là innocent et sans danger, ce qui permet en toute impunité de diffuser du vrai qui est véritablement dangereux.*

§ 5 Comme il l'a été suggéré plus haut (§ 3), le temps n'est plus aujourd'hui, soit pour changer la société, soit plus modestement pour tenter d'être supporté par elle et d'y trouver une place point trop inconfortable, à s'intégrer aux réseaux officiels ou déjà installés (quels qu'ils soient : même les non-officiels sont officiels) de diffusion de la pensée critique. L'époque est encore moins à tenter d'être avalisé par la société actuelle. Élaborer de tels projets, c'est nourrir l'espé-rance illusoire de subvertir de l'intérieur — croyant par là tromper la vigilance de ses décideurs ainsi iréniquement supposés manipu-lables — une citadelle omnipotente. Les membres des RG sont en général cons, suspicieux, ignorants et pas très méchants (cf. § 4, ali-néa 3). En revanche, les intellectuels patentés des réseaux officiels du savoir sont très cons et fréquemment savants (ce qui les rend encore plus cons : le savoir accumulé contre la pensée vraie conforte la pen-sée dans sa cécité) mais, extrêmement méchants dans leur suspicion, ils en deviennent souvent, en ce qui concerne l'examen de ce qui les conteste, capables d'un certain discernement.

Les numéros de L'ELIE seront conçus comme autant de samiz-dats destinés à regrouper, pour les inviter à la réflexion, les hommes de bonne volonté chez lesquels cette même réflexion induira des comportements politiques et sociaux qui ne regardent plus la vie ni la responsabilité de la revue.

Au reste, l'AACL n'a pas à proprement parler vocation à changer la société. La société actuelle est incapable de susciter, en ses membres, le désir de s'épanouir en elle. Elle les a flattés, déçus, intéressés, refoulés, désenchantés, caressés, trahis, pressentis, vaincus, brisés, fait bander, étrillés, excités, dégoûtés, forlancés, fouaillés, baisés, battus, fait chanter, dégueulés, réveillés, torturés, endormis, martyrisés, lassés, malaxés, épuisés, exploités, jetés, marginalisés. La vocation de l'AACL n'est donc qu'à regrouper, à tout le moins à rapprocher les uns des autres ceux que la société contemporaine rejette dans l'ombre d'une manière ou d'une autre mais sans cesser de les tenir à sa botte merdeuse, de prétendre à les persuader, de sa voix de grognasse tantôt comminatoire et tantôt melliflue, que leur salut est en elle, et leur mort et leur résurrection, et leurs droits et leurs devoirs, et leur purgatoire et leur béatitude. L'AACL tente ainsi de constituer un espace de liberté, un lieu de tolérance, une maison close de plaisir studieux, afin d'aider à survivre en elle ceux que la société repousse : une maison ouverte dans la société close, c'est-à-dire une maison close dans la « société ouverte » ; un désordre vertueux dans l'ordre bordélique, un refuge de chasteté turgescente dans l'enfer des couilles flasques. Que ses membres en viennent à se constituer en société vouée à se substituer à l'autre, ou à la transformer, ou à la révolutionner en lui faisant péter sa panse de vieille putain plombée, est un projet étranger à l'AACL qui ne vise qu'à contribuer à faire advenir à leur maturité intellectuelle les personnes qui lui feront l'honneur de la rejoindre.

En d'autres termes, la cause finale de la revue L'ELIE est d'inviter à la réflexion en puisant — entre autres — aux sources de la pensée et des tonalités affectives socialement proscrites : exploitation du paradoxe et de la contradiction, déconstruction des mythes, dérision, insolence, apologies de la violence et de la méchanceté, récupération malhonnête, fasciste et réactionnaire de la négativité nihiliste, anarchiste et insurrectionnelle, intégrée à la rigueur dangereusement *féconde du raisonnement dialectique, refus du refus de l'ultra-droite et de l'ultra-gauche, art cultivé du rire comme renforcement psychologique de l'efficacité destructrice des tropes. Sa cause à la fois efficiente et formelle est, comme il l'a été dit (cf. § 1), la bonne volonté ou volonté de vérité de membres qu'a priori, idéologiquement, rien ne rapproche fors le refus de rendre les armes devant la toute-puissance de la Pensée unique que ses représentants les plus stipendiés se plaisent aujourd'hui, par une misérable coquetterie de vieille hétaïre édentée, à feindre de remettre en cause : le concept de Pensée unique est lui-même une production de la Pensée unique, et il n'est pas un intellectuel breveté par elle qui ne prétende à grands cris la dénoncer.*

§ 6 Il fut un temps heureux où sévissaient de par le monde des dictatures qui n'étaient pas d'opérette (celles qui l'étaient ne manquaient au demeurant pas de charme), et qui se voulaient incarner des visions du monde austères et répressives parce qu'inégalitaires et anti-hédonistes, anti-démocratiques et anti-subjectivistes. Quoi que l'on pense de ces régimes, leur indifférence à l'égard de ce qu'il est aujourd'hui convenu de nommer la « dignité de la personne humaine » n'était que la conséquence du fondement transcendant de la légitimité qu'ils se reconnaissaient, et par là ne désignait que l'envers de leur refus d'instaurer le paradis sur Terre, ainsi d'arraisonner le monde pour le mettre en coupe réglée sous les auspices terroristes de l'exigence subjectiviste. Le Moi pur est ce dont l'infinie vacuité l'autorise illusoirement, en vertu de son illimitation, à revendiquer les honneurs et l'aséité du Tout ; si chacun se veut être le Tout, cela donne une multitude de touts ; mais une multitude de touts n'est pas du tout un tout, car il n'y a qu'un seul Tout : s'il y a plusieurs touts, ils sont les parties d'un plus grand tout et, étant des parties, aucun d'entre eux n'a valeur de tout ; si malgré cela cette multitude persiste à se vouloir une collection de petits touts, il faut pour ce faire réduire chacun d'entre eux à une conscience de soi du seul Tout qu'est la multitude substantielle, et l'on obtient une exténuation de la consistance de chaque Moi réduit à un mode parmi d'autres d'apparaître

à soi du seul et unique Tout. La « dignité de la personne huma-ai-aine », c'est le subjectivisme, et le subjectivisme se résout en dilution du Moi dans la substance du Tout social, en accident contingent de ce dernier. Ce qui se veut totalement antitotalitaire est la réalisation du totalitarisme le plus abominablement consommé. Ce qui place la liberté concrète, dont l'AACL se veut le héraut, du côté de ce qu'il est convenu aujourd'hui de nommer le totalitarisme fasciste.

Par voie de conséquence, tant les régimes réactionnaires que les mouvements génériquement fascistes ou révolutionnaires anti-révolution étaient innocents de tout mondialisme eschatologique, de tout millénarisme soucieux de mobiliser et de conditionner la population mondiale jusque dans le tréfonds de l'intériorité de chacun. Même dans ses prétentions impérialistes les plus virulentes, une politique autoritaire et réactionnaire était structurellement limitée dans ses prétentions hégémoniques par la finalité transcendante qu'elle prétendait servir : ordre divin des choses, béatitude non mondaine. On laissait demeurer des espaces de liberté (au sens trivial de potentialités non bouchées de libération ou d'émancipation) tant géographiques que spirituels, parce que la contrainte était extérieure et ne pouvait être qu'extérieure dès lors que la vie intérieure de chaque homme, n'étant pas déifiée, n'était pas le but du pouvoir, ne constituait pas sa raison d'être non plus que l'objet de ses convoitises : subordonné à un tout non humain, le pouvoir ne se reposait pas dans l'humain comme dans son terme et, à défaut de mobiliser à sa cause les personnes rétives, il se contentait de les vassaliser politiquement en les supportant dans leurs mœurs et leurs croyances intimes pourvu qu'elles ne s'insurgeassent point militairement ; heureux temps des ghettos et des satrapies ! Et quand ces personnes se refusaient à se laisser vassaliser, elles avaient toujours la ressource de fuir, parce qu'il existait toujours un extérieur spatial, au rebours du monde du Net, du Web, des satellites qui encagent la planète, de la frénésie de mouvement qui s'empare des microbes humains infestant la galaxie jusque dans ses recoins les plus sombres : le Moi satanique des innombrables moi indigents (qui fusionnent en lui dans la nullité de leur commune et essentielle négativité) se projette dans l'infini

— *l'indéfini purement potentiel* — *de l'espace comme dans celui des plaisirs, parce qu'il s'y célèbre et s'y reconnaît.*

Si les détracteurs professionnels et engendrés par elle de la Pensée unique consentaient à faire honnêtement leur métier de critiques et non à servir de caution à cette dernière qui, en et par eux, s'auto-justifie en suscitant en son propre sein une critique en laquelle elle ne se risque pas mais feint de s'éprouver, ils sauraient analyser, fût-ce pour les dépasser en dénonçant leurs insuffisances, les vertus libératrices de l'oppression avouée. Qu'une nostalgie aussi singulière et aussi inactuelle (quoique polymorphe) en vienne à se déclarer de moins en moins honteusement, est le signe au moins problématique d'un malaise existentiel sans précédent, dont le traitement ne saurait être abandonné aux faiseurs irresponsables de l'opinion. Les manipulateurs sont eux-mêmes manipulés par la logique intestine d'un concept (la Liberté, la Paix, le Totalitarisme, la Justice, le Bonheur…) auquel ils ne souscrivent qu'en tant qu'ils se le représentent, ainsi seulement en tant qu'ils ne le pensent pas ni ne le comprennent, et ils seront le jouet du concept dont ils croient maîtriser la diffusion tant qu'ils n'auront pas compris — mais cela supposerait qu'ils renonçassent à leur prétention naïve de manipulateurs — que l'unique manière de maîtriser une idée est de la laisser se penser en eux, soit pour attester sa propre vérité, soit pour faire l'aveu de sa vacuité.

§ 7 L'ELIE *n'est pas une revue élaborée pour un public préexistant. C'est une revue qui regroupe d'abord des auteurs dont les efforts et productions combinés, parce qu'originaux — et originaux précisément parce qu'ils ne cherchent pas à répondre aux attentes prévisibles d'un certain public conditionné —, seront à même de susciter, dans le très vaste public indéterminé de ceux qui attendent quelque chose de nouveau sans savoir distinctement ce qu'ils cherchent, sans même savoir qu'ils attendent, un lectorat original, libre et non récupérable.*

§ 8 Par le présent envoi l'AACL, qui n'a pas un sou vaillant, lance d'abord une souscription. Elle lance d'autre part un appel aux articles qu'elle se réserve le droit de refuser selon l'unique série de critères ci-dessus mentionnés (§ 4). Les chèques, libellés en éructos uniquement, peuvent être adressés à l'ordre de l'AACL, Boîte postale Machin, Pétaouchnoc. La souscription au lancement de L'ELIE *rend* ipso facto, *ou* latae sententiae, *son opérateur membre de l'AACL.*

Voici les premières réponses, enthousiastes et enthousiasmantes, que reçut Bouffon après le lancement de l'AACL :

« Zieg Heil ! Je suis juif et antisémite. Je souscris à la campagne d'abonnement et vous joins un chèque de 1000 éructos tout neufs. La haine de soi sauvera le monde. »

« Je, soussigné Actéon Philoneikos, flic inféodé pendant trente ans, par faiblesse, vénalité et lâcheté, au système du Grand Mensonge, certifie par la présente que, sain de corps et d'esprit mais le cœur ravagé, hémorroïdaire glorieux, cocu et neurasthénique, repenti dégrisé et férocement soucieux de m'amuser selon toutes les formes de dérision qu'il vous plaira de me faire embrasser, m'engage à soutenir l'AACL pendant tout le temps qui me reste à vivre, afin de faire chier le plus de monde possible en trahissant par fidélité à ce qui me reste de moi-même tout ce que notre monde a érigé au culte de l'Homme. Je serai bouffé par les chiens de garde du Système, mais ils en crèveront parce que je me suis empoisonné au cyanure du cynisme. On a les coquetteries que l'on peut. »

« Spécialiste de la tétine de vache, de l'oreille de porc croustillante et de la panse de brebis farcie à la sauce à la menthe, je propose mes services pour faire encore pire que les fast-foods afin de précipiter la décadence et d'accélérer l'advenue de l'apocalypse. Il faut battre sur leur propre terrain tous les prêts-à-roter triomphants de la terre, et noyer le monde dans le Coca-Cola. Il faut aussi s'empresser d'empaler Josué Bovin sur un topinam-bour géant génétiquement modifié par son papa. Jojo n'est pas un antimondialiste écolo, c'est un mondialiste trotskiste frénéti-quement agité par le complexe d'Œdipe, stipendié par les banques. Elles ont prévu, pour asseoir leur pouvoir, de régénérer la planète en faisant tuer le plus de gens normaux possible par les moyens de la guerre et de la pollution. Ce faisant, elles nour-rissent l'espoir de substituer à cette engeance décevante qu'est l'homme normal un Homme nouveau, nouvel Adam de la neu-rodiversité, qui sera le fruit des amours de Jojo et de Greta Montdufric, incarnation mongolienne de l'homme à l'état de nature rousseauiste. »

« Je hais les Citroën-Peugeot. Les Peugeotistes au poteau, en enfer, à l'asile ! Depuis trois mille ans, les hommes se séparent entre adorateurs des Peugeot infernales et aristocrates de la Harley-Davidson ! Amen. »

« Le volubile *minus habens* Ric-Rac, qui occupa l'Élysée, a été élu grâce à l'appui du lobby juif en payant sa dette dès le lendemain de son élection : il a fait reconnaître la responsabilité de la France de Vichy dans la persécution des Juifs qui, en retour, après avoir fait casquer l'Allemagne pendant cinquante ans, s'apprêtent à faire casquer les Français. Une partie des fonds secrets dont est doté l'Élysée servit à lui payer la cocaïne dont il se bourrait le pif afin de se libérer des effluves de son arrivisme et de sa lâcheté. Sa femme protégea les occupants illégaux de Saint-Nicolas-du-Chardonnet qui, en retour, offri-rent des messes pour la conversion du président de la Répu-blique au trotskisme. Il faut empêcher ces dangereux adeptes de la révolution permanente de perpétrer leurs forfaits déstabilisa-teurs. »

« J'ai horreur des billets de banque déchirés et des gens qui pètent en public. Puisse l'AACL faire rétablir la peine de mort pour extirper le monde de la présence des humanoïdes péto-manes. »

« Micheton schopenhauérien né quelque part n'importe quand, je propose de militer en faveur de la substitution du dénaître au mourir. »

« Je suis la Stigmatisée de Dozulé. J'invite l'AACL, dont je me fais membre d'honneur, à lancer une campagne internationale afin de promouvoir le projet d'érection, à Dozulé, d'une tour en or massif de 4558,37 étages. Dozulé est le centre du monde, avant même la gare de Perpignan. »

« Le Christ n'était pas juif mais chaldéen. Fondateur steinéroïde de la Société des études nordiques, membre infiltré dans la loge Memphis-Misraïm et coupeur de gui tétrapilotomiste, je propose de développer dans vos colonnes un argumentaire scientifique destiné à réfuter les thèses controuvées de la Grande Loge de l'Orient Papou rectifié. »

« Docteur en ufologie, disciple de Michel de Nostre-Dame dont je suis la plus récente réincarnation, je veux dénoncer les manœuvres totalitaires des anges déchus qui, dans leurs ovnis parfaitement identifiables (les fabricants de suppositoires s'en sont inspirés sans jamais l'avouer, mais ils savent le Grand Secret), fabriquent des scoubidous magiques qu'ils distribuent aux petits enfants terriens pour les transformer en coccinelles. »

« Le scandale des scandales, Messieurs, c'est que le boudin noir n'est toujours pas remboursé par la Sécurité sociale. Voici des fruits, des fleurs, du boudin et des branches pour les Alsaciens-Lorrains du paradis terrestre dont l'arbre de Vie produisait du boudin. »

« Auteur d'un Mémoire génial, financé par le CNTS (Centre national de la trouvaille scientifique), sur les tendances à la dyslexie des mongoliennes aménorrhéiques, commentateur mondialement reconnu du poème de Jonialidé intitulé *J'ai une banane dans la narine gauche*, docteur *honoris causa* de la Société martienne des arracheurs de pattes de mouches et des adorateurs de l'oignon (rouge exclusivement : nous nous sommes récemment réunis en congrès à Paris pour déclarer hérétiques — *anathema sint ad vitam aeternam* — les adorateurs raëliens du trou du cul et de l'oignon blanc), j'enseigne actuellement à l'université de Bitefolle City (USA). Il faut absolument faire reconnaître les vertus heuristiques irremplaçables du pendule. »

« Réincarnation de Rudolf Steiner, lui-même réincarnation de saint Thomas d'Aquin, je possède la clé du bonheur, du sens de l'histoire, du divin, de la vie et de la mort, de la réussite sociale et des tripes aux piments. Si vous avez besoin de mes services, vous pouvez me contacter, mais il faut préalablement me reconnaître comme seul pape légitime. »

« Au camp de Treblinkoschwitz, il existait une espèce cachée de déportés qui portaient une étoile caca d'oie : les onychophages, qu'on força à se laver les dents à l'acide cyanhydrique pour les empêcher de se livrer à leur innocent passe-temps. Il faut absolument réhabiliter leur mémoire et organiser un système international de compensations financières eu égard à leurs souffrances, pour les survivants et pour leurs descendants. »

« Moi, Théodule Serpillière, grande putain vénale obséquieuse et médiatique, libertin professionnel, esclave affranchi, cynique pas du tout cynique, affranchi pas du tout libéré, j'ai commis pour ma plus grande honte un *Traité du Rebelle* dans lequel je tente d'asservir mes contemporains à leurs passions les plus basses et au pouvoir le plus oppresseur sous couvert de les inviter à la réflexion émancipatrice. Veuillez publier dans votre première livraison, afin de me ridiculiser, le poème suivant :

> *Les morts sont vivants, les vivants sont morts,*
> *J'ai la peau du cul qui pêêêle,*
> *L'ignorant sait tout, le savant a tort,*
> *Les raisons se mêêêlent.*

Plus on est con, plus on est bon,
L'amour seul sans raison rend les hommes heureux.
Paix et sérénité, révolte et liberté.
Plus on est bon, plus on est con,
Le cœur sans la raison n'est qu'un muscle poisseux.
Soyons durs, soyons forts, mort et méchanceté,
Soyons donc malheureux pour ne pas être cons.
Zambinella s'est distendu
Par chatouillis la foufoune :
De la masturbation éloge diogénique,
Car elle avait le cœur déçu
Par la colique et la scoumoune :
De l'individu-roi exaltation inique.

La suite sera prête pour la sortie du n° 2. »

« Le langage est fasciste. Le fascisme, ce n'est pas ce qui empêche de dire, c'est ce qui oblige à dire. Telle est la grande révélation de notre gourou Roland Barthes. *L'ELIE* doit soutenir la Société de l'Anti-sens. Le discours signifiant doit être proscrit. Nous devons désormais, selon l'antique leçon de Jean-Jacques Rousseau dans l'*Essai sur l'origine des langues*, ne nous exprimer que par borborygmes, gestes saccadés, crachats, grimaces et prouts. La Fédération pour la cause des Sans Cause doit manifester, pour ôter tout sens aux manifestations, le jour du lancement de l'AACL. Avec une poêle à frire sur la tête, une cigarette dans chaque oreille, un préservatif à chaque doigt, le slip en bandoulière et la quéquette à l'air barbouillée de cirage, nous défilerons de la République à la Nation en scandant le slogan suivant :

Pipi !, caca !, aga-aga-aga !,
Vaisselle, bidet, la-va-bo !,
Libérez la-joie !, libérez La-Joye !

139

Nous prions *L'ELIE* de donner la plus grande publicité à cette manifestation. »

« Il n'est plus possible aujourd'hui de déambuler, en ville ou à la campagne, sans rencontrer un Jeune vétilleux, un Arabe susceptible, un Juif arrogant ou un Noir torturé de revanchards complexes. Il n'est plus permis de les regarder, d'avoir même la tête levée, sans encourir six mois d'hôpital ou un an de prison ferme. On en est réduit à marcher sur des œufs, un doigt studieux sur la bouche et l'autre, craintif, dans le cul. La société radieuse est devenue une prison dont les détenus, par la complicité du directeur et des matons, se sont rendus maîtres de la société entière qu'ils rackettent et terrorisent. Je préconise le lancement du mot d'ordre suivant : gens honnêtes, autochtones, n'ayez plus peur ; levez la tête, obéissez à vos instincts d'indignation et de survie, tapez sur tout ce qui bouge et faites-vous coffrer en masse, désobéissez systématiquement et à profusion, par millions hilares ; les prisons seront pleines, vous vous en rendrez maîtres, il n'y aura plus que les envahisseurs pour les financer, elles deviendront les places fortes de la Reconquista, et c'est ainsi que vous vous rendrez maîtres de la société. »

Le premier commentaire de Bouffon fut : « *Sursum corda !* À l'attaque ! Voilà notre armée... » Bouffon s'est pas dégonflé, il en a rencontré certains, mais il n'en est pas sorti grand-chose parce qu'ils parlaient tous en même temps, se donnaient des claques et voulaient tous être le chef. Alors *L'ELIE* a été enterrée. L'AACL est demeurée à l'état de projet. Il se peut que tout ça soit réveillé un jour ; qui sait ? Nous étions probablement trop modérés, trop peu délirants pour réveiller nos contemporains et retenir un peu de leur attention. On fera pire, c'est-à-dire mieux, la prochaine fois. Bouffon a décidé de changer de stratégie.

IX

QUATRIÈME ENTRETIEN

La Conscience :

« Levez-vous vite, orages désirés… » Misérable perdant, grotesque épluchure, vous voudriez plonger le monde dans le pessimisme apocalyptique pour le conformer à la noirceur de votre âme exsangue de rageur abandonné de l'Histoire. Vous voudriez que le communisme subsistât pour servir d'épouvantail et permettre la résurrection du fascisme, comme dans les années trente. Mais c'est fini, mon vieux, le « fascisme immense et rouge » n'est plus qu'un souvenir dérisoire. J'en hypertrophie régulièrement le danger par stratégie rhétorique, mais les gens sérieux savent parfaitement qu'il est bien mort. Poutine n'est pas un idéologue, c'est un pragmatiste, un Conservateur, une espèce de Pinochet slave économiquement libéral, qui viole les Droits de l'Homme et que nous parviendrons à mettre au pas, mais qui ne remet pas en cause les principes fondamentaux sur lesquels repose l'universalité des idéaux de la démocratie libérale. Il est simplement en rivalité avec les États-Unis à l'hégémonie de laquelle il entend se soustraire, mais il est un acteur engagé dans le processus de mondialisation qu'il ne remet nullement en cause. Vos hypothèses ne tiennent pas debout, elles ne sont même pas prises au sérieux par les morts-vivants de votre camp. Et puis, franchement, qui, aujourd'hui, dans le peuple, consentirait au fascisme, à l'esprit d'ascèse qu'il suppose, au refus du subjectivisme sur lequel il est fondé ? Pour accéder au pouvoir, il faut se débarrasser des élites maçonniques — mes hérauts et mes inspirateurs tout ensemble — conditionnant le peuple en le fixant dans ses penchants individualistes, mais il faut l'appui du peuple pour accéder au pouvoir contre ces élites. Supposé même que, par une régression mortifère, une révolution fasciste soit rendue possible en un lieu quelconque du globe, par la ténacité d'une minorité d'excités assez téméraires et assez convaincants pour opérer une préalable révolution des mentalités en une nation donnée, il ne faut pas s'attendre à ce que le reste du monde conserve les bras croisés. Vous croyez que nous allons nous laisser faire ? Pas de liberté pour les ennemis de la liberté, pas de concession pour les « sans concession », pas de pitié pour les réactionnaires. Le monde des mondialistes fondra sur ce petit peuple aspirant à prendre l'histoire à rebrousse-poil, et il le dévorera tout cru ; l'élite nomade fera pression sur les nations du système mondialiste pour faire la guerre à celle qui eut l'outrecuidance de prétendre à se soustraire à ce dernier. Pour se débarrasser de l'élite mondialiste, qui œuvre avec diligence dans toutes les nations industrialisées, il faudrait que tous les peuples de la terre opérassent chacun une révolution fasciste dans son propre élément national, ce qui est évidemment impossible, Dieu merci (quand je dis « Dieu »…, passons). Il n'y a donc, en dernier ressort, rien à faire pour vous, sinon disparaître en vous étouffant du vomi de vos imprécations. Vous pouvez toujours attendre que le système entier périsse sous le poids des iniquités que vous lui supposez.

Vos coreligionnaires, activistes de l'impuissance, plaident en faveur des comportements « survivalistes » : organiser des lieux de retranchement pour y survivre loin des « miasmes » de la modernité, afin de se préparer à prendre le pouvoir par la force quand le système se délitera… Vous pouvez attendre longtemps… Cela dit, vous pouvez toujours tuer le temps, comme des adolescents séniles, en excités rêveurs qui préfèrent l'activisme stérile à la résignation, et qui croient encore en l'apostolat politique…

Tartempion :

Sur ce point au moins, suffisante femelle, je suis assez d'accord avec vous. Ceux que vous évoquez sans charité oublient la leçon de saint François-Xavier : donnez-moi un prince chrétien, et je ferai plus de convertis qu'avec une théorie de catéchistes zélés. Si le système ne se délite pas de lui-même, il n'y a rien à faire pour accélérer les choses, et c'est ce à quoi l'on sera confronté s'il s'avère, comme il est probable, que même la solution du repli se révèle impossible à cause de la paresse et de l'individualisme pratique des supposés soldats de la contre-révolution, incapables de se discipliner, de se plier à une autorité commune, d'abandonner les avantages de la société de consommation, ou de s'en tenir à un credo minimal commun.

La Conscience :
Eh oui, oublié de l'histoire. Vous avez fini ?

Tartempion :
Pour le moment.

La Conscience :
Ce que vous venez de développer devant moi révèle le degré de votre aliénation mentale ; franchement, je ne m'y attendais pas. C'est encore bien pire que je ne le redoutais. Au lieu de vous torturer, qu'attendez-vous pour confesser votre défaite sans retour, vous départir de votre raideur et nous rejoindre dans le bercement tranquille du bateau planétaire de la Fraternité ?

Tartempion :
Ce qui est certain, ma bonne Mémère au cœur dur, c'est que les choses ne se consommeront pas dans la joie, ce sera effroyable, et je m'en réjouis.

La Conscience :
Pauvre salaud dérisoire…

Tartempion :
Je vous ai dit que je n'aime pas les hommes. Vous m'avez compris, ne faites pas l'idiote, même si c'est difficile pour vous. Je n'aime pas les hommes en tant qu'ils versent toujours plus ou moins dans le subjectivisme.

Il y a une dernière chose que je voudrais vous dire. Tout homme aspire par nature à se reconnaître dans la cité qui le démultiplie. Votre « dissociété » me prive de cette aspiration naturelle, quand bien même elle me supporte. Je lui en veux de m'empêcher de la servir et de m'accomplir en la servant. C'est peut-être là la première raison de mon animosité. Il faut avouer que cet honorable désir de servir est tellement enraciné chez les hommes demeurés un tant soit peu humains qu'il en vient à désamorcer, chez les olibrius de mon camp, toute lucidité, toute combativité, tout instinct de conservation : tels sont les militaires qui persistent à se faire percer la paillasse pour la « France », alors qu'ils roulent pour la république antifrançaise. Allez vous coucher, garce en cheveux, rejoignez votre dortoir du Panthéon. Vous pourrez montrer votre gros cul à René Cassin, vos nichons à Victor Hugo, poser une fesse sur Simone Veil et une autre sur Voltaire. Entourée de tous ces grands personnages aussi frelatés les uns que les autres, auxquels vous vouez un absolu respect, vous n'osez pisser sur aucune tombe. Il serait bon pour votre aisance que vous fissiez accepter parmi vous la tombe d'un de mes amis — remarquez qu'il n'est pas mort, mais il se plaît à désirer mourir, et je le comprends — qui est aussi affreux que moi, et sur la dépouille duquel il vous serait loisible de vous soulager en tout bonne conscience.

La Conscience :
Parce qu'il y a pire que vous ?

Tartempion :
Bien sûr, ma pauvresse.

La Conscience :
Quel est ce monstre ?

Tartempion :
Il se présentera lui-même. Attendez donc un peu.

La Conscience :

Il y a tout de même une chose dans vos discours qui ne laisse pas de rendre perplexe, amusée au fond, et qui vous décrédibilise de manière dirimante. Je suis bien placée pour savoir que la pensée catholique est la véritable et au fond la seule ennemie irréductible des « Lumières », de la démocratie libérale, du progressisme, du mondialisme, du judaïsme et de tout ce que j'aime et que je personnifie. Vous partagez cette conviction d'ailleurs. Une religion dogmatique enseignant que l'homme est déchu, qu'il ne mérite d'exister que s'il a été racheté, qu'il était bien incapable de se racheter lui-même, que le paradis n'est pas de ce monde et que l'homme est ici-bas pour gagner son Ciel dans la souffrance et l'abnégation ; que le monde est une vallée de larmes et non l'espace infini de la satisfaction de ses désirs où se célèbre sa dignité sans borne, c'est évidemment l'antithèse de ce que je suis. Or vous n'êtes pas sans savoir, raisonneur incohérent, que la pensée catholique eut du mal à s'approprier aux exigences du fascisme dont, pourtant, vous semblez avoir plein la bouche et qui seul vous donne dans la vue. Le fascisme s'approprierait assez bien aux philosophies de l'immanence, à l'exaltation de la subjectivité héroïque décrétant, en tant que volonté de puissance et victoire sans raison — sinon des raisons d'ordre esthétique — sur le nihilisme, le sens du monde et de la vie humaine. Il y a des affinités entre le fascisme et l'existentialisme, ou encore — et plus volontiers — entre le fascisme et l'idéalisme. Or l'Église catholique a toujours regardé avec beaucoup de circonspection ces tendances. Qu'en dites-vous, Monsieur le catholique fasciste ?

Tartempion :

J'en dirai ce que j'en ai toujours dit, truie boursouflée à prétentions intellectuelles : les catholiques traditionalistes politiquement réactionnaires et les modernistes se découvrent des sympathies complices chaque fois que le fascisme est en question, précisément parce qu'il est la seule force capable de vous déraciner, vous la Gueuse, et de les réveiller en les rendant cohérents, eux les encroûtés, les fins de race chimériques et les lâches. Un Giovanni Gentile, idéaliste et théoricien distingué du fascisme, écrivit :

« Le catholicisme ne pourra jamais devenir la négation de lui-même, comme le voudraient Tyrrell et Loisy. Cette vérité désagréable aux Modernistes ressort avec éclat d'un bout à l'autre de l'Encyclique du 8 décembre 1907 <*Pascendi*> qui est un magistral exposé et une critique magnifique des principes philosophiques de tout le Modernisme. L'auteur de l'Encyclique a pénétré jusqu'au fond et très exactement interprété la doctrine répandue dans les exigences philosophiques, théologiques, apologétiques, historiques, critiques, sociales du Modernisme et l'on peut dire qu'il l'a jugée d'un point de vue supérieur. Quant aux ripostes de Loisy, elles font piètre figure en face de la philosophie qui s'exprime dans l'Encyclique. »[34] Gentile, et le fascisme en entier, revendiquent à divers égards, mais sans servilité, la paternité de certains aspects de la philosophie de Hegel. Je voudrais vous rappeler, femme de mauvaise vie, mais surtout matrice de pensées mauvaises, les propos qu'un Karl Popper, théoricien de la « Société ouverte » et inspirateur du visqueux et corrupteur George Soros, osa soutenir à propos de Hegel. J'emprunte ces citations à l'ouvrage d'un homme[35] qui doit être de vos amis, puisqu'il plaide, fidèle au progressisme optimiste de Fontenelle, pour l'idée de fin de l'Histoire en et comme démocratie libérale, ce qui devrait vous inviter à prendre ses propos au sérieux. Fukuyama présente, pour en déplorer le contenu, le texte suivant :

« En ce qui concerne Hegel, je ne pense même pas qu'il ait eu de talent. C'est un auteur indigeste. Même ses apologistes les plus ardents doivent admettre que son style est "indubitablement scandaleux". Pour ce qui est par ailleurs du contenu même de ses écrits, il n'est suprême que par son manque extraordinaire d'originalité. (...) Il a consacré ses pensées et ses méthodes

---

[34] *La Critica*, Rome, 20 mai 1908, cité dans *Pie X*, de Jérôme Dal-Gal, Éditions Saint-Paul, Paris, 1953.
[35] Il s'agit de Francis Fukuyama, *La Fin de l'Histoire et le dernier homme*, Flammarion, 1992, p. 389 et 390.

empruntées de manière singulière, mais sans aucune trace de brio, à un seul but : combattre la société ouverte et servir ainsi son employeur, Frédéric-Guillaume de Prusse. (...) Et toute l'histoire de Hegel ne mériterait même pas une attention, n'étaient ses conséquences plus sinistres, qui montrent avec quelle facilité un bouffon peut être un "faiseur de l'histoire". »[36]

Ce que les libéraux, en particulier anglo-saxons, reprochent à Hegel, c'est que, de sa métaphysique, il découle « que la véritable liberté consiste en l'obéissance à une autorité arbitraire, que la liberté de parole est une calamité, que la monarchie absolue est une bonne chose, que l'État prussien était le meilleur qui pût exister à l'époque où il écrivait, que la guerre était aussi une bonne chose, et qu'une organisation internationale pour le règlement pacifique des conflits serait un désastre »[37]. Hegel était antidémocrate et corporatiste, considérait que les deux pivots autour desquels tournait la conversion de la société civile — règne irrationnel momentané, cependant que nécessaire, du déchaînement des conflits individualistes — au bien commun de l'État étaient le mariage et la corporation, laquelle était effectivement corporative et non une préfiguration des syndicats qui, tous, présupposent et amplifient la lutte des classes. Hegel a beaucoup plus d'affinités avec le fascisme qu'avec le libéralisme, n'en déplaise à Fukuyama lui-même qui, kojévien[38] et non hégélien, n'a manifestement pas compris ce que Hegel entendait par « liberté » : être « chez soi » dans son autre, demeurer identique à soi dans le moment de sa différence d'avec soi, être « chez soi » dans l'État, s'accomplir dans le service d'un bien commun. Et c'est pourquoi, de manière conséquente, le catholique Gentile pouvait revendiquer, tout comme le catholique et national-socialiste Carl Schmitt, la paternité de l'hégélianisme.

---

[36] *The Open Society and Its Enemies*, Princeton, Princeton University Press, 1950, p. 227.

[37] Bertrand Russell, *Unpopular Essays*, London, 1950, p. 22.

[38] Alexandre Kojève était à la fois marxiste et heideggérien, et se disait stalinien. Son *Introduction à la lecture de Hegel* est une introduction à la lecture de Kojève déguisé en hégélien.

Que tout dans Hegel soit conforme à l'orthodoxie catholique est certainement erroné, mais que tout Hegel soit à rejeter est précisément l'un des aspects de cette tendance réactionnaire, considérée dans sa dimension spéculative, à méconnaître que des trésors nécessaires à l'actualité de la « *philosophia perennis* » du thomisme sont autant de vérités captives redécouvertes par des non-catholiques. On en peut dire autant du fascisme. J'espère qu'il me sera donné de revenir sur ce point plus tard, si je conserve la patience de vous supporter.

Quant aux petits étrons répandus par Popper sur le souvenir de Hegel, il vaut mieux en sourire plutôt que de s'indigner. Le petit Juif mondialiste atteste par là sa profonde médiocrité intellectuelle. C'est comme si Yvette Horner se mettait à porter des jugements sévères et méprisants sur Jean-Sébastien Bach. En tenant Hegel — le plus génial, de loin le plus spéculatif de tous les philosophes depuis l'Aquinate — pour un bouffon, Popper se met au niveau d'un BHL qui prétendrait plastronner en traitant Aristote et Platon de comiques et de plaisantins. L'engeance du peuple élu n'a vraiment aucunement peur du ridicule ; c'est l'un des aspects — le plus révélateur peut-être — de la « *chutzpah* »… Et sous ce rapport, voyez-vous, je suis souvent agacé par un certain antisémitisme qui, au lieu de s'exprimer sobrement dans l'exercice du mépris, se focalise sur les réussites médiatiques de ces sauterelles excitées qui ne deviennent dangereuses que quand les peuples féconds, saisis par la maladie du doute et de la haine de soi, se sont laissés à les autoriser à le devenir. Un antisémite conséquent porte sa haine sur ses propres manquements à l'égard des Juifs, non sur les Juifs eux-mêmes. Ces gens-là ne méritent même pas d'être haïs.

La Conscience :
Quousque tandem abutere, Tartempiona, nostra patientia ?

Tartempion :
Oh, ça va… Le rôle de martyre ne vous convient vraiment pas. Laissez-moi finir ; vous pleurez comme vous pissez, mais

de manière très sélective : les quatre cent mille morts des guerres de Vendée, les victimes du bombardement de Dresde, les millions d'innocents déchiquetés victimes de l'avortement ne vous tirent pas une larme. Ça devient franchement pénible.

Il y a quand même peut-être quelque chose à retenir dans la démarche de Fukuyama, quelque chose qui doit « interpeller », comme on dit aujourd'hui, la conscience dogmatique de la pensée réactionnaire. Afin d'étayer sa thèse libérale, il établit que le fait de la science moderne est irréversible, non tant à cause des habitudes contractées par son usage et son acquisition que par la nécessité de développer des armements. Si un peuple acquiert une technique donnée, il faut que les autres l'acquièrent au plus vite, à moins de consentir à laisser les autres peuples développer des moyens de conquérir le premier ; et si le progrès des armements induit le devenir scientifique, alors, aussi longtemps que les peuples seront en compétition, la poussée scientifique sera irrépressible.

Cela dit, l'hostilité latente, la relation virtuellement agonistique existant entre les nations n'est pas accidentelle ou imputable à un défaut de moralité. Elle est essentielle à la vie même des nations. Toute nation est une manière d'être homme, une réalisation communautaire particulière de ce que l'homme a vocation à être. Si la condition humaine ne s'exprime pas totalement dans une seule culture — puisqu'il existe *des* cultures politiquement organisées en nations —, elle s'y exprime tout entière : c'est toute la nature humaine qui se dit en chaque culture, mais selon un certain angle. Cette manière paradigmatique d'être homme qui s'exprime dans le Français, l'Anglais, l'Allemand, l'Italien ou l'Espagnol, ne se veut pas, en chaque occurrence, l'idéal du seul Français, ou du peuple qu'il l'a produite. Tout appétit, dans un vivant, procède de sa nature ; mais tout appétit ramène à sa nature parce que l'appétit atteste un manque lui-même expressif d'une inadéquation à sa nature de celui qui l'éprouve. Tout appétit procède de l'essence humaine et ramène à elle. Mais par là tout homme, en tant qu'il est homme, aspire, au plus profond de lui-même, à se représenter son essence, afin de discerner le sens ultime de son désir, et d'entrevoir les moyens appropriés pour le satisfaire : si la différence spécifique de l'homme est bien la pensée, elle désigne son essence qui lui enjoint, de ce fait, de tendre à être son connaître ; et cette aspiration prend nécessairement, en lui, la forme d'un désir de connaître son être : « connais-toi toi-même, et tu connaîtras l'univers et les dieux », comme il est enseigné par Socrate et inscrit au fronton du temple de Delphes. L'homme se reconnaît dans l'objet travaillé, dans l'autre homme, il aspire à être reconnu par lui : la reconnaissance est le substitut de la connaissance. Si je ne me forge qu'une représentation privée ou tout intérieure de ce que je suis, je n'ai qu'une représentation subjective de moi-même et j'aspire, nécessairement, à lui conférer le sceau de la vérité, c'est-à-dire de l'objectivité. Ne pouvant m'objectiver par moi-même, je quête d'autrui un service qu'il est seul à pouvoir me rendre : lui peut m'objectiver, puisqu'il me saisit sans passion, de l'extérieur, tel un objet distinct du sujet qui l'appréhende. Mais il me chosifie en m'objectivant, ce à quoi j'aspire tout en le réprouvant, puisque je me sais n'être pas une chose. De plus, il est définitionnel d'une connaissance de soi d'être exercée par celui qui est objet de cette connaissance. Une telle connaissance, en d'autres termes, exige que le savoir d'un sujet soit pris au double génitif : *connaissance* d'un sujet, qui est connaissance (de soi) *d'un sujet*. Ce qui se comprend aisément : tout savoir est savoir qu'on sait, autrement « ça » saurait en moi sans que j'en fusse conscient, je ne saurais même pas que quelque chose m'est donné à connaître si le savoir de l'objet n'était, de manière concomitante, savoir de soi sachant l'objet. Si tout savoir est savoir qu'on sait, alors tout savoir de quelque chose est, au moins sous un certain rapport, le savoir d'un aspect de soi. Et corrélativement tout savoir de soi, comme savoir de soi sachant l'objet, n'est, appliqué à cet objet particulier du savoir qu'est le moi, autre chose qu'un acte de se connaître entendu tel l'acte de connaître cette chose qui se connaît et en tant qu'elle se connaît ; en l'occurrence, puisque cette chose n'est autre que moi, je me connais seulement si je m'objective dans ce qui en retour est capable de m'objectiver. Or la conscience de soi immédiate est vide, elle s'éclipse dans l'acte où elle se pose, parce que toute conscience est conscience de quelque chose *qu'elle n'est pas*, elle n'est révélée à elle-même que comme révélant autre chose qu'elle-même. Que résulte-t-il de cette brève analyse ? Que j'ai besoin d'autrui pour me connaître, mais d'autrui qui me sera tellement soumis qu'en lui enjoignant de me connaître, tout se passera comme si c'est moi qui me connaissais directement. On obtient donc ceci : j'aspire à me reconnaître dans l'acte d'objectivation de moi qu'autrui me renvoie de moi-même, mais de telle sorte que l'acte par lequel il me connaît lui soit imposé de manière coercitive, ainsi de telle sorte que l'acte par lequel il me connaît ait valeur d'un acte opéré par moi. Autant dire qu'il doit être réduit à l'état d'esclave. Et parce que le projet de l'autre est identique au mien, la relation primitive de l'homme à l'égard de l'homme a la forme, quand elle est pacifique, d'une victoire opérée sur un conflit qui n'a pas eu historiquement lieu mais qui est, au titre de possible, invisceré dans toute relation humaine. Une instance de lutte originelle est inscrite dans toute relation intersubjective, et c'est ce que suggérait, en termes élégants, une Marguerite Yourcenar, piètre penseur et grand écrivain, l'un des rares vrais mâles de l'Académie française, quand elle évoquait « la haine inavouée qui dort au fond de l'amour », et « l'amour qu'on trouve au fond de la haine »[39]. Quand autrui me reconnaît en tant qu'homme, je me reconnais dans l'acte qu'il exerce. Et c'est seulement quand les protagonistes accèdent à une représentation commune de leur essence principielle que la relation conflictuelle est dépassée ; pour Hegel, cette représentation commune n'apparaît en sa plénitude que dans l'Idée de l'État. Et il est vrai que cette représentation commune s'élabore par la vie communautaire. La connaissance de soi, racine et moteur de tout appétit proprement humain, requiert donc la vie politique, et l'objectivation de cette nature s'opère nécessairement dans une vie nationale. Les nations sont

---

[39] Dans *Feux*, Gallimard, 1957-1974, p. 64, 68-69.

autant de visions de l'homme et du monde incarnées dans des personnalités culturelles et ethniques collectives dont chacune se veut l'expression idéale de ce que l'homme en tant qu'homme a vocation à être ; et c'est bien l'homme *en tant qu'homme* et non en tant qu'homme *de telle nation* qui se réfracte en elles, puisque c'est en dernier ressort *pour* déployer sa nature ou essence — immanente et commune à tout homme — que l'homme engendre la nation. Mais l'homme sait bien qu'il existe des hommes en dehors de sa communauté nationale, de sorte qu'il n'est nullement assuré d'avoir accédé, dans sa représentation, à son essence telle qu'elle est en et pour elle-même. Il en résulte que la dialectique de la reconnaissance resurgit, mais entre les nations qui, par là, aspirent à se faire reconnaître par les autres. La même relation d'amour et d'hostilité les anime les unes à l'égard des autres que celle qui régit les rapports originels, idéaux, de chaque homme avec autrui. Le moteur profond de la guerre, depuis qu'il y a des hommes, est ce souci d'authentifier l'universalité d'intention — qui définit une culture incarnée nationalement — par l'acte de l'imposer aux autres nations, de les soumettre à elle. Et c'est là une chose que Joseph de Maistre avait bien entrevue, dans *Les Soirées de Saint-Pétersbourg* : la guerre est divine. Ce que montre Hegel, c'est qu'elle n'est pas seulement un châtiment divin, un principe de dissension entre les hommes, qui serait l'effet d'une dissension originelle entre les hommes et Dieu, même si cette dernière thèse, honorable, mérite d'être conservée. Le philosophe de Berlin établit en effet que la guerre, le conflit, le moment de la différence, est intrinsèque à la paix et à l'unité, telle une possibilité latente, et que, indépendamment de tout héritage peccamineux, la force réelle de l'unité puise à la négativité — que la première surmonte en la radicalisant, en la faisant s'exercer sur elle-même — de la différence.

Puis donc que la guerre, si l'on considère l'homme en sa dimension politique, est le fond existentiel sur lequel se détachent les rapports entre nations, dans le moment où la guerre est solidaire du progrès technique, alors le progrès technique est inscrit dans les gènes spirituels des nations, par-delà ou en deçà de toute considération morale. Fukuyama montre corrélativement que le progrès technique, solidaire du progrès scientifique qu'il appelle, est générateur de bouleversements sociaux et politiques rendant obsolète l'organisation féodale traditionnelle : il faut maints techniciens, un savoir accessible à tous, une organisation différente du travail, une gestion nouvelle des besoins et ressources économiques, avec la constitution d'une nouvelle et envahissante caste de savants laïcs, qui mordent sur les purs spéculatifs religieux et sur l'ordre aristocratique indissociable d'une société fondamentalement statique, et différenciée en castes héréditaires. Les retombées du progrès technique ne peuvent être cantonnées dans l'ordre militaire, parce que le poids financier de ce dernier risque d'obérer la richesse de la cité, à moins qu'elle ne développe d'une part des structures commerciales au titre de sources d'enrichissement, ainsi de nouveaux marchés, ce qui favorise les échanges et les changements sociétaux qu'ils conditionnent, et d'autre part des chaînes techniques de production afin d'alimenter les échanges commerciaux. La société finalisée par l'activité contemplative des religieux, organisée par l'aristocratie terrienne, semble bien bouleversée.

Ce qui évidemment pose un problème moral et politique essentiel : l'égalisation des conditions et l'inflation des fonctions de production, pourtant virtuellement inscrites dans la nature politique de l'homme, semblent incompatibles avec les exigences politiques de cette nature, qui veulent que le faire soit ordonné à l'agir, et que l'agir soit finalisé par la « *theoria* » ou connaissance désintéressée.

À moins de remettre en cause le principe même du progrès scientifique, on est tenté d'en déduire que la démocratie libérale et le capitalisme, qui exacerbent la liberté d'entreprendre et maximisent, avec l'appât du gain, l'efficacité du travail et l'inventivité, sont au fond dans les gènes de la nature humaine, et que la fin de l'Histoire consiste dans l'avènement planétaire de l'idée démo-libérale, avec son cortège de caractères bien connus : consumérisme, oubli de toute transcendance, « libération » des mœurs, relativisme philosophique, éclipse de la religion, etc. Et Fukuyama n'hésite pas à le proclamer.

La Conscience :

Je ne vous savais pas si verbeux. Mais quelle objection pourriez-vous opposer à ce raisonnement de Fukuyama qui a bien travaillé, au passage, aux intérêts de ma cause ?

Tartempion :

D'abord, il est grotesque de faire de Hegel un libéral et un démocrate. Le gentil Fukuyama réduit, sous l'influence de Kojève, le désir de reconnaissance à un « *thumos* » lui-même réduit au désir narcissique d'affirmation de soi, et au fond au subjectivisme ; évidemment, dans ces conditions, la reconnaissance mutuelle ne peut prendre d'autre forme que celle de l'égalité sourcilleuse : je suis un absolu et je te reconnais aussi comme un absolu, et *vice versa*, et les petits absolus que nous sommes vont également s'affirmer dans le débat démocratique. Chez Hegel, c'est tout différent. Le tout est raison du particulier qui n'est en soi qu'une particularisation de l'universel ; chaque partie oublieuse de l'autre se prend pour le tout, mais elle n'a qu'une conscience subjective de sa prétention, et elle entend avérer sa prétention par la reconnaissance de l'autre qu'elle se subordonne ; cela dit, la dialectique de la maîtrise et de la servitude n'a de sens que considérée dans sa complétude, de sorte que chacun des protagonistes doit se faire négateur de l'autre, *et* être nié par lui. Ainsi la genèse ou révélation du tout à partir des parties s'opère par négation réciproque de leurs particularités respectives, lesquelles parties, de fait, reconnaissent dans ce tout venu au jour leur fondement et leur fin ; or le tout se fait surgir dans la forme de la raison, vérité de la conscience de soi : la raison est mienne et en même temps elle est universelle, elle est universelle et elle est aussi tienne ; et cette raison, identique à soi dans sa différence, demeurant universelle dans le moment obligé de sa particularisation, se révèle aussi être raison des choses, car ce qui est identique à soi dans sa différence est ce dont l'extérieur est l'extériorisation immanente, et c'est là la raison dont la réalité est la réalisation immanente ; de sorte que la reconnaissance mutuelle est d'abord réconciliation de la pensée et de la réalité, et dépassement de la dichotomie kantienne du phénomène et de la chose en soi. De surcroît, chacun se révélant porteur d'une raison principielle commune à tous les hommes, le sens ultime de la reconnaissance mutuelle est l'affirmation de soi du tout en son magistère ontologique sur les parties ou subjectivités individuelles ; *c'est lui qui révèle son absoluité, ce ne sont pas elles qui s'absolutisent* ; et corrélativement le vœu le plus profond des parties n'est pas de célébrer leurs particularités, mais de servir le tout qui se veut en elles. La reconnaissance se résout ainsi dans la gloire du tout, dans la célébration de la toute-puissance de la Raison, dans l'avènement de la monarchie et le service d'un bien commun fondateur des biens particuliers. On est loin de la revendication subjectiviste de l'individu frustré de sa « dignité ». Fukuyama n'est qu'à moitié honnête quand il confesse qu'il s'intéresse à un Hegel kojévien, au Hegel de Kojève ; s'il était complètement honnête, il conviendrait que, entre Hegel et Kojève, il faut choisir.

Par voie de conséquence, ce n'est nullement le capitalisme, par essence mondialiste, qui est le destin de l'homme, parce qu'il n'est aucunement intrinsèquement solidaire de cette « insociable sociabilité » qui tisse les relations humaines en se faisant politiquement sublimer en et par elles. Raisonnons sans sophistication. Plus se mondialise la communauté humaine sous la pression des réquisits du libéralisme — réduction des marchés au marché unique, division internationale du travail, multiplication des échanges culturels entre groupes —, plus cette communauté s'homogénéise, plus se durcit la réciproque dépendance entre individus et entre peuples, plus cette communauté s'unifie en oblitérant ses différences séculaires ethniques et culturelles. Plus elle se mondialise en s'unifiant, plus elle répudie l'existence d'un extérieur, ainsi d'un ennemi potentiel, et c'est la guerre qui devient obsolète. Au reste, les thuriféraires du libéralisme ont toujours affirmé que le développement du commerce serait générateur de paix. Si l'on pose en principe que le capitalisme est nécessairement induit par l'instance polémique en forme de souci de reconnaissance qui habite l'homme en tant qu'homme, alors il faut dire que la consommation du capitalisme devrait équivaloir à sa suppression, puisqu'elle est supposée coïncider avec la paix universelle. Et il n'est pas besoin d'être un spécialiste des relations internationales pour savoir qu'il n'en est rien. Le moteur du capitalisme n'est pas le souci de reconnaissance ; il est, comme je l'ai établi précédemment à propos de l'opposition entre divisibilité et participation, le subjectivisme, lequel n'est aucunement inscrit dans le vœu de la nature humaine ; il en est bien plutôt la maladie puisqu'il substitue la subjectivité à la nature humaine alors que la subjectivité est posée dans et par la nature humaine se faisant substance individuelle. Plus le marché s'unifie, plus se durcit le capitalisme, plus se déchaîne le consumérisme qui le nourrit et qu'en retour il alimente. J'en déduis que le capitalisme n'est pas la forme *obligée* d'organisation sociale d'une société accédant à l'ère de la technique moderne, parce que le subjectivisme n'est pas du tout, de soi ou intrinsèquement, solidaire de la genèse de la technique moderne qui peut fort bien être menée en contexte non démocratique et en visant des fins contemplatives.

Que l'accession à une société s'étant dotée du souci de dominer la Nature verse dans le subjectivisme, cela vient de ce que le progrès technique ne s'est pas fait précéder d'un progrès politique correspondant. L'organicité familiale, on l'a vu, s'achève, aux deux sens du terme, dans la libération de ses rejetons qui entrent dans l'égoïsme de la société civile, mais cette déconstruction de la famille est le moment nécessaire à raison duquel l'organicité qui inspirait la vie familiale s'accomplit à un niveau spirituellement plus élevé, qui est celui de l'État auquel on accède par la corporation et le mariage. Dans le même ordre d'idée, la hiérarchie naturelle et en droit pérenne définitionnelle des sociétés féodales comme des cités antiques se défait ou s'achève dans la genèse de la société technicienne, mais cette déconstruction de l'ordre est le moment nécessaire à raison duquel un tel ordre s'accomplit en une organicité plus intime et plus parfaite que celle qui définissait la société médiévale, organicité nouvelle à laquelle on accède par l'organisation *fasciste* de la société. *Le fascisme peut se définir, dans ces conditions, telle la forme du Politique adéquate à l'essence de l'homme et à ses fins spéculatives, en tant que forme idéale du Politique appliquée aux besoins productivistes du progrès technique.*

C'est donc par accident et non par essence, pochtronne jacobine, que le fascisme s'est trouvé en délicatesse avec l'Église.

Qu'est-ce que le fascisme, au fond ? C'est le système politique d'une société élitiste, hiérarchisée, organique et finalisée par un bien commun qui assume en les dépassant les biens particuliers, et d'une communauté qui de surcroît se rend, à partir de son unité indifférenciée, maîtresse de ses différenciations intestines, ainsi maîtresse de la genèse, du renouvellement et de la formation de ses élites : c'est le tout étatique qui se fait principe de genèse de ses parties. La société d'Ancien Régime était le résultat d'une agglomération, opérée empiriquement au gré des hasards de l'Histoire, des ambitions personnelles et des égoïsmes régionaux, de micro-royaumes familiaux tenus par une aristocratie héréditaire, et dont le roi n'était que le premier des aristocrates, le suzerain des suzerains. Ce sont les parties qui se réunissaient pour faire un tout. Et selon de tels réquisits, la société ne s'habilitait à rendre sa hiérarchie pérenne que moyennant une fixité de ses élites cantonnées dans quelques grandes familles, et une fixité des modes de vie qu'induit cette fixité familiale : on ne concevait l'aristocratie que dans le cadre d'une société essentiellement agricole et dotée d'un appareil de progrès techniques à jamais élémentaire. Évidemment, la poussée des techniques induites par les nécessités de la guerre, dans le cadre d'un dévoilement historique des identités et des rivalités nationales, devait tôt ou tard bouleverser l'organisation sociale de l'Ancien Régime. *Le fascisme est l'assomption de la hiérarchie élitiste de la monarchie, et des fins ultimes — spirituelles — qu'elle poursuit, mais en se dotant des structures nouvelles requises par la prise en compte du progrès technique et de l'idée de nation.* Le fascisme est la monarchie absolutiste radicalisant son organicité, par là l'ordination de tous à un bien commun, afin d'assumer l'avènement de la technique moderne sans sombrer dans la tentation — dont elle est virtuellement porteuse — du consumérisme et de l'esprit démo-libéral dont ce dernier est solidaire. C'est ce dernier aspect que semble avoir retenu Heidegger, chantre de gauche du fascisme allemand. Que les fascismes n'aient pas tous été conformes à leur concept n'est pas niable, mais on travaillait dans l'urgence porté par un sentiment tragique d'horreur de la décadence, après le suicide collectif de 1914. Selon le grand mot d'Hitler, le fascisme est un comportement révolutionnaire anti-révolution.

Voilà, Madame est servie, et elle sera bien contrainte de se taire désormais, et d'aller pleurnicher dans le giron des réactionnaires, ou plutôt d'ouvrir son giron aux pleurnicheries des réactionnaires geignards, lesquels se feront une joie mauvaise, comme d'habitude, de servir les intérêts de la subversion par haine du fascisme qui prétend sans vergogne bouffer dans leur gamelle et faire se réaliser ce qu'ils n'ont pas su faire.

La Conscience :

Espèce d'insolent dérisoire. Vous ne vous apercevez même pas du caractère contradictoire de votre verbigération.

Le souci de reconnaissance, dont vous ne niez pas l'existence appelle non seulement la genèse des nations modernes et leurs relations conflictuelles, mais il se résout dans l'État mondial entendu comme expression de la représentation *totale* de l'essence humaine. Vous rappeliez vous-même que le processus de la reconnaissance, gravide de conflits, n'est exhaustivement atteint que lorsque les protagonistes accèdent à une représentation commune de leur essence principielle, et que la relation conflictuelle est dépassée lorsque les peuples se reposent et s'unissent dans l'effort de s'identifier à cette essence ; si la chose s'accomplit dans le surgissement d'une pluralité de nations, pourquoi le processus devrait-il s'arrêter au niveau national ? On court vers l'État mondial, et même les nationalismes, en enterrant les sociétés préindustrielles, auront contribué à le faire advenir.

Et puis, que voulez-vous, ce zélé petit soldat de ma philosophie qu'est Fukuyama a bien montré, de manière irréfutable, qu'il existe une affinité de principe entre industrialisme et haut niveau technique d'une part, et démocratie libérale d'autre part. C'est la société civile qui travaille, qui produit, qui prend des risques, qui innove, qui invente, qui résout les problèmes ; c'est en elle que s'exercent les initiatives, l'esprit d'entreprise, et tout cela suppose, comme principe des décisions responsables qui y sont prises, l'exaltation de la liberté individuelle ; et cette exacerbation de la liberté appelle d'elle-même l'esprit démocratique. Si les relations privées, l'organisation du travail et de la production, qui définissent la forme de la société entière, se développent selon le principe exclusif du contrat commercial ou synallagmatique — évidemment finalisé par les intérêts privés des contractants —, c'est que la société entière est conçue selon le principe du contrat : la société est pour l'individu ; elle est le moyen que les individus se donnent pour optimiser les conditions d'actualisation de leurs finalités privées. Si l'essence de la vie sociale est tout instrumentale, limitée à la condition rendant possible la prétention de chaque individu à se forger son destin privé, on voit mal que cet individu renonce corrélativement à se faire participant de la direction de la société. S'il en est la fin, il doit avoir pouvoir sur l'exercice du moyen. Si le membre de la société civile est la raison d'être de l'État, il faut bien qu'il commande à l'État, et c'est là tout simplement la vie démocratique.

Tartempion :

Vous n'êtes pas douée pour singer l'indignation hautaine. En riochant de mon discours, vous ne parvenez à produire qu'un air contraint de femelle constipée. Ânesse solennelle, dialecticienne de bistrot, vous avez oublié ce que j'avais établi tout à l'heure : l'État mondial est spinoziste et engloutit toute personnalité substantielle dans l'unique substance impersonnelle d'un dieu immanent identifié au Monde. Si la différence entre moi et autrui est purement modale, phénoménale ou accidentelle, l'idée même de reconnaissance perd tout sens parce que l'altérité est réduite à néant ; c'est ce qui rend impossible l'intersubjectivité dans le monisme de Schopenhauer par exemple, mais au vrai dans tout monisme. L'État mondial n'est possible que par ablation des différences intérieures à la communauté mondiale, ainsi par abrasion de toute possibilité de conflit. Mais c'est là la paix minérale et sans vie de la matière prime. Il y a coextensivité entre unité identifiante et différences. Comme le rappelait Spengler, ce n'est pas en se soustrayant à son identité nationale particulière que l'homme accède à la représentation de l'universel de la nature humaine, c'est en s'enracinant dans sa particularité qu'il le fait ; de même, ce n'est pas en se soustrayant à la particularité de son sexe que cette personne humaine qu'est la femme s'approprie aux exigences de sa nature commune aux deux sexes et fondement de ces derniers ; c'est en s'enracinant dans sa féminité. Si vous êtes femme — mais l'êtes-vous vraiment ? —, c'est en étant femme jusqu'au bout que vous saurez être pleinement humaine, par-delà la contingence de votre manière particulière d'être humaine.

Il y a bien un mode de représentation de l'essence humaine par-delà la forme inachevée — nationale — de son expression, mais il transcende le Politique et enjoint à cette représentation de se faire religieuse, dans le service d'une communion des saints qui n'est pas de ce monde. Le mondialisme, consubstantiel au couple infernal du capitalisme et de la démocratie, c'est la communion des saints sans Dieu et ici-bas. À prétendre réaliser le ciel sur la terre, vous précipitez la terre en enfer.

Je vous concède volontiers qu'il existe des affinités naturelles entre esprit du capitalisme et esprit démocratique, en vertu de l'individualisme qui les inspire tous deux. Mais cela n'établit nullement une relation nécessaire entre société industrielle et démocratie. Je vous rappelle que le capitalisme est contradictoire, qui convoque la multitude entière pour le faire tourner, cependant qu'il favorise une concentration des richesses qui

laisse la multitude, par lui réduite à une masse de consommateurs, en dehors de la sphère des bénéficiaires du dispositif économique, en précarisant leur condition de propriétaires ; ce qui,
immanquablement, rend impossibles les échanges sans l'exercice desquels l'argent n'est plus qu'un tas de papier si sale et si
malsain qu'il ne remplit même pas l'humble office de torcher les
culs. Ce qui revient à dire, pour autant qu'on veuille échapper à
cette contradiction, qu'on ne consent au capitalisme que pour
acquérir une position de force qui, à terme, n'a plus rien de
démocratique, mais de telle sorte que soit conservée la tendance
essentielle du système à économiser tous les aspects de la vie
humaine. Et je vais vous dire pourquoi les puissances financières préfèrent la démocratie à des régimes forts, nonobstant les
miettes de pouvoir qu'il faut bien concéder au peuple, le syndicalisme anti-patronal, etc. C'est qu'en démocratie l'argent est
roi, qui permet d'acheter le personnel politique et de conditionner l'opinion. Le capitaliste ne redoute qu'une chose : qu'un
pouvoir surgisse qui se propose d'assigner à l'homme des fins
spirituelles, en dépossédant l'argent de sa puissance politique et
de son pouvoir de tout acheter en réduisant toute valeur à un
bien économique. Il n'y a pas d'affinité nécessaire entre industrialisme et démocratie ; on peut en droit s'ouvrir à la technique
moderne sans en devenir l'esclave, pour autant qu'un régime
politique fort, souverain, ainsi « absolu », la tienne dans les
limites du service de la finalité que le Politique lui assigne. En
revanche il y a complicité entre financiers et démocratie afin
d'empêcher l'industrie de se développer en restant au service de
finalités spirituelles. Il y a complicité entre capitalisme et démocratie pour contraindre le progrès scientifique à subordonner
l'innovation technique à des fins matérialistes et hédonistes. Et
bien sûr, pour obtenir ce résultat, il faut aussi des mythes fondateurs capables de hanter la conscience commune. L'animal
métaphysique, pour parler comme Schopenhauer, est éminemment décevant, mais aussi tellement déroutant qu'il serait
capable, du fond de sa déréliction, de décevoir même ceux qui

s'emploient à le dépraver, c'est-à-dire de s'ouvrir épisodiquement à la transcendance. Alors il faut le conditionner pour le persuader qu'il n'y a pas d'alternative : c'est — va-t-on marteler — la société libérale, le capitalisme marié à la démocratie, ou bien le mal absolu ; et le mal absolu c'est la société d'ordre, parce que la société d'ordre est le fascisme et que le fascisme est la chambre à gaz. Tous les jours, sur toutes les ondes, à toutes les heures, c'est le souvenir d'Auschwitz. La signification profonde d'Auschwitz, du point de vue de ceux qui en célèbrent la mémoire, c'est l'idée de Golgotha et de résurrection, c'est la geste christique inversée, canalisée au service du royaume temporel de l'homme qui se déifie à la place du Dieu qui s'humanise ; mais du point de vue de ceux qui en subissent la propagande, cette signification est la suivante : tétaniser les consciences afin de river les hommes à leur bauge.

La Conscience :

Ne venez pas m'opposer votre religion sulpicienne au désir naturel d'être heureux ici et maintenant, conquis par les forces de l'homme qui ne s'en laisse pas compter. Vos prêtres aiment souffrir et aiment vous faire souffrir, et vous aimez souffrir avec eux parce que vous retournez contre vous-mêmes, tous, cette volonté de puissance anémiée, ce désir de vivre que vous enviez aux gens bien portants. Le catholicisme — religion de la Croix, c'est tout dire ! — n'est qu'une hérésie relativement récente au fond, une hérésie sadomasochiste qui corrompt la gnose éternelle. Le reste n'est que rhétorique spécieuse destinée à réhabiliter l'indéfendable. Écrasons l'Infâme.

Tartempion :

C'est faux ; il y a eu, pour les catholiques, une révélation primitive. Adam savait que l'Incarnation aurait lieu. On raconte complaisamment que le christianisme a emprunté un certain nombre d'éléments à des religions antérieures ; mais c'est le contraire : les religions païennes procèdent, en la déformant sous la pression du péché originel et des mensonges du diable, du christianisme, même si elles le précèdent selon le temps. Il y a de sinistres comiques aujourd'hui pour nous expliquer que les Juifs seraient les frères aînés des chrétiens dans la foi, alors que ce qui est ultime en exécution est premier en intention : il y a eu judaïsme *pour* qu'il y eût christianisme ; le christianisme est antérieur, selon la causalité, au judaïsme ; dans le même ordre d'idée, et selon un type de raisonnement tout semblable au précédent, il y a des teigneux néo-païens pour nous expliquer que le christianisme serait un résidu plus ou moins enjuivé de la sagesse et de la religion païennes. C'est d'ailleurs par la similitude de leur raisonnement et de leurs prémisses que les Juifs et les néo-païens vivent une histoire d'amour, une histoire d'amour vache mais une histoire d'amour quand même.

Lorsque le christianisme intègre à sa pensée des éléments de paganisme, il ne fait que se réapproprier ce dont il est l'origine et que le paganisme livré à lui-même après la Chute avait adultéré dans des gnoses dont font mémoire les antiques folklores et les religions à mystères.

On en reste là, grosse vache hiératique à l'air niais ?

La Conscience :
J'en ai bien envie. Vous êtes vraiment la pire ordure qu'il m'ait jamais été donné d'affronter.

Tartempion :
J'en suis flatté. Alors, je vous abandonne ?

La Conscience :
Attendez un peu quand même. Vous êtes un monstre. Les monstres ont leur logique, qui est instructive. Je serais curieuse de savoir comment vous conjuguez fascisme et catholicisme. Ce que vous m'en avez dit ne m'a pas convaincue. Dans votre langage de réactionnaire, « société d'ordre » évoque plus les hiérarchies monarchistes que le fascisme. Avec vos indulgences pour ce dernier, ne seriez-vous pas vous-mêmes contaminé par la modernité ?

Tartempion :

Fort bien, rebut attifé. Je vais m'y employer de la manière la plus scandaleuse possible, en réveillant d'anciens souvenirs. Vous souvenez-vous de la Saint-Barthélemy, de Jacques Clément et de la Ligue ? Je vais les justifier tous les trois.

La Conscience :

Cette provocation vaut bien celles qui précèdent. Je m'attends à tout.

Tartempion :

Allons-y. Vous êtes quand même, peut-être — qui sait ? —, une brave fille perfectible.

X

SOLILOQUE DE ZINZIN

J'ai été le complice de Bouffon, tout à la fois son conseiller, son mentor, son secrétaire, son confident, son factotum, son sicaire et un peu son copain. On était tous les deux des électrons libres farfelus, lui dans le genre exalté optimiste, moi dans celui du désespoir furieux. Quand il a fait une croix sur l'AACL, il tenait plus en place, fallait que ça bouge, ça continuait à le démanger d'écrire pour diffuser la Vérité. Au lieu de la dévoiler à petites doses dans une revue regroupant les enragés des deux extrêmes, il a préféré la cracher d'un coup tout seul mais sur le mode astucieux ; il a fait dans la dérision, le rabelaisien, le macaronique, le scatologique, le salace désopilant, le tellement démesuré qu'il en devient anodin, le célinien, le littéraire qui excuse toutes les outrances, le graveleux, l'hyperbolique, sans la ruse minable de se cacher derrière la revendication d'une liberté d'expression absolue, sans vouloir donner l'illusion de laisser la vérité s'échapper par hasard d'une controverse entre excités à demi-fous. J'ai tellement fait l'abruti volubile auprès de maints éditeurs que j'ai réussi à lui décrocher un rendez-vous :

« Monsieur Bouffon, vous êtes un bouffon. Vous comprendrez que je dispose de très peu de temps. J'irai droit au fait. Je suis au regret de vous annoncer que votre "ouvrage" — j'espère que vous entendez les guillemets — n'est pas publiable, ni en l'état ni en aucun autre, parce qu'il n'est pas amendable. C'est un ignoble torchon.

— Les torchons sont toujours ignobles, comme les jambes de jolies femelles sont fuselées, leurs mains graciles, leurs pieds délicats, leur moue gracieuse, leur sourire irrésistible ; comme les explosions sont formidables, les pets malodorants, les chefs-d'œuvre admirables, les rots tonitruants, les docteurs érudits, les petits matins blêmes, l'émotion artistique ineffable, la souffrance juive indicible ; comme les veuves sont toujours éplorées et dignes, et la nourriture militaire infecte ; je n'ai jamais aussi bien mangé que quand j'étais sous les drapeaux pendant mon service militaire. Mais vous êtes un homme pressé, Monsieur l'Éditeur, un homme d'affaires.

— Ne m'interrompez pas. Je ne suis pas d'humeur à supporter vos insinuations et allégations. Votre travail ne vaut pas pipette, et permettez-moi de vous donner un conseil. Cessez d'écrire, vous n'avez aucun talent. Vous perdez votre temps et vous me faites perdre le mien.

— Comment le savez-vous ?

— Mais parce que je vous ai lu, pardi !, et jusqu'au bout. Je parle en connaissance de cause.

— Vous êtes un professionnel.

— Cessez, Bouffon, de faire l'esprit fort. Cela vous va bien peu. On voit bien que la déception et l'angoisse de l'échec transparaissent dans vos bravades ostentatoires ; votre attitude péniblement détachée cèle une timidité de paranoïaque ; je vous conseille de consulter.

— Si vous m'avez lu jusqu'au bout, c'est que mon boulot n'est pas si mauvais que cela ; je vous soupçonne même d'avoir été charmé, et de vous être ressaisi sous la pression de votre honorabilité pétrie de trouille. Vraiment nul, mon travail eût atteint vite fait le rayon des manuscrits recalés de la première pré-lecture opérée par vos sous-fifres.

— Cessez de raisonner, bouffon raisonneur.

— Un bouffon est toujours raisonneur. S'il m'est intimé de n'être pas raisonneur, il faut cesser de me taxer de bouffonnerie.

— Ah ça ! Allez-vous me laisser finir ?

— Finir quoi ?

— Finir de vous exposer les raisons du conseil que j'ai la bonté de vous prodiguer.

— Vous êtes magnanime, Monsieur l'Éditeur.

— Cela devient lassant... Encore un mot de vous et j'ajourne l'entrevue.

— Je me fais carpe fascinée, Monsieur l'Éditeur.

— J'avais mes raisons, vous le comprendrez bien, de prendre connaissance du contenu fangeux de votre manuscrit. Il faut avouer qu'à certains égards ça ne manque pas de verve ni de quelques trouvailles. Mais enfin, vous n'êtes ni Léon Bloy ni Céline ni Bernanos, ni même Rebatet... Il ne suffit pas d'accumuler les grossièretés dignes d'un potache qui veut choquer le bourgeois — vous avez cinquante ans de retard ! — pour faire un livre original. Croyez-vous qu'il suffise d'être méchant pour être lucide ? Vos victimes vous valent bien.

— Vous êtes ma conscience, Grand Manitou.

— Insolent dérisoire. J'ai eu tort de céder à l'injonction de ce pauvre Zinzin, cet ivrogne couperosé que j'avais observé dans un bistrot populaire — j'aime les bistrots populaires, j'espère y rencontrer un nouvel Antoine Blondin — alors qu'il était saisi par une crise inouïe, éthylique, d'improvisation rhétorique, et qui vous honore de son attention bienveillante. Et puis d'abord, pour vous tout le monde est un con. Vous ne nourrissez décidément aucun complexe... Le ridicule tue, il faut sortir un peu. Vous vous permettez même d'éborgner ce GCAM, homme pervers probablement, aux idées dangereuses qui devraient vous rapprocher de lui, mais qui est courtois et d'une grande culture. Je suis moi-même, à vos yeux, un con, bien entendu, comme tous mes pairs, comme tous ceux que j'ai l'honneur de fréquenter, et dont les talents divers les ont désignés à la société comme ceux qui étaient dignes de la guider — oui, riez... —, de l'éclairer et de l'instruire. Vous n'êtes qu'un recalé du succès. Le succès, voyez-vous mon petit bonhomme, ça ne se conquiert pas à coups d'invectives. Vous faites le vide autour de vous. Vous dégoûtez tout le monde. Vous êtes déjà un activiste, un marginal enragé, vous finirez clochard, ou bien assassiné, ou détenu, ou plus probablement encore dans un hôpital psychiatrique. Le succès, il y faut de la souplesse — il ne s'agit ni d'obséquiosité ni de prostitution, en dépit de vos apophtegmes rageurs et terriblement réducteurs —, et du talent... Eh oui, mon vieux, il faut du talent ! Vous n'avez ni l'une ni l'autre.

— Vous me l'avez déjà dit.

— Vous êtes un raté, un envieux et un aigri. J'en pourrais dire autant de toute votre engeance de pouilleux déclassés, de vaincus de Quarante-Cinq, de collabos suicidaires. Quand vous n'êtes pas du genre écornifleur, vous êtes de l'espèce des provocateurs dérisoires qui se jettent dans la fosse aux lions pour se donner de l'importance, pour les provoquer en criant ensuite au martyr quand un coup de patte agacé vous arrache la moitié du visage. Il y a de l'Érostrate dans tout facho. La vérité fait mal, mais elle libère.

— Vous vous prenez pour saint Jean, ou pour le Législateur de Rousseau ?

— Pour aucun de ces deux-là, pauvre Bouffon bouffon ; j'essaie de vous éclairer, gravement, simplement, honnêtement. Depuis qu'Hercule le Gros Con et le Petit Rat ont détruit leur œuvre mauvaise au sein de laquelle les enragés de votre espèce étaient tout juste supportés — le mal se détruit toujours de lui-même un jour, voyez le stalinisme —, les échappés psychopathes de votre asile politique à la dérive semblent devenus déchaînés. Le ressentiment vous étouffe. Comprenez vos erreurs, stratégiques et doctrinales, stratégiques parce que doctrinales. Cela ne pouvait pas finir autrement. Relisez tous Elie Wiesel dont on souille la grande et exquise conscience avec une misérable affaire de tatouage, que j'eus l'insigne honneur de publier quand, avant d'avoir la fierté de présider aux destinées de Grassalbimard, je dirigeais les Éditions du Rocher de Minuit ; relisez Hannah Arendt ; Arendt, ça, c'est un homme ! Quant à vous, faites-vous oublier. Votre prose de caniveau a peut-être un intérêt clinique et documentaire. C'est mon métier de connaître tout ce qui s'écrit, de sonder l'esprit du temps jusque dans ses errances les plus tératologiques, les plus ridicules, les plus insipides et les plus dérisoires, les plus sournoisement dangereuses aussi. Voyez-vous, quoique profondément attaché à la liberté de pensée et d'expression, qui est un des droits fondamentaux de l'homme, je crois d'abord qu'on ne peut se passer de censure et de dogmes — à commencer par les dogmes des Droits de l'Homme anti-dogmes : c'est l'intuition supra-rationnelle, sans démonstration, de la vraie dignité de l'homme et de ce qu'il y a de divin en lui, et vous n'êtes pas capable de comprendre ces choses-là, elles sont généreuses, par-delà toute raison, tellement au-dessus de la raison ! Je crois aussi qu'il n'est pas de société saine et vraiment démocratique qui n'ait besoin d'entretenir comme condition négative de sa vitalité le moteur de sa contestation interne. Toute démocratie est pluraliste.

— Vous voulez parler du méchant et du salaud dont elle feint de s'effrayer pour se donner l'image de fragilité et de précarité qu'elle requiert, afin de justifier les procédures non démocratiques — mais vitales pour elle — de son emprise sur la société d'une part, d'autre part d'élimination de ses vrais ennemis. C'est bien cela, n'est-ce pas ? Vous faites allusion non à l'esprit réactionnaire ancestral, au conservatisme intelligent — je veux dire sélectif —, au fascisme non caricatural, mais aux apologies les plus grossières et les plus maladroites du despotisme le plus indéfendable. Le père Marcuse, que vous avez adulé en son temps, avait peut-être un peu compris cela et il s'en désolait, mais moi je m'en réjouis. La démocratie aime se donner des poses de victime vertueuse. Elle a besoin de s'inventer des ennemis, elle les fabrique ou elle les laisse proliférer en son sein virginal pour les désamorcer. Mais la démocratie est foncièrement imbécile, précisément parce qu'elle est machiavélique. S'imaginant maîtresse des contraires qu'elle fait jouer en elle, elle est contradictoire en vérité et elle ne le sait pas ; ou plutôt elle le pressent, par une sourde réminiscence du mensonge sur lequel elle s'est fondée, et elle croit que ça fait sa force.

— Vous commencez à être sincère, Bouffon raisonneur.

— Je le suis toujours, Manitou solennel, et c'est ma naïveté qui fait ma force. La vérité intemporelle est invincible, même si elle met du temps à surmonter les obstacles, ce qui ne la dérange pas puisqu'elle est intemporelle ; c'est seulement nous que cela dérange parce que nous sommes dans le temps ; qu'il me faille être le jouet de manipulateurs pour diffuser la vérité ne me gêne pas, ce sont les manipulateurs qui seront manipulés. Les démocrates ne savent pas distinguer entre contraires et contradictoires. Les contraires passent leur temps à s'exclure et à se réhabiliter mutuellement. Ainsi en est-il du capitalisme et du socialisme, de la démocratie et du despotisme, de la lâcheté et de la témérité, de l'apophatisme et de l'athéisme. Il n'en est pas de même pour les contradictoires. Quand A est contradictoire, il ne se contente pas de se renier en son contraire B qui se réfléchirait en retour en lui, il se renie en B qui s'absolutise, radicalise la négativité dont il est le résultat, au point de faire se retourner contre elle-même sa puissance négatrice qui ainsi s'inverse et se convertit non en A, mais en ce dont A était la caricature et la maladie.

— N'essayez pas de m'impressionner avec vos tours de passe-passe, j'ai moi aussi lu Marx, qui fut utile en son temps, et le marxisme a accompli sa mission historique.

— Il ne s'agit pas de Marx mais de Hegel, ou de Proclus.

— Peu importe. Gardez ça pour vos compagnons de beuverie, pour Zinzin ou autres *"has been"* qui n'ont pas su faire leur mutation réaliste au sein de la Gauche. Je voulais simplement vous faire remarquer, afin de vous expliquer en quoi vous représentez pour moi, malgré tout, un intérêt sociologique, que la société démocratique n'a pas d'ennemis loyaux. Elle ne saurait en avoir puisque même ses ennemis fréquentables, ceux qui ne sont pas des malfrats, ceux qui acceptent la règle du jeu, ont droit à la liberté de participer au débat démocratique que par là ils font objectivement vivre, dussent-ils en poursuivre subjectivement la destruction. Mais toute démocratie produit aussi de l'ordure parce que la démocratie est fondée sur la liberté qui ne se marchande ni ne se restreint, qui est liberté pour le meilleur et pour le pire : je ne suis pas à la solde de la publicité mercantile ou des pornographes, mais proscrire l'ordure au nom de l'ordre moral reviendrait à tuer la liberté d'expression et la tolérance.

De sorte que la démocratie, qui nous débarrasse de l'échelle objective du bien et du mal en y substituant le principe de la conscience et de la coexistence des libertés se limitant réciproquement, produit concomitamment, à tout le moins n'empêche pas la prolifération des fous, des pervers qui sautent, comme la misère sur le monde, sur tout ce qui inspire la plus vive répulsion au démocrate. Les nazillons de sex-shop y fleurissent comme des champignons vénéneux au milieu du gazon le plus sain. Je suis un démocrate réaliste : ceux dont je viens de parler ne sont pas bien dangereux. Ils servent de caution à la démocratie, et mon ami Hajdenberg qui dirige les RG sait même les utiliser de temps à autre. S'ils n'existaient pas, il faudrait les inventer. Je ne l'apprendrai pas à un petit futé de votre espèce juste assez intelligent pour faire du mauvais esprit.

— Mais il y a les ennemis déloyaux de la démocratie, ceux dont les règles de loyauté ne sont pas définies par la démocratie. À vous entendre, la démocratie n'a pas d'ennemis loyaux parce que ceux qui la critiquent ne sont loyaux qu'en étant démocrates, en désamorçant *"in actu exercito"* leur propre critique. Et voyez-vous, ayant une forte tendance à tenir la démocratie pour un mensonge, je pense que seuls ceux que vous taxez de déloyauté à l'égard de la démocratie sont en fait véritablement loyaux.

— Cela n'engage que vous, mais j'y venais justement. Ils ne cherchent pas à s'infiltrer ; ceux qui s'y sont essayés s'y sont dissous, voyez les Mandoline, les Longuette, voire même les GCAM, les GPDC et consorts. Les ennemis déloyaux de la démocratie ne l'attaquent pas en kamikazes comme les terroristes, car ils savent trop bien qu'ils se déconsidéreraient auprès de la masse qu'ils savent complètement gagnée à l'idée démocratique. Ils ne sont pas bourgeoisement réactionnaires, parce qu'ils ont compris que l'esprit réactionnaire systématique entretient le progressisme comme la bûche vermoulue nourrit la flamme. Non, ils sont ontologiquement — vous eussiez dit "métaphysiquement" — réactionnaires, sans complaisance psychologique pour les formes les moins défendables de la réaction, lesquelles sont d'ailleurs les attributs obsolètes d'un moment passé de la révolution. Ils vivent en démocratie en s'y désintéressant, ils ignorent ses lois qu'ils transgressent sans vergogne, ils attendent qu'elle produise les effets destructeurs dont elle est porteuse, et qui la feront mourir. Ce sont ceux-là qui sont dangereux, même s'ils sont discrets, même s'ils se dispensent de tout prosélytisme, parce qu'ils ne sont pas récupérables par la dynamique démocratique, laquelle ne survit qu'en se renforçant. Tout ce qui ne nourrit pas la démocratie la fait périr. J'ai parlé plus haut de dogmes. Il m'étonne que vous n'ayez pas relevé la contradiction.

— Je l'ai relevée, mais je n'ai pas envie de vous prouver que j'ai raison en vous réduisant à quia. Vous avez déclaré vous-même que vous êtes un con.

— Passons sur l'insolence et sur le ridicule de votre présomption. Je voulais dire tout simplement que, comme toutes les choses sacrées, la démocratie a quelque chose d'irrationnel, et ses penseurs n'ont pas attendu les histrions de votre gabarit étique pour s'en rendre compte. Il y a, de fait, du cynique et de l'élitiste dans le démocrate. Le peuple le sait et il y souscrit, il accepte le "pieux mensonge" analogue, mais inversé, à celui de la Cité idéale chère à Platon, et cela prouve qu'au fond le peuple est plus sage que les contempteurs de la démocratie. La démocratie est fondée sur un acte de foi. La foi démocratique est l'expression prométhéenne intentionnellement aveugle d'un désir de déification ; même le diable sait qu'il ne sera jamais Dieu, mais il veut croire qu'il le sera et il agit en conséquence. Mais l'acte de foi, pour qui, comme moi, ne croit pas à l'ordre surnaturel de ce que vous appelez la "grâce" — Dieu, c'est l'homme ! —, c'est au fond une croyance, la position d'un jugement tout entier suspendu à l'acte volontariste qui le fait naître et avec lequel il se confond, et le propre d'une croyance est d'être constitutivement impuissante à se faire passer pour une certitude. Il y a une dimension de doute dans la croyance, qui pallie son indigence qualitative structurelle par un renchérissement quantitatif de croyance : on ne croit jamais assez, on n'est jamais assez nombreux à croire. Il nous faut convaincre et renouveler toujours notre conviction, nous répandre à l'infini, à peine de laisser la place au doute qui nous dévore. Il en est de la démocratie comme du capitalisme : tous deux sont condamnés à la croissance intensive et extensive, ils sont à vocation planétaire. La démocratie ne peut tolérer en son sein les non-démocrates qui ne jouent pas le jeu, n'en fussent-ils que les bouffons désarmés.

— Nous y voilà. Vous ne me flattez même pas, et votre "honnêteté" virile — celle-là même que requiert toute mauvaise foi consommée — n'est qu'obstination irrationnelle, et elle ne suscite pas ma sympathie. Je n'eusse accepté de vous passer la brosse à reluire que si vous aviez consenti à me publier. Je puis continuer à votre place. Vous avez lu mon torchon pour en mesurer la dangerosité, et vous ferez votre rapport à Hajdenberg. Vous êtes un flic.

— Un flic si vous voulez, et je n'en ai pas honte. Les grandes sociétés ont besoin de se protéger contre les imprécateurs. Il n'y a pas de liberté pour les ennemis de la liberté. J'assume. La morale des Droits de l'Homme proscrit le crime. Mais sans le crime des indésirables la démocratie sombre, qui pourtant satisfait aux réquisits politiques des Droits de l'Homme. Donc il faut tuer, mon cher, et les Services de nos pays avancés s'y emploient avec mesure et détermination. Personne n'en sait rien, pas même ceux qui sont liquidés. Il en est de même pour le respect de l'intimité. Les Droits de l'Homme protègent la vie privée de l'individu et sont même d'une certaine façon essentiellement ordonnés à cela. Mais une non-ingérence dans la vie privée laisserait se développer, dans la société, des ferments périlleux d'insurrection contre la démocratie. Alors on fiche tout le monde et on l'espionne, l'essentiel est qu'il ne s'en aperçoive pas. L'Homme des Droits de l'Homme ne veut pas s'en apercevoir, et il n'y a pas plus sourd que celui qui ne veut pas entendre. Je fais œuvre pieuse en informant, je protège la démocratie, je rends possible l'application des Droits de l'Homme. Tout le reste n'est que bavardage.

— C'est du propre... Passons. Vous avez tout à l'heure évoqué Wiesel. Vous vous souvenez que dans *La Nuit*, publié en 1958 et préfacé par François Mauriac, il avait décrit des "flammes gigantesques" montant des fosses où des camions "déversaient des petits enfants, des bébés". La déportée Germaine Tillion parla de scènes issues d'une "imagination sado-masochiste" ; même Vidal-Naquet traita Wiesel de menteur. À l'époque, on ne parlait pas encore de chambres à gaz homicides. C'est devenu un dogme plus tard.

— Je ne l'ignore pas, Bouffon. N'essayez pas de m'impressionner. Je ne suis pas naïf, je pense vous l'avoir bien fait comprendre. Vous auriez pu tenter de me confondre avec la pantalonnade de Katyn, ou avec la légende du "savon juif", que le professeur Yehuda Bauer, directeur du Mémorial de Yad Vachem, détruisit le 5 mai 1990 : "*Nazis never made human-fat soap*"[40] ; les nazis n'ont jamais pu fabriquer de savon à partir des Juifs parce qu'ils ne possédaient pas une telle technologie. "Cela a toujours été la position de Yad Vachem. Les nazis ont commis suffisamment d'atrocités sans qu'il soit besoin d'ajouter des élucubrations à ce sinistre record." Vous auriez pu aussi me rappeler le contenu d'un article d'*Actualité juive* du 20 janvier 2000, citant David Irving, biographe de Churchill et mémorialiste de la destruction de Dresde : "Nous savons aujourd'hui que, tout comme les Américains ont construit de fausses chambres à gaz à Dachau dans les jours qui ont suivi la fin de la guerre, les chambres à gaz que les touristes peuvent voir à Auschwitz ont été construites par les autorités polonaises après la Seconde Guerre mondiale." Tout cela relève du "*Shoah Business*", selon le mot heureux de Sir Immanuel Jakobovits, grand rabbin du Royaume-Uni. Ah ! Ah ! On pourrait allonger la liste indéfiniment. Les dogmes ne se discutent pas et, voyez-vous, pauvre cloche qui croit encore au pouvoir révolutionnaire de la vérité, ces choses-là ont tellement pénétré l'inconscient collectif de la multitude, elles sont devenues tellement consubstantielles à

---

[40] *Jerusalem Post* n° 1539.

l'idée démocratique si chère au peuple qui se mire en elle et saisit d'instinct, en sa férule qui lui ment, l'expression de sa propre
souveraineté, que les autorités juives et les sociétés de pensée
n'ont même plus besoin de renchérir dans le mensonge et la
répression pour préserver les mensonges officiels. Le peuple sait
qu'on lui ment et qu'on profite de lui, et il s'en réjouit, parce
qu'on lui impose le mensonge auquel il a envie de croire, parce
qu'en profitant de lui à la manière démocratique on le fait béné-
ficier de retombées matérielles et psychologiques substantielles :
les firmes commerciales ont besoin du socialisme qui présente
l'avantage, en justifiant pour le peuple sa paresse et son esprit
de revendication égalitaire envieuse, de distribuer de l'argent fis-
cal à une plèbe qui en retour alimente leurs caisses. Le véritable
danger, pour Ernest Hérisson et ses affidés, ce ne sont d'abord
ni le Bétar ni le Mossad ni les tribunaux français et internationaux, c'est la croyance populaire qui a l'intelligence de s'agrip-
per avec la dernière énergie à sa bêtise congénitale qui lui tient
chaud. Hi ! hi !, ça vous en bouche un coin, hein ?, Bouffon ?!
La regrettée Annie Kriegel pouvait bien dénoncer, dans *L'Arche*
et dans *Le Figaro*, "l'insupportable police juive de la pensée" ;
c'est la police populaire, avec son extraordinaire pesanteur de
préjugés, de bassesses et de fainéantise, de conformisme et
d'ignorance, qu'elle aurait dû dénoncer ! ... Je suis un vrai
démocrate et je n'aime pas le peuple, et le peuple le sait et il me
pardonne et il me donne raison. Ou plutôt j'aime le peuple, mais
je ne trouve aimable aucun de ses membres, pris en particulier
ou en groupe. Le peuple, c'est comme les immigrés que j'aime
selon les mêmes modalités : ça pue, ça chie et ça dégueule partout, ça geint, ça revendique, c'est vulgaire, ça casse et salope
tout, ça se compare et ça n'a aucun bon goût, c'est même une
invention du mauvais goût ; il n'y a de fréquentables que les
gens riches et en bonne santé qui n'ont pas besoin de travailler,
éduqués dans des lieux préservés. Le peuple aime les vedettes
de cinéma, il aime aussi le dessus du panier social, il les aime
précisément parce qu'ils sont des privilégiés, il peut rêver qu'il
sera un jour à leur place, il les imite servilement ; s'ils avaient

ZINZIN AU PAYS DES MOVIETS

gagné leur position par leurs seuls mérites, le peuple, qui est envieux, bête et méchant, les haïrait. En promouvant une iné-galité foncièrement injuste, on satisfait aux desiderata du peuple ainsi comblé et par là traité en roi. Je suis l'émanation de la volonté populaire. Le Législateur de Rousseau n'est pas un des-pote éclairé qui, hors du peuple, interpréterait, à sa guise ou au gré d'intérêts oligarchiques démagogiques, la volonté générale, il est cela mais il n'est pas que cela ; il est cela mais seulement en tant qu'en sa profondeur dernière il est lui-même une éma-nation de la volonté générale qui consent à se faire déterminer par lui pour vivre en douceur son arbitraire terroriste et ses sen-timents bas.

— Je ne puis qu'être de votre avis. Vous êtes une belle ordure, mais ça ne vous empêche pas d'être un con.

— Tout doux, bonhomme. Je pète dans la soie, je me farcis les plus jolies femmes, je suis reconnu et adulé, et toi tu viens ramper devant moi. Et en plus, cloporte, je n'ai même pas mau-vaise conscience, je suis sincèrement sincère quand je pleure sur la Shoah et quand je vote à gauche. La démocratie, avec tous les mensonges qu'elle charrie, n'est pas une dimension inscrite dans la nature des choses, c'est une utopie qui violente la nature des choses, mais nul ne peut l'avouer, personne ne le doit dénoncer parce qu'il faut y croire pour qu'elle accomplisse son office de subversion de l'ordre ancien auquel elle doit se substi-tuer. Tel est le projet constitutif de la volonté générale qui est réellement la volonté du peuple, la volonté divine de la subjec-tivité vide à laquelle se réduit l'homme en son insurrection fon-cière, "terroriste" précisément, contre tout donné. Le mot ne m'effraie pas. C'est par la terreur du non-être se donnant l'être qu'on brise la terreur de l'être imposé. Je ne trahis pas le peuple. Je sais ses faiblesses et ses misères, et je les aime à ma manière, je les sais comme l'expression nécessaire, pleine d'humeurs et de fiente comme tous les nourrissons, du divin qui se fait en nous tous.

— Toujours d'accord, Grand Con. Vous êtes un con parce que vous n'avez pas compris que tel est le projet marxiste que vous croyez dépassé, qui bouffera la bourgeoisie, et auquel il ne restera plus, après avoir tout détruit, qu'à se détruire lui-même en se convertissant malgré lui au fascisme. C'est l'un des mérites de Marx que de nous avoir fait comprendre l'impossibilité de sauter une période historique. La croisade des fascismes a voulu précipiter les choses et aurait pu y parvenir si les Conservateurs, qui étaient encore puissants à l'époque, ne l'avaient pas fusillée dans le dos. Dans sa bonté naïve, la croisade des fascismes a voulu court-circuiter le capitalisme pour le dispenser de la fastidieuse médiation du communisme dans l'assomption du processus qui doit mener — à moins que l'homme ne disparaisse — au fascisme. C'est pourquoi le communisme a gagné, pour s'éclipser volontairement dans l'accomplissement planétaire du libéralisme qui, par ses contradictions, en prépare l'avènement cette fois effectivement international, de telle sorte que le fascisme, comme fleur de fin des temps et réalisation concrète du Saint-Empire effectivement réel et bras séculier de la Sainte Église, naîtra sur un tas de cendres, de cadavres et de merde, incomparablement plus catastrophiste que jamais. Il ne reviendra d'ailleurs, s'il revient jamais, que pour se sublimer, eschatologiquement, dans la Parousie. Soyons clair quand même : quand il aura tout bousillé, le socialisme planétaire aura tué de manière irréversible l'humanité dans l'homme, et c'est pourquoi le fascisme ne reviendra pas parce qu'il n'y aura plus rien à sauver. Mais la Parousie, elle, elle aura lieu, et vous en prendrez plein la gueule. En dépit des apparences, le nec plus ultra du progressisme, aujourd'hui comme toujours, c'est le catholicisme politiquement réaliste. Mon honneur s'appelle fidélité.

— Ô Bouffon ! Voilà qu'il vaticine et dialectise... Vous êtes complètement timbré, vous prenez vos désirs pour des réalités. Rangez-moi cette dialectique de bazar ! L'entretien est terminé. Vous êtes un rêveur. La société n'a jamais été aussi stable. La Vieille Taupe est fatiguée, elle agonise...

— Vous êtes un con pour une autre raison. J'ai enregistré notre conversation. Vous vous êtes fait piéger parce que vous êtes vaniteux. Les feuilles de chou d'extrême-droite en feront le meilleur usage possible, et vos Juifs et compagnons de loge en seront informés, à moins que vous ne consentiez à me faire publier.

— …

— On peut toujours s'arranger, je suis bon prince…

— Salaud, ordure, indic, misérable crapule !

— Minable, naïf, vaniteux volubile !

— Fasciste ! Je ne cède pas au chantage !

— Révisionniste !

— Non ! Ah ! Mon Dieu… Enfin… Oh !, et puis merde !… Essayons de nous calmer… »

C'est ainsi que le Bouffon fit paraître son torchon dans une petite maison gauchiste de province sur le directeur de laquelle le Grand Manitou avait été contraint de se défausser. Son brûlot n'eut aucun succès. Les gens n'aiment pas la vérité. Il faut savoir attendre les circonstances qui font qu'on ne peut plus s'y dérober. Elle vous éclate alors à la gueule, au prix fort. Le temps de la vérité vient toujours, parce que le temps lui-même est suspendu aux décrets de la Vérité.

XI

CINQUIÈME ENTRETIEN

Tartempion :
Oh eh !, l'Immonde, venez donc vous faire admirer. Il y a là une pouffiasse en mal d'émotions fortes qui en pince pour vous.

Nicéphore :
J'aime pas qu'on me fasse me déplacer pour des prunes.

Tartempion :
Tu ne seras pas déçu.

Nicéphore :
Me voilà, tel qu'en moi-même enfin l'éternité me change.

Tartempion :
Salut à toi, Zinzin. Mais ici tu n'es pas dans l'éternité, la preuve en est que tu n'as pas changé ; tu es toujours aussi sale, aussi grossier, aussi vulgaire, aussi piteusement grinçant. Tu vas faire fuir la Conscience aux narines délicates.

Zinzin :
M'en fous. Elle peut toujours se barrer. Et puis toi, la ramène pas trop, tu me ressembles.

Tartempion :
Ce serait dommage qu'elle nous quittât. Elle aime être offusquée. Je m'apprêtais à faire un cours sur le fascisme, un cours magistral avec des belles phrases et des explications bien ennuyeuses. Pour ce faire, j'ai besoin d'un public. Sois gentil,

écarte-toi un peu pour nous épargner de tes puces, sois sage ô ma douleur, ferme ton clapet un moment, reprends souffle. Êtes-vous prêts tous les deux, mes interlocuteurs choisis ?

Tous deux :
Oui.

Tartempion :
Alors voilà. À vos marques, « *bitte anschnallen* », ça va être coton. J'en appelle à votre attention ; gardez vos objections pour la fin, prenez des notes et faites au moins semblant d'être sérieux. Je commence par l'exposé des principes généraux, à l'aune desquels il me sera possible de supputer la valeur des faits historiques controversés de la Ligue, de l'acte libérateur de Jacques Clément, et de la Saint-Barthélemy.

Zinzin :
Tu vas encore nous emmerder avec tes syllogismes. T'es sûr que ça en vaut la peine ? J'ai pas eu de pot dans ma vie de baltringue, j'ai eu affaire à ceusses qui voulaient agir sans savoir penser, et à ceusses que ça ravit de penser sans jamais agir, au point qu'ils en viennent à croire qu'ils agissent en pensant.

Tartempion :
Oh écoute, l'affreux. Avec les syllogismes, je ne parviens pas à intéresser mon monde. Sans les syllogismes, je ne parviens pas à me justifier ; et c'est alors que ce même monde m'accuse de proférer des assertions gratuites. C'est quand même étonnant que les gens de chez nous soient intéressés seulement par ce qui leur paraît évident, qui n'appelle aucune démonstration, qui saute aux yeux et qui les crève au point qu'ils ne voient plus rien du tout, se réduisant à sentir leurs amours incertaines et surtout leurs haines recuites. On pourrait presque dire qu'ils ne s'intéressent à quelque chose que quand il n'y a rien à comprendre ou aucun effort à faire pour le comprendre. Ils ne consentent à apprendre que ce qu'ils savent déjà, c'est-à-dire ce qu'ils croient savoir, à ne tenir pour utile et vrai que ce qui les a séduits.

Plaignez-vous ensuite que notre camp soit trop souvent un ramassis de fronts bas mal embouchés, mais surtout si aisément manipulables. Paralysés par la logique binaire de leurs réactions passionnelles et butées sédimentées et cautionnées par l'esprit dogmatique de ceux qui croient à la vérité, mais qui aiment non tant la vérité que l'acte de se reposer en elle, ils s'agitent au gré de ceux qui les excitent avec un quelconque chiffon rouge, quand ce n'est pas un boute-en-train...

Zinzin :

Ça va, vieille branche, fais pas ta mauvaise tête et ton mauvais esprit ; la mauvaise tête c'est ta manière d'être naturelle, alors n'en remets pas ; et ton mauvais esprit pessimiste, c'est le reflet de ton manque d'espérance, et y a pas de quoi s'en vanter. Les désespérés aiment leur désespoir, ça fait partie de leur personnage, c'est à la fois leur carapace et leur alibi. Allez, on t'écoute studieusement, sauf si la garce emplumée me provoque.

Tartempion :

Elle sera sage, la Sagesse du Monde. Allons-y enfin. J'expose, sinon « *more geometrico* », à tout le moins de manière un peu ordonnée, d'où la succession des paragraphes. C'est fastidieux, je sais, mais on ne peut pas faire autrement.

Je rappellerai en préambule que le bien considéré dans son concept est par essence commun, parce qu'il est diffusif de soi : il est d'autant meilleur qu'il est plus communicable, au point que sa communicabilité est la mesure de sa perfection. Est dit bon ce qui est objet de l'appétit. Mais l'acte d'appéter est lui-même appétible : pendant qu'on désire sans obtenir, on souffre parce qu'on manque ; quand on ne désire pas, on souffre encore parce qu'on aspire à désirer en tant qu'on s'ennuie. Serait absolument bon ce qui aurait le pouvoir, telle la lance de Télèphe, de faire guérir sa victime de la plaie qu'il cause : ce qui saurait dans un même acte creuser le désir et le combler. Tel est au reste le caractère propre du Souverain Bien, qui comble absolument un désir dont il est l'origine première. Le désir, par définition, s'actualise par le bien qui le comble ; or l'acte de désirer est désirable, donc il participe du bien ; or il est manque et pénurie ; donc la pénurie est elle-même, en tant que reconnue telle cette privation intérieure au bien qui s'en rend souverainement vainqueur et qui pour ce faire l'assume, un moment obligé, par là un aspect nécessaire, de l'essence du bien. L'absolument bon ne manque de rien, pas même de l'expérience du fait même de manquer. Le Bien n'*est* tel qu'en se *posant* comme tel, par un acte circulaire lui faisant exercer tous les degrés finis de bonté. Mais si le bien a, considéré dans son concept, la forme d'une identité à soi réflexive, il a la structure de ce dont le propre est de se faire poser par lui-même en tant qu'autre, ou encore de faire *don* de soi-même à soi-même. Le bien *est* l'acte de se communiquer lui-même à lui-même ; aussi affirme-t-il son être en se communiquant, s'intériorise en s'extériorisant, se conquiert en s'abandonnant, s'enrichit en se dilapidant, s'absolutise en se diffusant. Et c'est bien ce que confirme le dogme trinitaire selon lequel la diffusion *ad intra* du divin, qui est nécessaire, rend contingente la création *ad extra* du monde, cependant que la procession des créatures s'exerce dans le sillage de celle des Personnes divines. Si le bien est par essence diffusif de soi, il est d'autant meilleur qu'il est plus communicable. Mais il est d'autant plus communicable qu'il est plus commun. Donc le bien est par essence commun, et tout bien privé, comme défaut de communauté du bien, a raison de moyen du bien commun. Le bien commun est intrinsèquement meilleur que le bien particulier, il est bon à raison même de sa communauté : il est mon bien, mais il est le meilleur en tant qu'il est aussi le bien d'un autre. Il a la vertu de se donner sans se perdre et, en vertu de sa forme réflexive, il est origine et fin : il a bien raison de cause finale.

§ 1 La cause finale de la société est le bien commun, lequel est le bien du tout pris comme tout et en même temps le meilleur bien de ce qui constitue le bien particulier. Si le bon soldat fait l'inventaire des biens qui sont propres à sa condition, il y trouve le montant de sa solde, la possibilité de voir du pays et de faire du sport, le moyen de brûler ses excès de testostérone, l'occasion de se couvrir de gloire, et tout cela est légitime, mais il découvre aussi, comme constitutif principal de son bien, la victoire de cette armée dans laquelle il sert ; or la victoire de l'armée est le bien propre du tout pris comme tout, qui se révèle bien, sous ce rapport, tel le cœur du bien propre du soldat, ce que ce dernier contient de meilleur, et que le soldat aime en lui étant rapporté ; et tel est ce qu'il est convenu de nommer le bien commun : la victoire n'est pas pour la gloire du soldat ; bien plutôt, le soldat est pour la victoire, au point qu'il peut aller jusqu'à mourir pour elle.

Le bien le meilleur d'un être est un bien auquel il est rapporté, et non un bien qu'il rapporterait à lui-même. En effet, ce que l'on rapporte à soi a raison d'instrument, et c'est le moi qui a raison de fin. Mais ce qui est désirant et requiert le recours à un bien extérieur ne saurait avoir raison de fin ultime, parce que, en tant qu'il est dépendant d'un bien extérieur dont il manque, il est imparfait, et à ce titre il ne saurait avoir raison de fin dernière. À prétendre se nourrir de lui-même, il joue les catoblépas et se renvoie dans le néant, soit qu'il parvienne à se dévorer lui-même complètement, soit qu'il s'empoisonne, ce qui est le plus probable. Et c'est là ultimement, au passage, le destin de tous les subjectivistes.

§ 2 Un bien qu'on aime en lui étant rapporté est un bien pour lequel on peut se sacrifier, car on l'aime en lui voulant du bien.

La nature ou essence d'un être est ce dont procèdent ses appétits, et ce qui a raison de fin pour lui : appéter est manquer, manquer est souffrir, souffrir est être malade, être malade est être inadéquat à son concept, de sorte que désirer revient à tendre vers ce dont on a besoin pour se rendre adéquat à son essence, laquelle est appétée au titre de fin. Et si l'homme est renvoyé, en dernier ressort, à un bien extérieur transcendant comme à sa fin ultime, c'est encore parce qu'il est dans la définition de son essence ou nature de l'y renvoyer. Il reste que l'essence d'un être a pour lui raison de fin immanente. Donc les désirs procèdent de l'essence et ramènent à elle ; donc les désirs d'un être sont, en lui, l'expression du fait que son essence, objectivement, *se veut en lui*, et c'est pourquoi un tel être tend vers son essence comme étant rapporté à elle, et non comme la rapportant à lui-même. Il n'a pas une nature pour être l'individu qu'il est ; il est l'individu qu'il est pour tendre à servir sa nature ; c'est sa nature qui, en lui, se donne le mode d'existence d'un individu qu'elle met en demeure, en retour, de la faire rayonner.

Et il y tend par ses opérations, qui sont autant d'actualisations de ses puissances opératives posées en lui par son essence. L'opération suit l'être, mais l'opération est un accident, et l'accident est à la substance comme l'acte l'est à la puissance, il la perfectionne en l'explicitant et en la manifestant ; or la substance est l'essence individuée ; donc l'acte opératif perfectionne l'individuation de l'essence, il lui donne de s'identifier inchoativement à cette essence, autant qu'il est possible ; il lui permet d'incarner au mieux cette essence ; il l'habilite à faire se réaliser au mieux les virtualités de cette essence.

§ 3 Un homme est l'individuation de sa nature, laquelle, de ce fait, est en lui tout entière et non totalement. Elle y est tout entière, sans quoi un homme particulier ne serait qu'un avorton ; elle n'y est pas totalement, autrement il serait homme à raison du fait qu'il est cet homme, et il n'y aurait qu'un seul homme, et il serait de condition angélique parce qu'il serait son espèce. Quand un être est une individuation de son essence, il tend vers elle comme vers sa fin (§ 2), mais ses puissances opératives ne peuvent parvenir à exprimer toutes les virtualités de son essence, puisqu'il n'en est qu'une individuation, ainsi une limitation. Cependant elle se veut en lui, elle exerce en lui sa causalité universelle, et elle lui enjoint de s'excéder en tant qu'individu. Ce qui se produit de deux manières, diachroniquement et synchroniquement.

Diachroniquement : tout vivant tend à se communiquer, à engendrer, à faire s'individuer son essence hors de lui. La sexualité est, dans le vivant, la marque de sa vocation à s'excéder ; c'est pourquoi, au passage, elle est dangereuse, porteuse d'inquiétude, de fascination et de honte : elle est l'inscription, dans la trivialité de la chair, d'une vocation de l'individu à se communiquer, à crucifier son individualité, par là à crucifier son existence, car exister et être un individu en acte sont une seule et même chose ; mais cette vocation à crucifier son existence, qui autorise à discerner, dans la vie du vivant, une victoire sur la mort, est aussi vocation, comme invitation au plébiscite de la mort du corps, à s'ouvrir à la vie spirituelle, celle qui ne dépend plus intrinsèquement de l'existence matérielle, de sorte que la sexualité, qui relève de la matière, est en quelque sorte le déterminant, dans un être mondain, à raison duquel il accuse réception de la vocation de la matière à libérer l'esprit qui s'incarne en elle. Parce que l'homme est congénitalement blessé, il peine à épouser cette invitation, et les faiseurs de délire pornographique savent ce qu'ils font en rivant l'homme à son énergie génitale : ils compromettent sa vie spirituelle.

Synchroniquement : tout vivant supérieur entre en communauté et la fait exister du fait de son intégration en elle. L'homme est par nature un animal politique, non seulement au sens où il aurait besoin de la société pour s'accomplir en tant qu'individu, mais, plus profondément, en ce que son essence lui enjoint de s'intégrer dans un tout social qui fait se réaliser les potentialités de son essence plus adéquatement qu'en sa seule singularité. Dans le texte qui suit, on a l'exposition pédagogique du concept de bien commun, envisagé dans une perspective thomiste :

« L'individu reçoit de la société la conservation et le perfectionnement de sa nature spécifique. Il est perfectionné par elle encore en certaines spécialités restreintes. Il est, en effet, artisan, patron, savant, magistrat, homme politique. Or la société renferme, cause, conserve toutes ces spécialités. *Elle réalise la perfection* maxima *de l'espèce humaine.* Elle est donc souverainement digne d'être aimée, sans arrière-vue intéressée ; et son bien, *comme bien de l'espèce, l'emporte sur le bien même qu'elle assure à chaque individu.* »[41] La conservation de l'unité sociale est voulue pour elle-même, « en tant qu'elle réalise la perfection *maxima* de l'espèce humaine dans sa nature, et selon la volonté de Dieu, auteur de la nature. »[42] « (…) Comme la société réalise collectivement les perfections de la nature humaine, beaucoup plus qu'aucun individu pris à part, elle est, dans l'ordre humain, ce qu'il y a de plus divin. »[43] Ce ne sont ni Giovanni Gentile ni Hegel, c'est saint Thomas qui enseigne ces choses que j'aime bien rappeler pour clore le bec de ceux qui hurlent au totalitarisme antichrétien chaque fois qu'on subordonne la « personne humai-ai-aine » au bien commun immanent de la cité :

« *Dicitur hoc autem esse divinius, eo quod magis pertinet ad Dei similitudinem, qui est causa omnium bonorum.* »[44]

« *Bonum speciei praeponderat bono individui.* »[45]

« *Imperfectum ordinatur ad perfectum. Omnis autem pars ordinatur ad totum sicut imperfectum ad perfectum. Et ideo omnis pars est naturaliter propter totum… Quaelibet autem* persona *singularis comparatur ad totam communitatem sicut pars ad totum.* »[46]

« *Ipse totus homo ordinatur ut ad finem ad totam communitatem cujus est pars.* »[47]

---

[41] R. P. Marie-Benoît Schwalm, *La Société et l'État*, Flammarion, 1937, p. 26.

[42] *Idem*, p. 28.

[43] *Idem*, p. 27.

[44] *Commentaire des Éthiques*, I lect. 2. Le bien commun est dit plus divin que le bien particulier en cela qu'il accomplit plus parfaitement une similitude de Dieu qui est la cause de tous les biens.

[45] *Somme théologique*, I^a q. 50 a. 4 ad 3um. Le bien de l'espèce l'emporte sur le bien de l'individu.

[46] *Idem*, II^a II^{ae} q. 64 a. 2. L'imparfait est ordonné au parfait. Mais toute partie est ordonnée au tout comme l'imparfait l'est au parfait. Toute *personne* singulière se rapporte à toute la communauté comme la partie se rapporte au tout.

[47] *Idem*, II^a II^{ae} q. 65 a. 1. L'homme lui-même tout entier est ordonné comme à sa fin à toute la cité dont il est la partie.

« *Persona comparatur ad communitatem sicut pars ad totum.* »[48]

« *Bonum commune est finis singularum personum in communitate existentium, sicut bonum totius est bonum cujuslibet partium.* »[49]

Et cette communauté, qui est entitativement un simple tout d'ordre accidentel, a la dignité, au moins sous le rapport de l'analogie, d'une réalité substantielle si elle est prise avec les individus qu'elle rassemble, lesquels sont bien des substances : elle a fonctionnellement valeur de substance même si elle n'est pas une substance. De surcroît, une telle communauté fait se réaliser les virtualités de l'essence humaine plus parfaitement qu'elles ne se réalisent en chaque individu. Or l'essence a raison de fin pour l'individu. Donc la communauté politique, fin des communautés moins parfaites, a raison, en tant qu'autarcique, de fin pour l'individu. Et le bien propre de la communauté, qui est le bien commun à tous les membres de cette communauté, est son ordre même, lequel est la réalisation en acte de toutes les potentialités de la nature humaine à l'intérieur d'une communauté historique de destin. L'ordre qui régit un tout est sa forme, la cause formelle de la société est l'État, donc l'État a raison de fin ; mais toute forme temporellement réalisée est une forme individuée, et elle l'est ici par la *nation*. La matière actualisée par la forme est une même chose avec la forme individuée par la matière. L'État national a donc raison de fin terrestre pour l'individu. L'homme a une fin spirituelle et éternelle qui transcende ses fins terrestres, et sous ce rapport le Politique a raison de moyen. Mais il n'a raison de moyen *efficace* des intérêts de

---

[48] *Idem*, IIᵃ IIᵃᵉ q. 61 a. 1. La personne est rapportée à la cité comme la partie au tout.
[49] *Idem*, IIᵃ IIᵃᵉ q. 58 a. 9 ad 3ᵘᵐ. Le bien commun est fin des personnes qui existent dans la cité, puisque le bien du tout est le bien de chacune de ses parties.

l'individu, en vue de sa fin ultime non terrestre, que s'il commence par être reconnu dans son statut de fin terrestre, au titre de fin ultime *temporelle* de ce même individu.

§ 4 J'ai parlé de nation, définie comme principe d'individuation de l'État. En toute substance mondaine, il y a l'essence qui s'unit, pour se faire individuer par elle, à une matière déterminée (telle chair, tels os) afin de constituer un sujet en lequel elle pose des puissances opératives dont l'actualisation est, selon un processus objectivement réflexif, un retour à l'essence. Cette actualisation est la position des accidents, lesquels perfectionnent la substance ; dès lors, quoique moins parfaits que l'essence, les accidents, comme tendances à faire retour à elle, sont autant de perfections ayant valeur de modèles pour la substance elle-même. Or la cité finalisée par le bien commun a fonctionnellement, mais non entitativement, valeur de réalité substantielle. On doit donc, sous le rapport de l'analogie, retrouver dans la cité ce que l'on trouve dans une substance : des accidents qui la perfectionnent et contractent la valeur de paradigmes. Et tels sont — pour autant qu'ils soient conformes aux exigences de la nature humaine — ces éléments de culture et de civilisation qui constituent une nation. La nation est une manière exemplaire d'être homme, qui fait rayonner l'humanité tout entière dans une manière particulière mais collective d'être humain. « *Materialiter spectata* », elle conjugue un patrimoine biologique, une langue, une terre, une mémoire, des ancêtres, des coutumes, une sensibilité, des goûts, une culture, un mode catégorial de penser et une volonté de vivre ensemble qui sont communs à tous ses membres.

Avant d'aller plus loin, je m'autorise une remarque.

Que la cité ait raison de fin, que la vie nationale ait raison de paradigme, c'est ce que les moralistes bien-pensants ont du mal à comprendre, qui croient qu'on déifie la vie politique en lui reconnaissant le statut de cause finale, au détriment du salut ; et c'est ce qui les dispose à subordonner la politique à la morale, et qui les fait sombrer dans le surnaturalisme qui ne conçoit le rapport entre nature et surnature que sur le mode du conflit, au détriment de l'ordre naturel bien entendu. M'est avis que quand ils entrent en crise, avec leurs yeux exorbités qui lancent des éclairs, répandant de pieux postillons avec une haleine théocratique de dyspeptiques — « naturalisme, paganisme, panthéisme hégélien ! » —, ils ne font, sous couvert d'indignation vertueuse, que servir les intérêts de leur propension à la vie bourgeoise ; la défense de la transcendance a bon dos. Pour les âmes parcimonieuses férues de prudence mesquine, la référence à la transcendance a ce rare mérite — chef-d'œuvre de la mauvaise foi — de présenter l'apparence d'un attachement inspiré au sublime celant une fâcheuse tendance à se soustraire à ses devoirs immanents. Les fanatiques de l'apophatisme développent un tour d'esprit analogue : dans leur souci de purifier nos représentations supposées trop anthropomorphiques de l'absolu, ils en viennent à faire de l'absolu une Chose en soi dont on ne peut rien dire, pas même qu'elle est, au point qu'on en vient à faire comme si elle n'existait pas.

L'essence humaine est origine et terme des désirs immanents de la personne, elle se veut en cette personne, elle a donc bien raison de fin pour cette personne. Mais l'essence humaine a quatre modes d'existence : elle existe dans l'esprit comme concept abstrait, comme cette idée en et par laquelle il nous est donné de penser l'humanité commune à tous les hommes ; elle existe dans les personnes comme individuée, ainsi comme âme singulière ; elle existe dans la cité comme « extraposition » de la nature humaine — l'intellect, le cœur, les passions se déploient dans la cité comme la classe des « *oratores* », celle des « *bellatores* », celle des « *laboratores* » — ; mais elle surexiste aussi en Dieu comme Idée créatrice des personnes. Et c'est selon ces quatre modalités qu'elle se veut dans chaque personne. Comme concept abstrait, elle est voulue par la personne au titre de principe de connaissance et d'activité contemplative. Comme individuée ou âme, elle est voulue par la personne comme perfectionnée par la morale ; comme réalisée dans et comme vie politique, elle est voulue comme fin ultime temporelle puisque ses potentialités sont mieux réalisées dans un tout social que dans un individu solitaire ; comme Idée créatrice, elle prend la forme du désir naturel de Dieu, lequel est assumé et transfiguré par la grâce qui le métamorphose en désir de béatitude surnaturelle. Or l'essence humaine a un mode d'exister plus parfait en Dieu que dans l'homme. Donc la fin ultime éternelle de l'homme se subordonne la fin politique, laquelle n'en conserve pas moins son statut de fin temporelle pour la personne : *la personne est tout entière quoique non totalement ordonnée à la cité comme à sa fin temporelle ; elle est ordonnée tout entière et totalement à Dieu comme à sa fin éternelle.* Il est dans la nature de l'homme de viser le bien commun politique comme fin ; or la grâce ne détruit pas la nature mais la parfait ; donc la fin surnaturelle n'invite à dépasser le bien politique qu'en perfectionnant l'aptitude à le viser comme fin.

§ 5 Puisque le bien commun est le bien du tout et le meilleur bien du particulier, le bien commun se veut en chaque particulier et se réalise par la médiation obligée de l'initiative des particuliers : le tout donne vie (politique) aux parties qui en retour font vivre le tout, dans une action réciproque définitionnelle de *l'organicité,* mais sous l'égide du tout parce qu'il a raison de fin des parties. Le détenteur de l'autorité politique est, en droit, la conscience de soi du tout, la personnification de ce dernier : le tout n'est une personne que dans et comme la personne du monarque. Le constitutif formel de sa légitimité, unique et suffisant, est qu'il ordonne son pouvoir au bien commun. Il incarne la volonté *du tout,* il représente la (vraie) volonté générale :

« Sa volonté <celle du Führer> n'est pas la volonté subjective, individuelle d'un homme pour soi, mais en elle s'incarne la volonté commune du peuple comme donnée historique objective. La volonté qui se forme dans le Führer n'est pas la volonté personnelle d'un individu, mais la *volonté générale d'une communauté.* Une telle volonté générale n'est pas une fiction, à la différence de la prétendue "volonté générale" de la démocratie, mais elle est une réalité politique qui trouve son expression dans le Führer. »[50]

La volonté générale n'est nullement la somme des volontés particulières, ou le plus grand commun dénominateur des volontés singulières, ou l'expression de la majorité ; elle est l'expression de ce que les citoyens devraient vouloir s'ils étaient éclairés et vertueux ; elle est l'expression de ce que la nature de leur volonté leur prescrit de vouloir, et dont ils peuvent par accident s'écarter, tant par ignorance que par perversité. Elle est la *cause efficiente* de la cité, elle est la nature politique de l'homme immanente à tout homme et accédant à la conscience d'elle-même en lui. Dieu meut infailliblement toutes choses par les natures qu'Il met en elles, de sorte que c'est d'un même mouvement que ces choses s'ordonnent à Dieu et se conforment aux injonctions de leurs essences respectives. De même, le bien commun, hypostasié dans le détenteur de l'autorité, organise la cité et réalise l'ordre par des actes qui répondent à ce que, objectivement, veut (ou devrait vouloir) la volonté de chacun. C'est à ce titre qu'il y a organicité, immanence de la volonté du tout aux parties qui, analogiquement, vivent de la vie même du tout qui en retour se fait vivre en et par elles ; c'est à ce titre que, en même façon, les parties sont capables de vouloir (en droit sinon en fait), et de vouloir de la volonté même du tout ; et c'est seulement s'il y a organicité qu'il y a bien commun, raison d'être des biens particuliers : c'est à cette condition que le bien commun est le meilleur bien du bien particulier, ainsi un bien que le particulier aime en lui étant rapporté.

Il y a ainsi quatre positions unilatérales à proscrire.

§ 6 La première position unilatérale est une certaine acception de l'absolutisme.

---

[50] Ernst Rudolf Huber, juriste allemand disciple de Carl Schmitt, *Verfassungsrecht des Großdeutschen Reiches*, 2ᵉ édition, Hambourg, Hanseatische Verlangsanhalt, 1939, p. 195-196.

Si « absolutisme » (« *absolutus* » signifie « délié ») désigne l'indépendance du pouvoir politique par rapport aux pressions populaires, factieuses, économiques ou autres, alors l'absolutisme est évidemment un bien, parce qu'il soustrait le pouvoir politique à la tendance viciée des particuliers à se subordonner le bien commun, à le particulariser en le privatisant. Le chef n'est pas seulement le suzerain des suzerains, il est la conscience de soi du tout pris comme tout ; le tout considéré en son essence politique n'est pas le *résultat* pyramidal de parties hiérarchisées (même si c'est dans cette configuration qu'il se forge historiquement) ; il est, en droit et ontologiquement, la *cause* des parties dont il est l'unité, il est antérieur à elles selon la causalité en tant qu'il a raison de leur fondement. Et c'est parce qu'il a raison de cause de la diversité qu'il rassemble, qu'il est véritablement organique. Ce qui suppose, quand il advient à l'existence au terme d'un processus historique de nature féodale — laquelle, chronologiquement, fait du tout un résultat — qu'il se ressaisisse de ce dont il est le résultat, qu'il se l'approprie et le maîtrise en lui faisant perdre son autonomie obsolète, qu'il le refonde au gré de ses besoins nouveaux. Ce qui ne fut pas accompli par les rois, et c'est là la vraie cause de la Révolution française.

Mais si « absolutisme » signifie que le chef non seulement tiendrait son autorité de Dieu (ce qui est vrai : toute autorité procède de Dieu), mais encore, tenant sa désignation d'une logique dynastique indifférente aux peuples qu'il dirige, organiserait la cité sans que son *imperium* fût l'actualisation de la volonté objective de chacun, alors il n'y a pas organicité ; la cause efficiente de la cité est unilatéralement la volonté du prince, elle n'est plus la nature politique de l'homme immanente à tout homme ; le chef est l'auteur d'un ordre statique qui fait que la volonté de chacun n'est pas vitalement intéressée à s'y soumettre et à le vouloir comme se rapportant à lui. Dans ces conditions, un tel ordre, auquel ne correspond aucune volonté générale, ne sera aimé par la multitude qu'autant qu'il servira les intérêts privés de ses membres, et les séditions ou conflits internes seront latents. C'est ce qui s'est produit avec les

Bourbons ; la Fronde aristocratique puis parlementaire, un siècle après la Ligue, a été une révolte nobiliaire dont l'écrasement au profit de la bourgeoisie rendit possible le surgissement de l'esprit de 1789. La désignation du chef par droit dynastique de succession est une disposition prudentielle honorable, mais n'est pas un principe politique intangible lié à la nature des choses, et encore moins — fût-ce indirectement — une disposition qui serait induite par le donné de la Révélation.

En fait, l'absolutisme français portait son échec dans ses flancs, parce qu'il entendait légitimement soustraire la couronne au réseau des vassalités féodales, ainsi être souverain et non pas seulement suzerain, mais il entendit le faire sans toucher à la pyramide féodale et princière, c'est-à-dire *sans convertir en fonctionnaires d'élite nommés par l'État les dynasties princières sédimentées par l'Histoire*, ainsi sans intérioriser le processus dont il était la conclusion. Ce qui eût été une disposition fasciste.

« Absolutisme » est aussi irrecevable si le mot signifie que le chef d'État pourrait se soustraire au droit naturel, et compromettre le droit de l'Église d'exercer son magistère librement dans la population. Ce qui ne signifie pas que le rôle du roi se limiterait à celui de bras séculier de l'Église, comme si tout l'office de la nature était d'être le suppôt de la surnature. La nature est finalisée par la vie surnaturelle, mais cette dernière n'abolit pas la vocation propre de la nature, à savoir ici la vocation propre du Politique : le bien commun tel que défini ici plus haut (§ 3), c'est-à-dire la réalisation en acte de toutes les potentialités hiérarchisées de la nature humaine à l'intérieur d'une communauté nationale de destin.

§ 7 La deuxième position unilatérale est l'esprit démocratique, qui est une tyrannie individualiste de tous sur tous, qui exclut tout bien commun et qui se réduit au paravent des factions protestantes, maçonniques, juives, et des oligarchies financières mondialistes. La démocratie est intrinsèquement mauvaise, même la démocratie non fondée sur le principe erroné de la souveraineté populaire (dont ce principe fait du peuple, en le déifiant, le juge du bien et du mal), car reconnaître à la multitude le pouvoir de désigner le prince qui recevra son autorité de Dieu, c'est lui supposer une compétence qu'elle ne peut pas avoir ; même si tous les hommes étaient parfaitement vertueux, même s'ils étaient également doués et sages, ils manqueraient de cette position surélevée qui seule donne au regard du chef la vision claire du tout et des besoins réels de ce tout. Et du fait qu'ils sont, indépendamment du péché originel, inégalement doués, pour le plus grand bien de la multitude et pour la gloire de Dieu, ils n'ont jamais compétence suffisante pour désigner le sujet du pouvoir politique.

Une multitude n'accède à l'existence que par son unité, mais l'unité de la multitude est l'unité du sujet en lequel elle se personnifie, à savoir le détenteur de l'autorité, parce qu'une volition est toujours personnelle, ainsi individuelle, dans le moment où l'unité d'une multitude ne s'obtient que par la volonté de vivre ensemble ; que la cause efficiente de la cité soit la nature politique de l'homme immanente à tout homme, et devenue consciente en la volonté de chaque homme, cela n'exclut pas mais plutôt appelle que ces volontés diverses soient en quelque sorte assumées par la volonté du chef qui les réduit à l'unité réelle de sa volition singulière ; sous ce rapport il y a antériorité, au moins selon la causalité, du chef sur la multitude qui à cet égard ne saurait se constituer en multitude *politique* en acte pour se donner un chef, puisque c'est la présence du chef qui actualise le caractère politique de cette multitude. Si en revanche on se souvient que le tout dont le chef est la conscience de soi est un tout organique, qui par nature se fait procéder des parties qu'il fait être, alors le chef ne saurait préexister au tout qu'il dirige, et il le présuppose : il présuppose l'efficience de la nature politique de l'homme. *Si donc il y a présupposition réciproque entre le chef et le tout doté d'unité, c'est que la genèse de la cité d'une part, et l'éduction du chef d'autre part, sont concomitantes.*

Par la force des choses, par le poids des circonstances, ce qui était un agrégat sans unité voit surgir de son sein un chef qui en fait une multitude politique en acte. Cet agrégat peut même se préfigurer dans la forme provisoire d'une espèce de démocratie, dans la période intermédiaire entre chute d'une monarchie décadente et genèse d'une nouvelle monocratie.

§ 8 La troisième position unilatérale est l'esprit théocratique, qui fait du chef le vassal de l'Église, laquelle alors court-circuite l'ordre naturel au nom de la fin surnaturelle. Les trésors de grâces de l'Église sont cause finale de l'autorité du père de famille, mais ils n'en sont pas la cause efficiente : l'Église n'est jamais fondée à abolir l'autorité du père naturel, même quand il n'est pas catholique. De même, les bienfaits de l'Église sont la cause finale de l'autorité politique, mais l'Église n'est pas cause efficiente de la cité, laquelle est la nature politique de l'homme. Dans les deux cas, c'est la nature domestique et politique de l'homme qui en est la cause directe, laquelle est l'expression de la volonté divine puisque tout ce qui est de droit naturel est de droit divin. Le sacre n'est nullement le constitutif formel de la légitimité politique. L'Église dispose d'un pouvoir direct et immédiat sur tous les baptisés en matière de morale, ce qui lui confère un pouvoir politique indirect et au vrai négatif : inviter, au nom de la foi et des exigences du salut, au titre d'injonction morale, ses fidèles à se désolidariser d'un pouvoir politique donné, voire à le renverser, quand il contredit la fin qui lui est naturellement assignée, à savoir le bien commun, et dans la mesure où la recherche du bien commun immanent est liée à celle d'un bien surnaturel transcendant dont l'Église seule possède les clés qui lui donnent accès. Le rôle politique de l'Église est analogue à son rôle de philosophe ou de savant : elle est « *stella rectrix* », elle est fondée à condamner, au nom d'une sagesse divine, les résultats des efforts des philosophes et des savants, elle n'a pas vocation à se substituer à eux ou même à les diriger ; elle est habilitée à condamner un pouvoir indigne, elle n'a pas vocation à diriger le pouvoir politique, non plus qu'à le fonder.

§ 9 La quatrième position unilatérale est celle d'une dyarchie ou polyarchie, dans laquelle le pouvoir royal serait tempéré par d'autres puissances telles que l'aristocratie, les villes ou puissances bourgeoises, ou toute autre instance telle que le pouvoir législatif des parlements ou des chambres, ou le pouvoir des États-Généraux, comme si ces derniers avaient valeur d'assemblée nationale constituante à laquelle, par définition, appartiendrait le pouvoir de se donner un roi. C'est là une modalité du principe de la séparation des pouvoirs cher à Montesquieu (*De l'esprit des lois*, XI) et à son libéralisme, selon lequel le pouvoir seul doit arrêter le pouvoir ; mais cette vue suppose que le pouvoir soit un mal nécessaire, ainsi un mal dont on ne peut se passer mais dont on doit limiter, autant que faire se peut, l'exercice en le désamorçant, et en le désamorçant par le moyen de la division du pouvoir en divers pouvoirs autonomes. Mais c'est là le fondement de l'idée démocratique refusant la légitimité du pouvoir de l'homme sur l'homme : selon le démocrate, le pouvoir est un mal, mais on doit « faire avec », aussi doit-on le diviser en autant de parcelles qu'il y a d'individus, de sorte que, chacun obéissant à tous, il n'obéit à personne, parce que tout pouvoir personnel est inoffensif à raison même de sa faiblesse. Si le pouvoir est par essence mauvais cependant qu'on ne peut s'en passer, autant le diviser en autant de parties conflictuelles qu'il y a d'individus, et l'on obtient la société fondée sur le principe de la souveraineté populaire. Tout, en vérité, doit procéder du roi, parce que le roi est la personnification du tout, et que la vie des parties doit être la vie même du tout si l'on entend maintenir le primat du bien commun. Participe de cette quatrième position unilatérale l'idée d'une monarchie dont le roi ne serait que le premier des aristocrates auxquels il aurait ainsi à rendre des comptes et par lesquels il serait élu. Une telle conception de la monarchie a le mérite accidentel d'enrayer les effets pervers d'une monarchie absolue où « absolu » exclut « organicité », mais elle a le défaut d'enrayer les effets bienfaisants de la monarchie absolue dans laquelle « absolu » signifie « indépendant des factions ». La monarchie absolue entendue en son sens recevable et souhaitable est solidaire de l'idée de l'État, qui

transcende celle de l'organisation féodale et de l'assemblée aristocratique des pairs, et qui fait de l'État, comme forme du tout,
aussi bien le principe d'unification de ses différences intestines
que le principe de diversification de lui-même en ces différences,
à la manière dont un tout organique n'est pas seulement le principe unifiant ses organes, mais le principe de genèse de ces derniers. Et l'idée de l'État est solidaire de l'idée de nation, qui
transcende aussi les particularismes régionaux dépendants des
héritages dynastiques eux-mêmes liés aux reliquats modernes de
la féodalité médiévale. La monarchie achevée, conforme à son
concept, exclut la pérennité d'un pouvoir aristocratique auto-
nome, elle doit maîtriser jusqu'à la formation de l'ordre aristocratique lui-même, ainsi elle doit pouvoir créer sa noblesse et
exclure de la noblesse les familles qui forlignent. Les chambres,
les États-Généraux et les parlements ont leur rôle, mais c'est,
par le moyen de la représentation, *un rôle consultatif et / ou un rôle
d'enregistrement des ordres venus d'en haut, et c'est seulement cela.*
Cela dit, même s'il n'est pas délibératif, ce rôle consultatif doit
être respecté avec le plus grand soin.

Liée à cette quatrième position unilatérale est l'idée — soutenue par Cajetan, Suárez, Bellarmin, et à certains égards peut-
être saint Thomas lui-même — selon laquelle le roi tiendrait sa
légitimité d'un pacte passé — ainsi d'un contrat — entre lui ou
sa famille et ses sujets, comme si le pouvoir politique était par
nature, à l'origine, donné à la multitude qui serait habilitée à se
donner le régime et le roi de son choix. Et c'est le travers des
tendances politiques de la Ligue.

§ 10 En vertu de ce qui précède, un chef est légitime quand
il exerce le pouvoir dont il jouit en l'ordonnant au bien commun. Mais il n'est pas facile de discerner cette ordination au
bien commun, parce qu'elle met du temps à se réaliser, et se
réalise toujours *in concreto* en satisfaisant les intentions subjectives des uns tout en frustrant celles des autres, de sorte qu'aucun consensus, gage de paix et signe de possession du bien commun, n'est jamais atteint sinon de manière précaire et toujours

susceptible d'être remise en cause. En cas de contestation, ainsi dans une situation où l'autorité est remise en cause, ceux qui entendent se soumettre à l'impératif du bien commun ont besoin d'un critère objectif pour discerner celui qui est le détenteur du pouvoir légitime. Tous les membres de la communauté politique ont besoin d'un tel critère, à commencer par ceux qui aspirent au pouvoir et se sentent dignes de l'exercer, qui ne parviennent jamais à ce pouvoir qu'au terme de rapports de force où seule, précisément, la force fait loi. Un tel principe objectif de légitimité politique est le fait d'être *reconnu* par la multitude et surtout par ceux qui, en elle, sont tenus pour les plus sages. Cela ne signifie pas que la reconnaissance constituerait la légitimité, comme si l'aval de la multitude consistait à donner au chef un pouvoir qu'elle posséderait préalablement, car ce serait là cautionner la quatrième position unilatérale qui vient d'être dénoncée, voire la deuxième. Cela signifie que le chef, au titre de condition non suffisante mais nécessaire de l'exercice de son pouvoir, doit obtenir *de gré ou de force* l'aval au moins tacite de la multitude. Par cet aval, il s'assure que le pouvoir qu'il exerce répond dans les faits à l'impératif qui théoriquement le légitime, à savoir le service du bien commun. Ce dernier, pour être tel, doit satisfaire au réquisit suivant : actualiser la « volonté objective » de la multitude, c'est-à-dire attester que le bien du tout est aussi le meilleur bien des parties ; et la reconnaissance, au moins tacite, de la légitimité du chef entendu comme conscience de soi du tout, est nécessaire dans la mesure où cette volonté objective s'exerce toujours subjectivement, c'est-à-dire se manifeste toujours dans des sujets. « Se faire reconnaître » signifie s'imposer sans susciter de révolte durable ni de trouble insurmontable, c'est-à-dire s'imposer avec assez de force et d'assurance pour que tout le monde, à commencer par le chef lui-même, ait conscience du fait que l'obéissance à ses ordres est l'expression de ce que tous veulent au fond d'eux-mêmes et se savent devoir vouloir ; c'est ainsi que le chef fait l'épreuve, pour lui et pour tous, de ce que la volonté *du tout* dont il est l'hypostase est bien la *volonté* (exercée par tous) du tout, ou encore : c'est ainsi que le chef fait l'épreuve, pour lui et pour tous, de ce que le tout ne se subordonne les parties qu'en se faisant vivre d'elles. Cette précision est importante pour mettre en évidence le fait que l'organicité, sans requérir quoi que ce soit qui relèverait de l'esprit démocratique, requiert néanmoins quelque chose dont l'esprit démocratique est la dénaturation, ce qui explique la fascination de bonne foi exercée, sur les esprits soucieux d'organicité, par certains aspects de la démocratie ; ce qui explique aussi la répugnance de maints absolutistes à l'égard de l'idée d'organicité, voire de l'idée de bien commun immanent, et leur tendance à se référer à l'augustinisme politique ; ce qui explique enfin leur aversion pour le fascisme qu'ils réduisent à une modalité de l'esprit démocratique, précisément parce que le fascisme est éminemment attaché à la quadruple idée d'organicité, de bien commun, de « *Führer Prinzip* » et de l'esprit du peuple, de ce « *Volksgeist* » expressif de l'âme d'un peuple. Un chef bien intentionné, fidèle à des principes vrais et doté de sagesse pratique, mais qui serait incapable, pour une raison quelconque, de s'imposer et ainsi de se faire reconnaître par la multitude — ainsi un chef dont le pouvoir serait sans cesse contesté, ou qui ne serait supporté que par la force d'une minorité armée sur la majorité désarmée —, ne serait pas à proprement parler un chef légitime, tout simplement parce que son pouvoir, avant même que d'être ordonné au bien commun, ne serait pas un vrai pouvoir, ne serait pas vraiment un pouvoir *politique*.

Par analogie, un maître pédagogue ne reçoit pas de ses élèves le pouvoir de les former, comme s'ils jouissaient du pouvoir — qui suppose un savoir dont par définition ils manquent — de l'instituer en tant que maître. Pourtant, le moins démocrate et le moins démagogue des maîtres sait qu'il ne peut rien faire de ses élèves s'il ne parvient pas à les intéresser à sa discipline, à se faire reconnaître par eux en tant que maître, ainsi à leur faire librement accepter l'exercice de l'autorité qu'il leur impose. Un élève qui ne veut rien savoir, qui ne fait preuve d'aucune bonne volonté, est incapable de rien assimiler, quelque coercitif que puisse devenir le pouvoir du maître, qui dans ce cas s'exerce à vide.

Il en est de même, *mutatis mutandis*, pour l'exercice du pouvoir politique du chef sur ses sujets. La reconnaissance n'est pas cause de la légitimité, parce qu'une cause possède ce qu'elle communique, alors que celui qui reconnaît l'autorité ne la possède nullement. Mais la reconnaissance est condition de l'exercice de cette légitimité, qui n'est pas possible sans elle. La reconnaissance — « *die Anerkennung* » — est l'attestation de cette disponibilité, à l'égard du pouvoir qu'il subit, du sujet sur lequel s'exerce un tel pouvoir ; sans une telle disponibilité, le pouvoir s'exerce à vide, et il est fondé à l'obtenir même par la force quand elle fait défaut.

Vous voudrez bien observer, membres augustes de ce digne public devant lequel j'ai l'honneur de déblatérer en jargonnant, que si le fascisme est attaché, plus que tout autre régime, aux quatre idées canoniques d'organicité, de « *Volksgeist* », de chef entendu comme conscience de soi du tout pris comme tout, et de bien commun, c'est tout simplement parce que ces quatre idées s'enveloppent les unes les autres de manière nécessaire :

Sans le « *Führer Prinzip* », la multitude inchoativement organisée ne parvient pas à se donner cette unité personnelle donnant au tout la capacité de penser, de se penser, de vouloir et de se vouloir. C'est alors que les volontés particulières, non assumées par une volonté communautaire principielle, demeurent les unes à l'égard des autres en état de conflit potentiel dès lors que chacune aspirera à se vouloir telle l'expression de la volonté *du tout*. On obtiendra alors — si tant est que la multitude ne se disperse pas après avoir sombré dans l'anarchie — tantôt une démocratie qui, comme à l'accoutumée, finira en pétaudière, tantôt une oligarchie sournoise qui sera contrainte de mentir pour poursuivre ses manœuvres sans offenser les apparences démocratiques.

Sans l'organicité qui régit la réciprocité d'action entre le tout et les parties, il n'y a pas de bien commun entendu tel le meilleur bien du bien particulier, tel ce bien qu'on aime en s'y subordonnant ; autant dire qu'il n'y a pas de véritable bien commun, en ce que ce dernier se réduira à une somme d'intérêts privés qui, pour n'être pas conflictuels, devront être limités par l'office d'une morale commune d'inspiration religieuse, ce qui tirera la société dans le sens théocratique promouvant le Souverain Bien transcendant au détriment du bien commun naturel immanent. Mais si la surnature n'habite la nature qu'à proportion de son pouvoir de la frustrer, alors ou bien la nature s'insurge et rejette la surnature, ou bien elle s'exténue au point de se rendre incapable d'être le sujet récepteur de la surnature.

Sans bien commun, chacun ne se préoccupera de la cité que comme d'un instrument, et les vertus du courage, du dévouement, du patriotisme, pourtant absolument requises par les conditions de pérennité de la cité, s'étioleront rapidement.

Sans l'idée de « *Volksgeist* », définitionnel de la vie nationale, la forme étatique du tout se verra privée de son principe d'individuation et, incapable de s'incarner dans la multitude, elle l'habitera non telle une âme, mais à la manière dont un contenant s'impose à un contenu de soi indifférent à ce qui le structure. On aura au mieux une dictature de type classique s'imposant de l'extérieur à une multitude par là sans organicité, et le bien du tout sera le bien de certains seulement, érigé artificiellement en bien commun. Se verra frustrée en l'homme cette tendance pourtant naturelle à faire s'excéder l'individualité de chacun sous la pression immanente de son essence, cet appétit d'extériorisation de soi de la nature humaine selon un degré certes fini (national) mais néanmoins paradigmatique d'actuation de cette dernière, et alors l'individu se verra contraint, pour donner sens à sa vie terrestre, de s'inventer des modes de dépassement de soi privés, au gré de sa fantaisie, de son arbitraire et des inclinations de ses sentiments, donnant libre cours au déchaînement subjectiviste de ce que Hegel nomme le « dévouement partisan du cœur » : se mettre au service d'une « cause », peu importe laquelle, avec tous les effets diviseurs qu'un tel égoïsme larvé peut engendrer. C'est peut-être en dernier ressort cette idée de

« *Volksgeist* » qui, jointe aux trois autres, fait l'originalité et la valeur incomparable du fascisme. Et c'est à cause de cette idée que les esprits étroits de la réaction s'autorisent, l'air pincé, à dénoncer dans le fascisme une variante de l'esprit démocratique et un rejeton du panthéisme. « Les nationalismes, c'est 1848, c'est 89, c'est la subversion satanique ; les fascismes sont des rejetons de la Gueuse, seule la dynastie fonde la légitimité », vous apprennent, sur un ton suffisant et sans appel, les muscadins cathos à écharpe blanche, les légitimistes déguisés en chouans au look « queursacraidejaisus Neuilly-Auteuil-Passy » ; si le principe national fut par accident invoqué en 89, alors que le jacobinisme était — de son propre aveu — mondialiste dans son principe, il fut d'abord illustré par les régimes de l'Antiquité, à commencer par la Grèce et par Rome. Le fascisme se réappropriait un héritage indo-européen oblitéré par une logique théocratico-dynastique en laquelle se préfigurait et se cherchait le principe national lui-même. Si la pourriture jacobine s'en est emparée pour le dénaturer, c'est parce que les monarchistes n'ont pas su le redécouvrir, au rebours de ce dont était porteuse la vie monarchique elle-même, surtout depuis l'avènement de l'absolutisme.

Soyons clair. Les bienfaits escomptés de la démocratie ne sont pas tous illusoires, et c'est pourquoi elle parvient à séduire en faisant des ravages : faire participer le peuple entier, en mobilisant ses énergies, à la vie de la chose politique, ainsi au service du bien commun ; le faire s'intéresser à la défense d'une identité commune ayant raison d'idéal normatif, et lui faire servir cet idéal d'autant plus efficacement qu'on le fait s'y intéresser plus vitalement. Ses défauts, évidemment, c'est de négliger la question de la compétence — chacun est enclin à ne retenir du bien commun que ce qui évoque son bien propre —, d'où la tendance démocratique presque invincible à s'intéresser à la cité non pour servir le bien commun, mais pour tirer la couverture à soi. *Le fascisme est cette entreprise réussie de conservation des vertus attendues de la démocratie, en se libérant des tares qui lui sont con-*

substantielles. Et c'est à ce titre même qu'il prévient adéquatement les glissements vers la démocratie dont se révèlent porteurs — tantôt avec une secrète complaisance, tantôt malgré eux — les régimes se targuant de n'être pas démocratiques mais se refusant à être organiques.

Il n'est pas abusif de dire, compte tenu de ce constat, que *le fascisme est la réalisation en acte de tous les principes naturels du Politique, c'est-à-dire de cette famille de pensée qui est nôtre, qu'on appellera la Droite,* et qui voit dans la Politique l'art de conjurer dans l'homme la tendance à l'entropie, l'art de le faire tenir debout contre lui-même, le moyen salvateur de lui faire donner le meilleur de lui-même — l'honneur rendu à sa nature dont il est l'indigne réalisation — en dépit de sa langueur congénitale et de sa tendance au sordide. En maintenant l'homme sur le permanent qui-vive, en l'invitant au combat, en exaltant l'irascible, le fascisme a projeté dans le domaine communautaire à vocation pédagogique cette forme politique idéale que tout homme soucieux de son humanité a moralement vocation à intérioriser. Chacune des chapelles sœurs ennemies de notre famille turbulente revendique l'un de ces principes, mais aucune en dehors du fascisme ne les revendique tous ensemble. Et parce qu'ils sont objectivement solidaires, aucune famille politique de Droite non fasciste ne parvient à incarner de manière adéquate et pérenne ceux qu'elle revendique. Que le fascisme soit la synthèse, ou plutôt la conversion à leur identité concrète, de tous les aspects de la pensée de Droite, c'est ce dont convient un Henri Michel, dont nous reparlerons : « Il n'est aucun élément de la doctrine fasciste qui n'ait été emprunté par lui <le fascisme> à un penseur de droite des XIXe et XXe siècles. »[51]

Il existe entre les ordres naturel et surnaturel une convenance qui fait qu'ils sont existentiellement mariés selon une intimité les invitant à se pénétrer l'un l'autre au point d'obtenir une véritable osmose, sans pourtant — paradoxe unique — que cette intimité ne cesse jamais de les maintenir dans une radicale

---

[51] *Les Fascismes*, par Henri Michel, PUF, 1987 p. 15.

différence, parce qu'ils sont incommensurables ; rien n'est plus approprié pour s'emparer du tout de l'homme que Celui qui en est à une distance infinie. Quoi qu'il fasse, le catholique est partout catholique et porte avec lui sa catholicité ; il est catholique dans sa vie politique comme dans sa vie morale, familiale, professionnelle, belliqueuse, commerciale, artistique, ludique ou contemplative ; pourtant cet investissement religieux ne change en rien l'essence des réalités naturelles qu'il aborde, et ne change aucunement les lois naturelles qui les régissent. Et il se trouve, voyez-vous, que le fascisme, pris génériquement par-delà ses réalisations nationales historiques diverses, répond mieux aux exigences de l'ordre naturel que les structures politiques traditionnellement dévolues au service du catholicisme, telles la monarchie sous presque toutes ses formes, la démocratie chrétienne ou la dictature paternaliste dans les faits toujours bourgeoise et capitaliste. C'est ainsi du point de vue conceptuel, même si le fascisme s'est historiquement trouvé, par accident, être en délicatesse avec Rome ; et le concept, pour qui n'est pas nominaliste, n'est pas le reflet simplificateur du réel, il est l'expression de son essence et de sa loi immanente. C'est cette tension accidentelle entre la diplomatie romaine et les régimes fascistes qui donne seule dans la vue des bien-pensants, qui les fait vouer le fascisme aux gémonies, par là qui les dispense de chercher dans leurs régimes de prédilection les failles naturelles ayant provoqué leur chute.

Que voulez-vous, il y a eu des marcionites dans les rangs du fascisme allemand, et c'est bien regrettable, mais enfin, telle n'était pas l'essence du national-socialisme. Quand Pie XI proférait cette ânerie provocatrice — que ses prédécesseurs avaient laissée se répandre dans le monde chrétien — selon laquelle tout catholique serait spirituellement un sémite, il devait bien songer aux réactions possibles que ne manquerait pas de susciter son imprudence autoritariste et polémique. Si « être spirituellement sémite » signifie que la Révélation, qui n'est pas plus sémite qu'aryenne puisqu'elle est divine, a jugé bon de faire précéder son Fruit dans un peuple sémitique qu'elle avait au reste forgé tel l'instrument destiné à préfigurer l'Église et à préparer l'avènement du Messie, la formule est recevable. Si cela signifie que le christianisme serait porteur de valeurs qui par essence convoqueraient un tour d'esprit sémitique, cela est proprement faux. S'il en avait été ainsi, la philosophie grecque n'eût pas été reconnue comme l'instrument privilégié d'explicitation du dogme. Et les Juifs ne s'y trompent pas, qui identifient dans le christianisme une religion du Verbe, du Logos, une religion grecque. Or le Vatican savait que sa formule provocante serait comprise comme il ne fallait pas qu'elle le fût ; il l'a fait parce qu'il n'aime pas les régimes forts qui osent lui tenir tête et le sommer de ravaler sa maladie théocratique. Les indignés feraient bien de se demander si ces réactions malheureuses gnostico-païennes ne sont pas autant de réactions maladroites de peuples indo-européens soucieux de préserver leur identité culturelle et ethnique contre la prétention des baptiseurs à étouffer, au nom du salut, cette identité. Que le catholicisme se soit explicité en ayant recours aux catégories grecques de la pensée vient d'une affinité d'origine — que se contente de rappeler l'étymologie — entre le catholicisme et le sens de l'universel. La particularité de la pensée indo-européenne, son idiosyncrasie, c'est précisément le sens de l'universel, lequel transcende toutes les particularités qu'il fait être en s'investissant et en se limitant en elles. Qu'est-ce à dire ? C'est-à-dire tout simplement que le type d'homme indo-européen est celui qui incarne de la manière la plus évidente les vertus de l'humanité en général. C'est si vrai que tous les peuples adoptent le mode de penser occidental même pour faire mémoire de leur propre identité ancestrale et pour apprendre à la redécouvrir, et tout autant pour s'insurger contre l'Occident. L'homme blanc est haï parce qu'il est le prototype de l'Homme ; le degré supérieur d'incarnation de la nature humaine. Les mêmes indignés prennent aussi l'air finaud et docte en rappelant que le « national-socialisme » est la traduction de ce qui, dans la langue de Goethe, signifie « socialisme national ». Mais le « socialisme » du « national-socialisme » n'est qu'un mot pour dire l'organicité et le primat du bien commun. Je reviendrai sur ce point plus tard, si mon auditoire éminent veut bien continuer à m'honorer de son attention.

Zinzin :

Vas-y, mon vieux, j'ai éclusé un litron en t'écoutant, j'ai du mérite. Dis ton truc sur le socialisme national tout de suite, avant que je ne m'endorme. Tiens, à propos, regarde la Conscience : elle est décomposée, elle pleure, elle a pourtant rien bu.

Tartempion :

On s'occupera d'elle ensuite. Puisque mon éminent auditeur m'y invite, j'expédie la question du socialisme des fascistes, et je conclus.

« Dans les rapports entre l'économie et la nation, il n'y a qu'un facteur invariable, c'est la nation. Mais l'activité économique n'est pas un dogme et ne le sera jamais. Nous savons que le national-socialisme est l'adversaire le plus déterminé de la conception libérale, selon laquelle l'économie existe pour le capital, et la nation pour l'économie. Aussi avons-nous été résolus dès le premier jour à mettre un terme à cette idée fausse selon laquelle l'économie pourrait vivre dans l'État d'une vie libre, incontrôlable et incontrôlée. Il ne saurait plus y avoir aujourd'hui d'économie libre, c'est-à-dire d'économie abandonnée entièrement à elle-même. Ce ne serait pas seulement politiquement insupportable, il en résulterait aussi une situation économique impossible. (…) L'État nouveau, lui non plus, ne veut pas être entrepreneur. Il se bornera à réglementer l'emploi de la force de travail de la nation dans la mesure où ce sera nécessaire pour le bien de tous. Et il ne surveillera le processus de travail qu'autant qu'il le faudra dans l'intérêt de tous les participants. »[52] Il est clair qu'il n'est pas question de collectiviser les moyens de production, ou de supprimer la propriété privée,

---

[52] Adolf Hitler, discours au Reichstag du 31 janvier 1937, cité dans *Le National-socialisme* de Johannes Öhquist, Avallon, 1989.

l'initiative privée, ou le marché économique. Il est seulement question de subordonner le privé au public.

Un historien contemporain peu suspect de sympathies pour le fascisme peut ainsi écrire que le fascisme combat « le "laissez faire", qui permet aux forts d'écraser les faibles, au détriment de la collectivité, et qui camoufle souvent la domination d'un peuple pauvre par un autre plus riche. Aux internationales communiste et capitaliste, le fascisme prétend opposer son "socialisme national" »[53], qui substitue la coopération entre les classes à leurs conflits. Ici, « fort » signifie « rusé », « menteur », « vicieux », et c'est là la force des faibles qui se rend victorieuse de la vraie force des forts, qui est spirituelle et physique mais loyale. Il faut comprendre que l'idée de main invisible, chère à Smith, c'est l'idée selon laquelle la recherche égoïste, par chacun, de son intérêt privé, aboutirait mécaniquement à l'intérêt général ; cela revient à dire que la recherche par la partie de son bien privé coïnciderait spontanément avec la recherche par le tout de son bien propre, qui est le bien commun. Mais cela suppose que la société soit substance (la vie de la partie est la vie du tout, *stricto sensu*), ce qu'elle n'est pas. Comme « extraposition » de la forme ou essence humaine, la cité a fonctionnellement vocation à être organique, mais elle n'est pas une réalité vivante autrement que par l'initiative des hommes qui instaurent des règles pour le jeu conflictuel intérieur à la cité : la compétition loyale dans tous les domaines, économique en particulier, et finalisée par la recherche du plus grand bien qui est commun ; dans la société libérale, les règles du jeu supposées régir la compétition deviennent elles-mêmes enjeux de compétition, et l'on obtient la loi du plus fort, qui n'est pas une loi, et qui n'est pas un droit : le droit régit la force ; s'il se confond avec elle il ne régit plus rien, et s'il fait l'aveu de sa réduction à la force, une autre force est tout aussi légitime : dans une société libérale, on cautionne d'avance la lutte des classes, l'insurrection des

---

[53] *Les Fascismes*, par Henri Michel, PUF, 1987 p. 6-7.

pauvres contre les riches, la lutte de l'ochlocratie contre l'oligarchie. Il est remarquable de constater que c'est la conception mécaniste de la raison qui induit la substantification de la société, et que c'est la conception vitaliste de la raison qui la maintient dans son statut naturel de tout d'ordre. Quand les réactionnaires bourgeois reprochent son totalitarisme au fascisme, eux qui ont les yeux de Chimène pour le capitalisme, ils favorisent sans vouloir le savoir la société réellement totalitaire, celle qui se substantifie et qui aboutit à l'État mondial. L'antifascisme de gauche est une insanité, parce que la gauche est une folie ; mais l'antifascisme de droite est une tartufferie. Tartuffe est méchant, vicieux, faux-cul, inique, menteur, mais il est aussi bête. Tartuffe est le prototype du bien-pensant.

§ 11 Ces principes étant rappelés, il est permis de répondre d'avance aux trois questions suivantes :

Le massacre de la Saint-Barthélemy était-il moralement légitime, au moins dans son principe, sinon dans tous ses déroulements ? L'initiative de Jacques Clément et la fondation de la sainte Ligue étaient-elles légitimes, au moins dans leur principe sinon dans tous leurs aspects et tous leurs déroulements ?

Pour ces trois questions (la deuxième en contient deux), la réponse est : oui, mais ce n'est pas à dire que les raisons invoquées par leurs auteurs étaient toutes philosophiquement légitimes. Ce qu'il s'agit de confirmer par le rappel des faits.

Allez vous ébattre ès champs, mais ne tardez pas trop : je risque d'être enfermé dans une camisole de force si vous m'abandonnez à mes conclusions sacrilèges ; la Conscience me servira de caution contre les crapules sanguinaires qui se réclament d'elle.

XII

SOLILOQUE DE ZINZIN

Il cause pas si mal que ça, Tartempion mon alter ego présentable, remarquez que je suis assez d'accord avec lui dans l'ensemble, même si je me fous de sa poire assez souvent. Je suis arrivé aux mêmes conclusions que lui, par des chemins différents. Je vous raconterai peut-être, si le bouquin que tu es en train de lire m'y autorise.

Après l'échec du brûlot de Bouffon, on savait plus vraiment quoi faire. Et puis Bouffon, un beau matin (ou un soir, qu'est-ce que ça peut foutre ?), m'a annoncé qu'il y aurait bientôt une émission où serait invité Hercule, et que j'aurais quelque chose à y faire.

Je dis : « qu'est-ce que ça peut foutre ? », non pas pour faire joli, mais pour une raison grave : tous les matins sont joyeux, qui vous invitent à lutter en consolidant vos raisons de vous lever pour vivre autrement que comme des cloportes ; tous les matins sont tristes qui vous rappellent qu'on est là pour en baver, pour gagner son ciel ; tous les soirs sont tristes qui vous annoncent la fin de votre existence vous jetant dans la petite tombe de votre plumard — on parle de la « petite mort » en évoquant l'amour, mais le plumard est plus sûrement une petite tombe — ; tous les soirs sont heureux, qui vous invitent à l'examen de conscience, ce levier qui nous permet, si nous le voulons vraiment, de changer la direction de notre vie minable.

Cela dit, je vous raconte :

Il m'a invité à bouffer, Bouffon, on a sifflé pas mal de verres de Picon-bières, et du vin blanc du Rhin, et on a beaucoup mangé, dans une ferme cossue transformée en restaurant, à Hinsingen, je crois. Il y avait que des Schleuhs, qui venaient là boulotter à pas cher pour eux, du meilleur que chez eux, et traîner leur lamentable mélange de morgue d'économiquement forts et de mauvaise conscience de politiquement nuls écrasés par soixante-quinze ans de désinformation et de crachats. Si le renouveau de la vie saine et de la fierté européenne doit surgir de quelque part, m'est avis que ça viendra pas de chez eux la prochaine fois, de chez nous plutôt, peut-être, afin de les réveiller et de les rappeler à leur vocation... On a reparlé du passé, on a évoqué tous les anciens, les tendances des uns et des autres, et leurs combinaisons, et les évolutions, les ruptures, les palinodies, ceusses qu'étaient allés à la gamelle, les fidèles, les naufrages des purs, les reconvertis, les indifférents. On a philosophé aussi, on a fait le point de nos certitudes et de nos combats. Il a eu la délicatesse de pas me parler de ma famille. Bien sûr, la conversation est venue sur le comportement suicidaire d'Hercule Gros Con, sur ses talents et sur ses erreurs létales. Un jour, devant tout le populo, ce dernier s'est courageusement oublié, il a parlé de « détail ». Pendant toute la nuit qui suivit son dérapage, il s'est demandé s'il n'allait pas, héroïquement, cracher le morceau. Les spécialistes de la Chose, rassemblés en discret concile, se proposaient de le soutenir sur les ondes en direct, en se reliant à lui, pour l'alimenter en arguments à la vitesse de la lumière, par une espèce de téléphone rouge. Au matin, il s'est dégonflé, il a refusé le grand combat. Depuis, il y a eu la loi « Cunctator-Godillot », on a plus qu'à fermer sa gueule, pour toujours. Il s'est enterré, Hercule, par pusillanimité, par manque de certitude ; la Chose, ça a été sa tunique de Nessus. La casbah d'Hercule maintenant c'est plus qu'un ramassis sioniste de francs-macs, de prébendiers, de clients, de Juifs et d'invertis.

Ernest Hérisson, récemment rappelé au paradis de l'exactitude et de la Vérité, est un héros, un vrai, un homme exceptionnel de courage et de ténacité, de lucidité dans ses domaines de prédilection. On avait quelquefois tendance à lui sortir le « *sutor,*

ne supra crepidam » d'Apelle quand il se mettait à brocarder la
religion et à verser dans la Libre Pensée, mais ça l'empêchait
pas d'avoir une générosité, une simplicité, une modestie, une
puissance de travail extraordinaires jointes à un courage de surhomme ; il a fait plus pour la bonne cause, lui qui se disait athée,
que beaucoup de grenouilles de bénitier. Les toutes petites crevures toutes-puissantes qui l'ont martyrisé passeront peut-être à
la postérité, mais grâce à lui, et pour leur honte éternelle. Les
vipères s'embrochaient sur ses piquants. Contrairement aux
allégations de traîtres, Ernest Hérisson, même s'il a pas toujours
voulu le reconnaître, fut tout à fait ravi de ce dérapage d'Hercule
dont il attendit, en vain, beaucoup. Gros Con et Petit Rat se sont
séparés stupidement, aucun des deux ne s'en est relevé. Par-delà
les querelles de personnes, c'est une indécision doctrinale qui les
a perdus, et c'est là, toujours, la vraie cause première des dissensions. Même si ce ne fut qu'un coup d'épée dans l'eau, il fut
réjouissant d'assister au séisme médiatique du 21 avril 2002. Ça
gueulait fort partout, de trouille et d'indignation, ça a dégueulé
à plein jet pendant des semaines dans toutes les radios et télés
de la terre, la curaille moderniste s'est montrée la plus lamentable, comme c'était à prévoir. « Les idées de Gros Con sont
contraires aux valeurs de l'Évangile, on ne peut solliciter le baptême et soutenir ces idées-là, et vous serez révoquée, Madame
la catéchiste (mais qu'est-ce qu'elle foutait à enseigner le catéchisme vaticandeuxiste des Droits de l'Homme, si elle était
assez futée pour soutenir Gros Con ?), vous êtes virée pour
cause de risettes électorales à la Bête immonde... »

Faut pas trop se foutre de Gros Con qui, vraiment beaucoup
moins con qu'il en a l'air, le serait encore moins s'il n'avait été
gâté, comme tous les parvenus de la culture et de l'argent, par
un succès et la découverte de talents auxquels il n'était pas spirituellement préparé. Y'a derrière son népotisme énorme, sa
mentalité poujadiste en attente d'honorabilité démocratique
churchillienne, sa très grande gueule, son air con à la vue basse
et ses amours républicaines style pétaudière de la IVe, quelque
chose du grand homme. Faut vraiment que la Providence aime

bien la France, cette vraie salope, satanée fumelle hystérique, pour qu'elle trouve encore l'énergie et la lucidité, après toutes ses trahisons, de produire les derniers SS qu'ont soutenu Tonton dans son bunker, et Monseigneur Lefebvre (il aimait pas Tonton, pourtant...), Ernest Hérisson et maintenant Gros Con... Il accumule certes toutes les fautes de goût, il catalyse toute la beaufrerie de la terre, moins en lui-même cependant que dans la faune groquonnesque et bien peu herculéenne qui l'adulait :

« J'aime pas les Nègres, les Arabes, les Intellectuels et les pédés, on paie trop d'impôts, les zimmigrés mangent les merguez et le couscous des Français, ils nous emmerdent avec leur religion et leur voile islamique, ils ont qu'à s'intégrer — c'est quand même la moindre des choses — en adoptant nos coutumes de gens évolués : la République, l'avortement, l'apéritif, Jonialidé, Hanouna, les jeux vidéo, le tiercé, la démocratie, le confort, l'amour libre, le foot, l'ivrognerie, la drogue, les Droits de l'Homme, la voiture, la chirurgie esthétique, le scepticisme, le préservatif, le divorce, les couples sans enfants, le Viagra, Netflix, les coiffeurs pour chiens, la psychanalyse ; les zimmigrés sont des lapins, faut pas faire des gosses quand on peut pas les élever, un ou deux c'est déjà bien avec la vie qu'est si chère, on peut pas s'occuper bien de beaucoup à la fois ; tout le pognon qu'ils nous coûtent qu'on en aurait plus pour nous si ils étaient pas là et qu'on saurait en faire un bon usage, des meilleures retraites, les congés moins chers, chacun chez soi, chacun fait qu'est-ce qu'il veut s'il emmerde pas les autres. Ils vont quand même pas faire la loi chez nous, vive l'heureux temps des colonies où qu'on civilisait ; on leur apportait la culture, nous, le progrès, la lessive, la technique, l'alcoolisme, la vaccination obligatoire, les mini-jupes et le bronzage intégral, la liberté de conscience (non mais c'est des fanatiques, ils en sont restés au Moyen Âge), l'individualisme ; on apprenait les bonnes manières à des sauvages qui sont même pas reconnaissants : on les baisait les négresses par leur trou-cabinet ; ah !, les pipes de ma tonki-ki ma tonki-ki ma tonkinoise, c'était l'paradis les colonies, l'anisette et la kémia, le soleil et le commerce prospère.

On en a fait, du fric ! Le personnel à l'époque ça coûtait pas un rond. Et en plus, ça marchait mieux, même pour eux, quand on était là-bas ! »

Variante :

« Moi, j'suis pas raciste, je m'entends bien avec les Chinois et les Juifs, et les Noirs ils sont sympas, ils vendent leur came et baisent nos femmes sans faire de bruit, après tout elles font ce qu'elles veulent, si ça leur plaît, on est en République, chacun fait ce qu'il veut de son cul, non mais où qu'on irait si on rétablissait l'ordre moral ? On a su évoluer, nous ; la liberté de conscience c'est une conquête ; les Turcs aussi, voyez-vous, très discrets, y a pas plus serviable que ces gens-là, faut les intégrer dans l'Europe, j'ai donné ma fille à marier à un Antillais qu'est un Français comme vous et moi. Mais alors c'est les Yougoslaves et les Portugais et les Arabes et les Gitans que je peux pas piffer ; sont agressifs, vivent pas comme nous, leur musique c'est ni du rock ni du jazz ni du rap, ça dépayse, ils font toujours des histoires. »

Autre argumentaire : « Les tirailleurs marocains et les Algériens et les Noirs, ils nous ont aidés deux fois à gagner la guerre contre l'envahisseur teuton, c'est grâce à eux qu'on est encore en démocratie, sans eux on causerait tous allemand ; ils ont, eux, des droits sur nous. Mais alors pas les Chinois ! Ni les Japs ! À bas l'Europe qui nous amène tous les Allemands, je me sens plus proche d'un citoyen de Mayotte que d'un Bavarois. »

Il reste que, dans la pétaudière réactionnaire, Hercule Gros Con a été, en Europe, le seul rassembleur capable de conférer une existence politiquement influente à la multitude des courants proscrits enragés à se détruire les uns les autres. Petit Rat n'avait pas l'étoffe pour capter l'héritage, son profil de « dur implacable » ne celait en rien la longueur de ses dents qui, rayant le plancher, révélèrent une aptitude lévogyre insoupçonnée à s'allier à tous les faux-culs, dont il est issu, pour assouvir ses rêves de revanche et de pouvoir bonapartiste, c'est-à-dire jacobin. Tous deux ont gâché leurs chances et leurs talents. L'Histoire ne repasse pas les plats. D'autre part il faut bien voir que, par une ruse que n'avait pas prévue Hegel, c'est dans les recoins humains les plus indigents, les plus incongrus et les moins prévisibles que, dans les moments de crise où se cherche l'Esprit du monde, va se nicher le vent naissant de l'impersonnelle Raison salvatrice. C'est dans les préjugés les plus consistants, les plus dépourvus d'arguments réfléchis, les plus misérablement passionnels et les moins romantiquement généreux, solides comme un mortier de chaux bien pris, malodorants comme un furoncle éclaté — mais l'organisme se libère ainsi de son pus — que se réfugie la Raison chassée de son lieu naturel, l'autorité des sages, des prêtres, des vrais vieux. Il n'y a plus aujourd'hui que l'instinct de survie du populo le plus arriéré pour sauver un monde blanc matériellement prospère et militairement dominant, qui ne sait pas encore qu'il est condamné, condamné par ses propres maladies qu'il s'est inoculées par oubli des raisons de sa véritable grandeur.

Bouffon m'apprend qu'un entretien radiodiffusé à une heure de grande écoute, en direct et avec participation du public qui pourra poser des questions par téléphone, est prévu la semaine prochaine, avec Gros Con comme invité d'honneur. Par l'intermédiaire du Grand Manitou bien introduit à Isragaulle-Inter, il met au point avec moi la stratégie du coup médiatique qu'il entend me faire accomplir. Au jour prévu pour l'émission, rigolard et fébrile, il allume le poste et s'apprête à téléphoner. Il m'informe des dernières recommandations pour réussir à piéger la machine à mentir. Je suis censé me nommer Moïse Lévi-du-Zobkowitz.

« En direct avec Isragaulle-Inter pendant une heure ce matin, la Radio de la France libre et indépendante, objective et impartiale, qui ne ment jamais et qui dit tout sur tout, écoutez la différence !, ici Nathaël Kravach, bonjour... Je reçois pour vous — vous pourrez lui poser des questions en cours d'émission — Monsieur Hercule Gros Con, président de l'Alliance nationale pour une France française, connu depuis des années pour ses positions provocantes qui dérangent, pour ses incitations à la

haine raciale, pour sa conception retardataire d'une France fri-
leuse, pour son incompétence hargneuse, pour son népotisme,
son goût pour l'argent, ses coups de boule, son mauvais goût, et
pour ses mots qui tuent. Bonjour Monsieur Gros Con.

— Bonjour !

— Depuis l'affaire du foulard islamique avec lequel vous
vous êtes torché en public en entonnant la Marseillaise, depuis
l'affaire scandaleuse du "détail" qui fit les ravages que l'on sait
dans vos rangs, qui provoqua l'indignation de tous les gens honnêtes, vous êtes plus que jamais attaqué de toutes parts, d'autant
que la défection de Petit Rat vous a beaucoup affaibli. Qu'en
pensez-vous ?

— Je vous remercie de bien vouloir me donner la parole,
Monsieur Nathaël Kravach. Moi, Hercule Gros Con, Français
de France, pupille de la nation, enfant élevé aux mamelles
juteuses de la République une et indivisible et de la Quatrième
d'heureuse mémoire, je veux redonner la parole au peuple, la
parole du peuple souverain confisquée par les zintellectuels de
gauche, la parole du pays réel opposé au pays légal, la parole du
bon sens et de la vraie démocratie. Vous savez que je ne vous ai
jamais menti. J'ai jadis soutenu la candidature d'Aziza Zouk et
j'y ai perdu un œil, je n'ai jamais été raciste, la preuve c'est qu'y
a plein de bougnoules chez moi au Jeann'd'Arc's Club, j'ai été
résistant au péril de ma vie, j'ai fait pipi dans la poche d'un soldat de la Wehrmacht à Quimper quand j'avais quatorze ans.
Ch'suis copain avec Reagan qui m'donnait des leçons d'économie libérale avant de sombrer dans la maladie de la vache folle,
c'est le socialisme qui pourrit tout, et pis d'abord Hitler il était
socialiste, c'est lui qu'a attaqué la Russie pour la convertir au
socialisme, je suis fier d'avoir été du côté des plus forts, d'avoir
combattu du côté de Roosevelt et de Staline pour la défense de
la civilisation judéo-chrétienne, j'ai libéré la France du corpora-
tisme pétainiste — Déat, Doriot, Mussolini, c'était tous des
dirigistes — j'ai rien à voir avec Adolf, j'étais avec les sionistes
en 56 contre les crouilles, j'étais pour l'intégration des jeunes
Maghrébins à l'époque de l'Algérie française, on avait besoin

d'cette jeunesse vaillante et féconde pour refaire un tissu démo-graphique bien français, les nazis c'était des païens antir'ligieux comme les communistes, c'est tous la même engeance, la peste et le choléra, des partageux, avec le "mo-ïllein" d'une propa-gande éhontée y z'ont détruit l'épargne et l'initiative populaires, c'est qu'des tas d'faigniants, moi ch'suis un chef d'entreprise, pas comme ces énarques, j'me suis fait tout seul, tout seul !, j'suis meilleur que tous mes collaborateurs que je les prends au bras de fer, à la java, au tango, à la bière et au whisky, je baise leurs femmes et je fais quatre mille pompes tous les matins devant les journalistes, j'ai fait enregistrer par huissier que je peux encore soulever douze kilogrammes au bout de ma queue brandie, j'suis pas une poule mouillée, j'ai la taille et la carrure pour être un chef d'État, c'est pas comme ce petit con de Petit Rat qui tient debout entre mes jambes sans frôler mes grosses couilles, faut être aussi physiquement grand pour faire de la politique, Napoléon il était petit mais il était à cheval et aujour-d'hui les zommes politiques sont plus à cheval ; on arrête pas d'être méchant avec moi, on me martyrise, on me diabolise, on me fait des procès d'intention abjects en permanence, je suis démocrate, la parole au peuple souverain, y a même des Juifs chez moi tout plein, vivent les familles et la propriété privée, j'ose le dire — mains propres et tête haute ! — mon groupe par-lementaire a jadis voté les crédits pour la civilisation, pour la culture française, pour la construction de Disneyland, vive l'islam républicain à la française, y a jamais eu de détournement de fonds chez moi vu qu'y a qu'un compte — à mon nom — dans ma boutique, je suis un spiritualiste œcuméniste et un par-tisan de la tolérance, la preuve c'est que Moon m'a soutenu, je …

— Attendez, Monsieur le Président. Vous ne répondez pas à ma question. Êtes-vous affaibli ?

— Mais non, mais pas du tout ! Je suis crédité d'au moins 7 % par les instituts de sondages qui mentent tous ! Je suis le deuxième parti de droite de France ! Le révérend Moon m'a donné des sous pour payer ma prochaine campagne, et aussi

Jojo le Braqueur, et ma nana a fait du strip-tease pour alimenter les caisses ! Comme disait "Victor Hugo", Kant a les mains pures mais il n'a pas de mains !, faut être réaliste, l'argent est le nerf de la guerre, y a pas de "dilemne" qui tienne quand la France est en jeu, tous les z'autres ils ont fait pire, après moi c'est le cataclysme, je suis le dernier recours, Ginette Gigot — la défenseuse héroïque des bébés phoques — m'a rejoint dans mon combat, et aussi Alain Melon l'immense vedette qui joue si bien et qui pense comme moi, et Lionel Galopin — ils pensent tous, tous !, comme moi mais ils z'osent pas le dire — et Jean-Paul II qui votera pour moi (voyez la photo, il me serre la main). Lors de notre prochaine caravane, qui va parcourir bientôt notre beau pays, sur les accords majestueux de la Chevauchée des Vaches qui rient dans le Nabucco de Franck Pourcel zwingués par Nique-ta-mère, on va répandre la bonne parole, on fera un tabac avec nos produits du terroir, nos vedettes — la Cicciolina qui fait du cul avec son art, euh non, de l'art avec son cul, le pasteur Ringuard auteur d'*Heidegger le Rebelle*, Yvette Horner, Nanard Toupie, Fatma Choucroute la voix des Îles... —, je suis l'outsider, chui Sitting Bull, chui l'avenir, le fondateur de la Sixième République laïque et jacobine ! Petit Rat sera rat-tiboisé — hi ! hi ! —, j'aime mieux perdre avec mes idées fausses plutôt que de gagner avec les idées vraies des autres, mais de toute façon on va gagner, on va ga-gner !, envoyez-nous de l'argent...

— Monsieur Gros Con, je suis obligé de vous interrompre, nous prenons un appel en direct.

— ... »

Là, c'était mon tour de rentrer dans la danse. Je prends mon souffle.

« Allez-y, déclare Kravach, nous vous écoutons, vous êtes notre premier appel.

— Monsieur Hercule Gros Con, je m'appelle Moïse Lévi-du-Zobkowitz, toute ma famille, lors de la rafle du Vel'd'Hiv, a été déportée pendant toute la guerre en Allemagne, plusieurs des miens sont morts par suite des traitements effroyables qui leur furent infligés par les capos français communistes et même un peu par les nazis. Et je suis en devoir de vous interpeller, Monsieur.

— Mais, Monsieur, pourquoi vous me dites ça à moi, c'est pas ma faute, je regrette évidemment beaucoup les …

— Taisez-vous, Monsieur Hercule, vous avez déjà beaucoup trop parlé. Vous avez osé, à propos de la persécution des Juifs pendant la Seconde Guerre mondiale, parler de "détail", accumulant les sottises offensantes et les contre-vérités qui réveillent en moi des souffrances indicibles.

— Mais je suis désolé, Monsieur Dreyfus, mais je condamne expressément les crimes commis contre la communauté juive qu'est républicaine et française comme vous et moi, qu'a beaucoup souffert les pôvres, qui fait partie intégrante de la communauté nationale, y avait plein de Juifs avec l'OAS et c'était mes copains, j'ai eu des maîtresses juives, j'étais pas dégoûté, j'ai même défendu Michel de Saint-Pierre qu'a dit son amour pour Israël et j'ai claqué la gueule quand j'étais jeune à un militant qui le traitait d'enjuivé…

— C'est un scandale, monsieur Gros Con, vous êtes un falsificateur de l'Histoire, vous devriez avoir honte !

— Et puis d'abord un détail c'est une partie d'un tout, c'est une querelle sémantique pour me faire un mauvais procès, c'est une bagatelle — pas le détail mais la querelle — enfin vous me comprenez…

— Non Monsieur, ce n'est pas un détail ! Ce n'est pas un détail, c'est un bobard, un *bobard*, Monsieur, le plus gros bobard qui fut jamais proféré sur Terre, le mensonge énorme tellement énorme qu'il laisse tout le monde interdit, sur le flanc, abasourdi, K.O., qu'on ose plus le réfuter tellement il est impossible à avaler ! Toute la politique mondiale est suspendue depuis plus de cinquante ans à cette énormité, tous vos efforts seront autant de pets dans l'eau aussi longtemps que vous continuerez à perpétuer le mensonge… »

À ce moment, Gros Con, qui avait eu peur, mouftait plus et riait dans son double menton.

« Coupez ! Coupez !, hurle Kravach. C'est pas coupé ? C'est pas possible ? Ah mais faites-lui fermer son clapet, je vais me faire virer... Monsieur Moïse, vous vous rendez compte de ce que vous faites ? On donne la parole aux gens honnêtes et sérieux ici, vous tenez des propos inacceptables, immondes, révoltants, sacrilèges, on va vous foutre la LICRA et le MRAP sur le dos ; s'il faut maintenant se méfier des Amis intouchables, où qu'on va, vous êtes à partir de dorénavant interdit d'antenne pour toujours, Monsieur, pas de liberté pour les ennemis de la liberté. » Il s'égosillait, Nathaël...

Sur le moment, personne n'a su que c'était moi. Je suis tranquillement rentré chez moi à Paris sous les ponts. Tous les journaux ont illico parlé de l'affaire du Bobard, même les clodos en discutaient, ça a relancé pour un temps assez long les recherches chosistes, Bouffon rigola beaucoup, reçut un nombre inaccoutumé de commandes, commit une plaquette sur l'événement, exploita l'affaire au maximum, ébranla discrètement maintes intelligences. Ça devenait — ce n'était qu'un début — vraiment inquiétant pour l'Establishment. On faillit l'enfermer dans un asile de fous dont il ne serait sorti que les pieds devant, mais il était devenu trop célèbre pour qu'on le trucidât, alors on préféra lui faire faire un an de tôle ferme. Il était ravi. Accueilli en tôle comme un prince par les beurs et les karlouches, il passa son année studieusement, écrivit une BD, peignit, se ménagea les bonnes grâces des Gitans en écrivant pour eux les lettres d'amour qu'ils destinaient à leurs femmes, lut beaucoup, tout et n'importe quoi, un peu trop peut-être. Il reçut un abondant courrier de femelles en rut. Et puis le soufflé est retombé, Bouffon a pas profité de son sacrifice, parce que les gens sont des lâches qui ne s'intéressent qu'à ce qui concerne leur vanité, leur entre-jambes et leur estomac ; ils ont la mémoire courte ; un peu dégoûté malgré son énergie par l'ingratitude de ses contemporains, Bouffon a encore foutu le camp à l'Étranger, après un court passage en Belgique où on le supportait plus. L'épisode ne m'a guère disposé à être plus indulgent à l'égard des hommes. J'ai continué à traîner dans divers milieux de proscrits.

Il faut dire que si les gens d'aujourd'hui aiment jouir, il y a une chose qu'ils ne savent plus faire, c'est rire, et c'est là le signe infaillible de leur déchéance. Et le culte du rire est encore célébré chez mes proscrits, ce qui suffit à mes yeux à les légitimer, à les tenir pour porteurs de la vérité vraie. La condition humaine est par essence douloureuse. Exister, c'est souffrir puisque nos désirs excèdent infiniment tout ce que le Monde peut nous donner. Le rire est comme la soupape de sûreté qui permet de continuer à vivre, c'est-à-dire à souffrir, sans aller chercher midi à quatorze heures, c'est-à-dire sans se mettre à rêver d'un monde temporel meilleur, ou à faire des procès au Bon Dieu.

En fait de panne de bon sang, j'en avais besoin, et c'est à ce moment que j'ai fait la connaissance de Zéphyrin Dérangé. Lui aussi, c'est une figure.

Zéphyrin est vraiment dérangé, mais il est d'une honnêteté scrupuleuse — moralement s'entend, non juridiquement —, d'une grande droiture en amitié, et d'un dévouement efficace sans bornes pour les causes qu'il a décidé d'embrasser. Il conjugue une grande lucidité dans certains domaines — historique notamment, mais aussi psychologique — avec une naïveté, toute choisie — il nourrit discrètement, sous ses dehors bonhommes, une intelligence aiguisée — mais confondante et sans bornes : il ne tient pas du tout à s'émanciper des jeux idéologiques, qui eussent pu devenir dangereux, auxquels il a succombé dans sa jeunesse. Éditeur de son état, de brûlots gauchistes et anarchistes, il poursuit une entreprise qui se veut post-messianique et situationniste, marxiste donc, mais antitrotskiste et antistalinienne. Zéphyrin, qui fit partie des compagnons de combat et des inspirateurs de Guy Debord, n'est plus très jeune. Il est beaucoup plus âgé que le Bouffon dont il apprécie tout en les partageant l'insouciante témérité et l'optimisme, il est de la même génération que moi. Il survit. Il a épousé, à une époque où cela faisait encore scandale, une négresse cultivée qui enseigna jadis l'Histoire dans le Secondaire, trop peu de temps pour leur garantir une retraite décente. Il est comique, fantasque, fin, extrêmement courageux, et lui aussi cultivé, sans *a priori*, d'une culture éclectique dont le charme est amplifié par le fait qu'elle est parfaitement dénuée de toute vanité. En fait, d'aucuns le soupçonnent de ne plus trop croire à ses pitreries marxistes auxquelles il feint de tenir encore parce qu'elles sont aujourd'hui l'apanage des opposants — dont il fait incontestablement et sincèrement partie — au judéo-capitalisme. Et puis Zéphyrin aime rire, il aime comme Bouffon être pris pour un pitre. Il reste que le marxisme situationniste l'a mené de l'anticapitalisme politico-économique à l'anticapitalisme réel ou métaphysique, c'est-à-dire à une hostilité foncière et raisonnée à l'égard de la « *Weltanschauung* » juive dont il sait qu'elle trouve dans le christianisme catholique son opposant le plus radical. Sa pudeur, ou peut-être un frêle reliquat d'amour-propre, l'empêche d'avouer sa dilection pour l'esprit révolutionnaire de la réaction catholique radicale. Garaudy est passé du christianisme progressiste au marxisme, et du marxisme à l'islam gnostique. Zéphyrin, lui, est au seuil du catholicisme réel ou intégriste, au terme d'un cheminement marxiste dont il épousa au mieux la dialectique hégélienne, cette dialectique dont Marx, en se l'appropriant pour la fausser, n'avait pas prévu les effets derniers. Toute sa vie, Zéphyrin a collectionné les procès et les faillites. De son union conjugale sont nées deux jeunes femmes café au lait, jolies et intelligentes qui, comme leurs géniteurs, sont passées par toutes les couleurs du gauchisme et des socialismes utopiques, sans oublier les crises mystiques à teneur orientaliste qui font d'elles de sporadiques bonzesses dans une lamaserie parisienne. Zéphyrin, qui cultive par-dessus tout le culte de la liberté — concrète — de pensée et d'expression, est un spécialiste de la Chose, et le premier éditeur d'Ernest Hérisson. Le souci de la Chose n'est chez lui que l'écume — envahissante, mais seulement l'écume — de préoccupations mystico-philosophiques dont il répugne à faire état mais qu'on comprend vite. Élève-spécialiste, devrait-on dire : il se veut le disciple, en Histoire contemporaine, du professeur Ernest, Père La Colère que son extraordinaire audace et son indéniable talent ne guérirent pas d'une certaine susceptibilité : il fut à bon

droit assez jaloux de ses découvertes, redoutable et parfois teigneux. Zéphyrin eut la magnanimité de lui tendre la main
quand les médiats lui tombèrent dessus, en fait quand le monde
entier lui déclara la guerre. Ernest, grand athée devant l'Éternel
et obsédé textuel impénitent, matérialiste, célinophile et
monoïdéiste érudit, fut *le* spécialiste, mondialement connu et
incontesté, de la Chose. Le professeur Ernest fut et demeure uni-
versellement haï, à la fois craint et jalousé, et il s'en réjouit beaucoup. Il savait qu'en dépit des avanies qu'on lui fit subir, il laisserait son nom dans l'Histoire : il chercha l'immortalité, comme
les chrétiens dont il se foutait méchamment — avec des arguments convenus qui n'honoraient pas son intelligence — dans
l'Anti-église la Libre Pensée qui par ailleurs n'eut aucun scrupule à le foutre dehors parce que, précisément, elle n'est pas
libre. Peut-être vint-il à la fin à l'esprit d'Ernest qu'il se pourrait
qu'il y eût corrélation entre l'athéisme si peu rationnel et si verbeux de la Libre Pensée, et sa servitude. Rien ne parvint à le
faire taire : attaques ignobles, chantages, agressions criminelles
extrêmement brutales, amendes, mesures d'intimidation polymorphes, exclusions sociales et professionnelles, insultes
innombrables. Il fallait être doté d'une trempe peu commune
pour ne pas céder, pour refuser de rentrer dans le rang. Sa
dépouille fait encore trembler puisqu'il fut interdit à sa famille
d'apposer son nom sur sa pierre tombale, afin de conjurer toute
velléité de pèlerinage. Ce qu'il y a d'extraordinaire en cet
homme, c'est que les souffrances dont il fut victime ne parvin-
rent jamais à le faire désespérer de la condition humaine. Son
optimisme, son absence de rancœur, sa manière de relativiser
ses propres douleurs furent un autre aspect de sa force. Il aimait
beaucoup rire lui aussi.

Alors que, quittant ma tanière de clodo sous le Pont Neuf, je
m'étais aventuré non loin du Panthéon, Zéphyrin me salua
courtoisement comme on salue un homme distingué, me remit
des brochures en me disant qu'elles me concernaient. Il avait
compris, d'un coup d'œil, à quel oiseau il avait affaire : un marginal misanthrope par désespoir d'être jamais aimé, dégoûté par

l'amateurisme et les défauts congénitaux de cette droite radicale dont Zéphyrin s'était rapproché faute d'avoir trouvé dans le camp opposé, qui lui était plus naturel, cette écoute que requérait la diffusion de la vérité chosiste. Dans l'arrière-salle d'une petite librairie du 5ᵉ, il me tint un discours délirant qui me dérida beaucoup, au cours duquel il me présenta, le plus succinctement possible, les nuances infinies de sa maison d'accueil :

« Il y a chez vous, me dit-il, des catholiques (beaucoup), des protestants, des orthodoxes, des Juifs même (les rescapés de la guerre d'Algérie, mais aussi l'engeance sympathique des disciples d'Otto Weininger), des sionistes, des pro-arabes, des américanophiles, des littéraires, des scientifiques, des américanophobes, des envieux, des talentueux, des opportunistes, des capitalistes, des socialistes, des corporatistes, des athées, des théocrates, des ultramontains, des gallicans, des païens, des anti-communistes primaires, des néo-païens, des ivrognes, des anti-communistes secondaires, des abstèmes, des carnivores, des proudhoniens, des strassériens, des végétariens, des idolâtres du progrès technique, des anti-industrialistes, des coupeurs de gui qui se marient tout nus aux nuits de solstice, des invertis, des beaufs, des régionalistes, des germanophiles, des nationalistes pur porc, des européistes, des antinationalistes, des judéophiles, des judéophobes, des judéophilophobes (stupidité très fréquente pudiquement nommée "ambiguïté"), des "talas", des conciliaires, des sédévacantistes, des étatistes, des dirigistes, des fédéralistes, des colonialistes, des anticolonialistes, des racistes, des pas racistes, des cléricaux, des anticléricaux, des voltairiens, des maistriens, des maurrassiens, des thomistes, des rivaroliens, des scotistes, des augustiniens, des cajétaniens, des nietzschéens, des bonaventuriens, des rosministes, des bonaldiens, des fascistes, des républicains, des aristos (des vrais et des faux), des prolétariens, des nationaux-socialistes, des nationaux-communistes, des monarchistes, des royalistes, des libéraux, des légitimistes, des survivantistes, des orléanistes, des tocquevilliens, des athlètes, des viandés, des grands maigres, des cacochymes, des résidus de fausse couche, des misologues, des cuistres, des conspirateurs, des légalistes, des activistes, des défaitistes, des attentistes, des violents, des pacifistes, des bruyants, des silencieux, des phalangistes, des escrocs, des naïfs, des allumés, des défrisés, des retors, des surdoués, des misogynes, des "familles je vous hais", des "pays", des métèques, des algérianistes, des mistraliens, des hugoliens, des classiques, des romantiques, des slavophiles, des slavophobes, des sceptiques, des spinozistes, des leibniziens, des hégéliens, des futuristes, des positivistes, des stoïciens, des hédonistes, des nostalgiques, des pétainistes, des franquistes, des platoniciens, des pécores, des hommes du monde, des universitaires, des poujadistes, des péronistes, des clochards, des richissimes, des ratés, des piqués, des tordus, des fanatiques, des complexés, des lâches, des téméraires, des séducteurs, des michetons, des dévoués, des intrigants, des fainéants, des vénaux, des mous, des enragés, des faux-culs, des individualistes, des solidaristes, des manuels, des "intellectuels", des hypocondriaques, des androgynes, des généreux, des mesquins, des constipés, des foireux, des bavards, des ordonnés, des fouteurs de merde, des schizophrènes, des paranoïaques, des psychopathes, des gaullistes, des truands, des affairistes, des antigaullistes, des puceaux, des divorcés, des tortionnaires, des empiristes, des idéologues, des naturistes, des fumeurs, des non-fumeurs, des anti-fumeurs, des écologistes, des pessimistes, des révolutionnaires, des contre-révolutionnaires, des entristes, des pas entristes, des comploteurs, des pas comploteurs, des et des pas "complotistes-judéo-maçonnistes", des borgnes, des vrais borgnes, des faux borgnes, des malades, des célibataires, des ralliés, des pas ralliés, des "sédé" conclavistes et des "sédé" anti-conclavistes, des lefebvristes, des anti-lefebvristes, des œcuménistes, des anti-œcuménistes, des "œcu-et-anti-œcuménistes-à-l'intérieur-de-la-Tradition", des "garabandaliens" et des "antigarabandaliens", des "valtortistes" et des "antivaltortistes", des sédéplénistes et des sédéprivationnistes, des curés, des faux prêtres, des partisans de la Chose et des hostiles à la Chose. Quand on sait que le nombre réel des chapelles d'extrême-droite s'obtient en combinant au minimum deux à deux puis trois à trois tous les termes de la liste, sans compter les passerelles les plus inattendues et les plus incongrues, on s'imagine par combien de nuances il convient de passer pour se faire une idée de la diversité de ce monde-là... »

Quand nous en fûmes à attaquer le douzième litre de jaja, Zéphyrin ordinairement sobre me conseilla d'essayer toutes ces combinaisons pour trouver ma voie, assuré qu'un tel effort titanesque m'aiderait à vivre et me réconcilierait avec mes semblables.

J'ai pour ma part tout connu. Et nulle part je n'ai vraiment fait mon trou. C'est que, en vertu d'une manœuvre particulièrement impénétrable des desseins de la Providence, il me fut donné d'embrasser, parmi toutes les combinaisons ci-dessus évoquées, la seule qu'il eût convenu de ne pas choisir pour aspirer à être supporté tant par la maison « Droite » que par les autres boutiques. Ce qui est certain, c'est que j'ai repris goût à la vie, un peu au moins, grâce au rire, et que c'est à l'intérieur de ces chapelles que j'ai réappris à rire. Dans ce milieu de fous furieux, et dans ce milieu seul, on peut au fond tout dire et tout entendre, et tout tourner en dérision et rire au fond de tout, ou presque. Les freudiens vous enseignent que le croyant n'est pas sujet aux névroses parce qu'il est affligé de la pire de toutes les névroses, à savoir sa croyance. Il en est un peu de même chez nous, *mutatis mutandis* : on ne trouve de la bonhomie que chez ceux qui savent être fanatiques sur un point précis, qui n'est pas négociable ; on ne découvre de vraie tolérance pratique que chez les dogmatiques ; l'attachement au dogme dans un domaine donné induit une ouverture d'esprit sans préjugé à l'égard de tous les autres domaines. Une grande zone de choses peuvent être tenues pour futiles, objets de dérision, seulement s'il existe un socle d'absolument sérieux. Quand ce socle n'existe pas, on finit par donner du sérieux à tout. Je parle évidemment des gens intelligents ; il n'y en a, chez nous, pas plus qu'ailleurs probablement, mais pas moins non plus.

Parce que c'est aussi vrai que, chez nous, tout le monde ou presque tend à vouloir être le chef, le dictateur, le théoricien, le penseur, l'homme providentiel, le Führer, le Caudillo, le Duce, le Conducator, le Prométhée, l'Hercule, le seul vrai, l'Unique, le Centaure, la Parole, la Providence, l'Oracle, l'Esprit du peuple et le Salut du monde. Ça se bouscule au portillon, on fustige la démocratie, on glorifie l'obéissance, mais y en a pas un qu'accepte d'obéir sans discuter. Alors les bonnes résolutions, les espoirs révolutionnaires et les restaurations finissent dans le caniveau des haines recuites, des critiques incessantes, des scissions, du prurit de la comparaison avec autrui, de la médisance et de la jalousie. On en a plein la gueule de la courtoisie et des bonnes manières et de la loyauté et du sens du devoir, et de l'abnégation et du bien commun, mais c'est toujours pour les autres ; le « *Gemeinschaftsgefühl* » se réduit à l'écho sournois du culte par chacun de son nombril. C'est là tous les vices de la démocratie, et c'est peut-être pourquoi, en fin de compte, elle nous supporte : elle se mire en nous pour y percevoir ses propres calamités, elle se connaît en nous sans se remettre en cause parce que c'est en nous qu'elle se voit et non en elle-même. Parce qu'on ne peut aimer que ce qu'on connaît, la démocratie veut prendre le risque de se connaître pour s'aimer, pour s'adorer même ; mais elle ne veut pas savoir qu'elle se connaît en son essence calamiteuse, afin de se dispenser de renoncer à elle-même. Ce qui nous distingue d'elle, et qui fait notre vraie force, c'est que nous n'avons pas besoin d'elle pour appréhender en nous-mêmes la part ancestrale d'ordure qui, depuis la Chute, fait le fond de notre substance.

Au fond, il y a ceux qui croient au péché originel, et ceux qui n'y croient pas : les pessimistes et les optimistes béats ; ce sont ces derniers qui sont porteurs de haine, malgré les apparences. Les pessimistes n'attendent pas grand-chose de l'homme ; comme ils sont lucides sur l'hommerie, en eux et hors d'eux, ils savent que l'homme est un tas de merde fielleuse et perfide pétrie de mensonge, qui mérite tout juste qu'on tire la chasse dessus ; ils ont tout juste — et encore — la valeur de l'eau sale qu'appelle une telle opération. C'est pourquoi ils sont tout surpris, tout reconnaissants, quand ils parviennent à distinguer chez quelqu'un et en eux-mêmes un soupçon de perfectibilité, une once de franchise et de bonté réelle, un pouvoir ténu de se désengluer de leur Moi. Ça leur apprend à éprouver de la reconnaissance quand il leur est donné d'aimer. Et ça, c'est une chose qui vaut tout l'or du monde, la gratitude est la seule manière de ne pas saloper l'amour : quelque chose m'est donné à aimer qui m'élève en l'aimant, et qui m'élève parce qu'il m'autorise à m'oublier moi-même en le servant. L'espérance est bien le risque des risques, le désespoir surmonté. Je m'explique :

Si Tartempion était là, il vous dirait dans son langage à coucher dehors — alors que c'est moi qui couche dehors, c'est quand même un comble... —, que quand on aime quelqu'un ou quelque chose, on aime en même temps son amour : *ipsum velle quoddam bonum*. Bien sûr, avec sa perfidie congénitale, le bonhomme ne peut pas s'empêcher de réduire ce qu'il aime à un moyen d'aimer son amour et de se célébrer lui-même en lui, de s'enfler dans son amour turgescent comme un vit effronté dont il fait son idole. Quand on est pessimiste, on n'a pas beaucoup envie d'aimer, on se méfie, il n'y a pas grand monde qui trouve grâce à nos yeux. En exerçant son pouvoir d'aimer avec parcimonie, on évite de déifier son amour, et c'est alors seulement que, quand on se met, dans cet état d'esprit, à aimer, c'est vraiment à cause de la personne qu'on aime. Et parce qu'on s'élève en aimant de la sorte, on peut s'aimer soi-même sans trop d'injustice, sans s'étouffer dans le vomi de l'amour de soi pris pour fin. Et on se sent un peu moins sale.

Tout ça pour vous dire que je dois une fière chandelle à Zéphyrin ; c'est lui qui m'a tiré de ma lypémanie ; ou plutôt il me l'a rendue supportable. Parce que tous les dés sont pipés, même la haine du prochain et de soi-même est capable d'envelopper une part de complaisance à l'égard de soi-même : je hais les autres donc je me grandis en les abaissant ; je ne m'aime pas donc j'ai le courage de me savoir haïssable. J'ai compris par Zéphyrin qu'on n'est fondé à être pessimiste et misanthrope qu'à proportion du pouvoir en même temps d'aimer son prochain.

Avant ma rencontre avec lui, j'en étais venu à lâcher les vannes du quiétisme neurasthénique. C'est que, de manière générale, il y a des degrés dans la souffrance morale qui sont au-delà de nos forces, et notre corps est bien gentil dans ces cas-là, il se met à nous lâcher pour nous faire quitter cette vie charnelle tellement pénible afin de nous soulager ; nous le savons de manière implicite sans y avoir réfléchi, et nous jouons aussi là-dessus, nous faisons jouer le mensonge comme d'habitude : nous laissons notre corps se dégrader pour obtenir un soulagement de la souffrance morale ; ce faisant, avec nos calculs d'épiciers levantins, nous bousillons le corps et l'âme à la fois.

Je picole moins qu'avant, je me lave un peu, ça se relève en moi petit à petit. C'est peut-être tout simplement une pulsion d'espérance, mais n'allons pas trop vite : espérer quoi ? Le piège du désir de sincérité, c'est de ne pas aller jusqu'au bout de la lucidité : on est comme fasciné par le spectacle de sa nature blessée, et on en vient, pour se disculper, à l'identifier à sa blessure ; on n'est jamais responsable que de ce qu'on s'inflige ; si l'homme était sa pourriture, il serait innocent puisqu'on n'a pouvoir que sur ce qu'on a.

Allez, en attendant, viens donc, on va retourner voir les hommes.

Le jeune homme est languide, secret, onaniste, envieux, et tellement insatisfait de lui-même qu'il voudrait mourir dans l'instant. « Tala » tourmenté, complexé, recroquevillé sur sa souffrance, en genèse d'un homme fort toujours ajourné, la vertu lui paraît impossible, exclusive de la joie, et le dessèche et ne le rend pas heureux ; il est ridicule, ridicule de redouter tous les ridicules que par là il appelle, il a honte de ses sueurs acides et de son haleine aigre de plante poussive, laiteuse encore ; il est plus que mal dans sa peau, torturé par l'âge ingrat, susceptible, ombrageux, épuisé d'exister, boule de nerfs malades, écorché vif, effroyablement crispé, timide et prétentieux, qui croit trouver dans sa haine et sa complaisance pour la méchanceté le ressort de ses frêles fiertés. Il se compare et nourrit sa souffrance et se refuse à l'admiration ; et puis un beau jour, du tréfonds de sa déréliction caverneuse, la vérité qu'il sait, qu'il eut la grandeur de ne pas fuir et nonobstant les tortures qu'elle lui infligeait, lui paraît aimable et principe de force, de cette force qu'il aime et dont il se sait privé.

« Je vous admire, condisciples brillants et athlétiques, qui me dépassez en tout et me donnez le sentiment, pour n'avoir rien en propre qui me puisse justifier, d'être de trop. Je me sais justifié par le simple fait de vous admirer, de consentir d'avance à votre magistère, à servir l'œuvre commune dans les rangs de la piétaille. Tout ce que nous sommes est quelque chose que nous avons, que nous avons reçu. Le moi nu que nous sommes, qui n'est rien, qui reçoit tout ce qui nous définit, tire sa vraie dignité, sa fierté si nécessaire à sa survie, de son aptitude à se déposséder — par l'exercice même des talents à lui conférés, toujours suffisants — des biens finis qu'il n'a que pour les dépasser, qu'il ne possède que pour éveiller son désir à eux toujours disproportionné, qui ne se satisfait que dans la Source de tout bien, de tout avoir et de tout être. Vous avez bien voulu contribuer à me faire naître, parents que je ne sais pas aimer, mère acariâtre et père adolescent, mère si peu mère et toujours excédée, insurgée contre son sexe et sa naturelle condition de soumise, père si peu sage et tellement diminué par la pathologie du vouloir toujours se grandir et prouver, amants conflictuels toujours réconciliés à mes dépens, moi de trop dans votre amour immature, et je porte vos faiblesses dans mon sang, et ce qui me lève contre vous est ce que vous m'avez donné, qui me fait être et me fait espérer. J'ai besoin de vous et me sais inachevé, je consens à devenir ce qu'il a plu à notre Auteur commun de forger pour moi dans votre glaise qui ne me dégoûte plus. »

Par là, il est déjà un homme, il se sait être l'homme qu'il a vocation à être, il sait coopérer à cet accouchement de soi. Et ses ridicules, et ses crispations, et ses petitesses, et son misérable et juvénile cynisme qui le flétrit sans le mûrir, s'estompent doucement et le libèrent de leur pesanteur oppressante.

Vieil homme égoïste, homme mûr humilié, il se dit :

« Mais comment peut-on être aussi con quand on est jeune ? Aussi suffisant, aussi ingrat, tellement ignorant, insolent, oublieux des bienfaits reçus, et débile ? Nous n'étions pas comme ça, nous. Il y avait le travail, des principes, l'autorité, le respect des Anciens, la compétence, la fierté du devoir accompli. D'où sort cette engeance de dégénérés ? Ces pédés, ces chevelus, ces rasés, ces tatoués, ces profiteurs, ces androgynes, ces zombies compulsifs à portable et à baladeur ? Ils nous poussent vers la tombe et ils nous doivent tout... Je me sens étranger à ce monde que je n'ai pas fait, même si je me suis laissé contaminer avec une lâche complaisance. Ce sont les autres qui l'ont fait, je le leur disais bien que tout finirait mal avec leurs nouveautés, leurs trucs et leurs machins, ils sont allés trop loin. »

Puis il s'avoue, dans un jet d'amertume :

« Les vieux, les vieux jeunes et les jeunes vieux, les vieux vieux aigris cacochymes et les vieux vieux gonflés à la DHEA, sortent prématurément de la sphère active et productive de la machine sociale et croient pouvoir, de la jouvence informe et indécise issue de leurs flancs étriqués, exiger, sous des dehors bonhommes, une reconnaissance empressée. Ils prétendent la juger du haut d'une sagesse controuvée et reniée en vérité, qui se réduit en fait à une avidité sénile.

« Voyez ce que nous avons fait de vous, jeunes libérés, voyez les trésors que nous vous avons transmis : la République et les grands principes de 89, la société multiraciale et post-moderne, l'individualisme concrètement praticable, la technique en général et les techniques de l'amour libre, l'abondance et la paix. Faites-nous la place d'honneur qui revient aux ancêtres, nourrissez-nous, vouez-nous une gratitude dont la forme, nous l'exigeons, doit consister à nous faire la place des consommateurs que vous êtes, ayant droit comme vous à la jeunesse dont vous jouissez.

« Les vieux qui pensent cela veulent ignorer qu'ils ne sont que des vampires assoiffés du sang palpitant — quoique pauvre, vicié par la faute de leurs pères — de leur progéniture ; qu'ils se

font semblables aux Romains impuissants du Bas-Empire convoitant dans d'immondes pratiques la virilité naissante des
enfants sacrifiés. Leurs glandes envieuses s'excitent sur la fraîcheur d'une chair qu'ils n'ont ni su ni voulu éduquer. Quand
une société, une civilisation même, se voue en masse et de
manière exclusive à l'amélioration indéfinie des conditions
matérielles de son bien-être, il est inévitable que des prétentions
aussi monstrueuses surgissent de toute part. On a eu la lutte des
classes, la lutte des sexes, on a la lutte des races et la lutte des
générations ; du passé faisons table rase : c'est nous qui le leur
avons appris, ils furent bons élèves.

« Du temps où les vieux prenaient leur retraite pour se préparer à la mort, la mesquinerie des peaux acariâtres et fatiguées
se comprenait, qui n'était que l'ombre de leur disposition exemplaire à toucher le but de la vie, où tout se décide pour l'éternité.
On discernait dans les tremblements de leur couenne flétrie l'ultime effort du coureur en passe d'atteindre le but de la course,
les prémisses du combat suprême. Aujourd'hui la retraite est
une situation destinée à durer, qui cristallise toutes les convoitises d'une jeunesse dégénérée dont les vieux sont les plus sordides représentants : jouir et vivre dans l'instant sans le souci
crucifiant de la pitance obtenue par le travail rédempteur. Les
vieux vieux formés à l'aune frelatée de la Résistance, gavés à
l'optimisme des Trente Glorieuses, les jeunes vieux forgés par
l'utopie judéo-bourgeoise de mai 68 ; les cheveux gris, mêlés,
des G.I.'s en goguette et des lanceurs libertaires de pavés, la
vieille pisse et les métastases de l'individualisme prorogé misérablement, toute cette cohorte vomie par une démographie en
délire et de plus en plus parcimonieuse, est choyée, qui vote et
possède la fortune du pays, qui tient dans ses mains irresponsables l'avenir de l'Europe et du monde blanc malades.

« La jeunesse de nos vieux, c'était le twist et le rock 'n' roll,
c'était l'hymne de Lucy au LSD, c'était *Imagine there's no
heaven (...), no hell below us (...), no countries (...), no religion
(...), the world will be as one (...), no possessions*". Ils offrent à
leurs descendants le paradis qu'ils ont chanté. La jeunesse de

naguère est bien parvenue à rester jeune, elle n'est même pas retombée en enfance, elle n'a jamais mûri, telle une plante marcescente ; elle a par là empêché la jeunesse d'aujourd'hui de mûrir, elle l'a fixée dans une sénescence sempiternelle. Respectons les vieux à la mesure, non de l'idée qu'ils se font de leur propre dignité, mais de la valeur des critères à raison desquels ils définissent leur dignité.

« Mérité-je le respect convoité, moi le vieux bientôt affligé du gâtisme des vieux jeunes qui n'ont jamais mûri ? Il me reste à consommer jusqu'à la lie — moi qui n'ai plus la chance, par ma faute, de mourir quand la sagesse eût voulu que je le fisse — le monde en forme de fin du monde dont je suis responsable. Je vous plains, jeunes hallucinés. Je veux, dans votre insolence qui m'offense, saisir en vous l'énergie insurgée des ancêtres — que je ne verrai pas — d'une nouvelle race d'hommes moins anémiés que nous ne le fûmes, et qui sauront faire revivre l'héritage que nous avons gaspillé. Nous avons usé jusqu'à la corde, pour nous en être fait une rente de fric et d'honorabilité, le souvenir de la Résistance et de la lutte contre le fascisme érigé en Mal absolu. Nous nous sommes goinfrés de bonne conscience en nous autorisant toutes les licences, et voilà que nous nous plaignons de votre avidité et de votre ingrate arrogance. Puissiez-vous nous désobéir, nous enterrer sans regret, non seulement nous mais nos idéaux. Nous avons été des corrupteurs et des fossoyeurs. »

Et le vieux, consentant enfin aux misères de sa condition, renonçant à une reconnaissance qu'il se savait ne pas mériter, laissa entrevoir, sous la souillure de son âme, quelque chose de l'éternelle jeunesse du fasciste qu'il aurait pu être. Et ses rides surent exprimer la fraîcheur de l'espérance, quand il parvint — plutôt qu'à se réfugier dans son indignation, plutôt qu'à insulter le paltoquet offensant — à lui sourire en l'exhortant à faire mieux que lui, et en dénonçant le conservatisme décadentiste faisant du jeune un petit vieux déjà aigri.

Qu'est-ce que ça peut faire, toute cette fange ignoble au point de vous dégoûter d'être homme ? Les hommes sont à aimer quand même, non pour ce qu'ils ont fait d'eux-mêmes, mais pour ce qu'ils en pourraient faire en vertu de leur divine Origine. Tout finira au-delà du miroir, là où commence la vie qui compte. Regarde bien les gens. Dans ce qu'ils sont, essaie de voir ce qu'ils pourraient être et qu'ils sont virtuellement. Pense qu'ils seront parfaits, et aimables et admirables, Là-haut s'ils y parviennent, où tu les retrouveras peut-être. Parfois, j'imagine les rapports humains au Ciel ; tous les hommes, même ceux que l'on pouvait trouver les plus haïssables ici-bas, y sont bénis et éminemment aimables, pleins de la vision de Dieu, et d'autant plus affirmés dans leur intrinsèque beauté que plus oublieux d'eux-mêmes et surélevés gracieusement. Entre eux, ils doivent se dire : « Que n'avons-nous été capables de nous aimer là-bas comme nous le faisons aujourd'hui ! Que de temps perdu à cause de susceptibilités vaines, que de souffrances évitables ! C'est tout simple pourtant, il suffit de s'oublier, d'accepter la vérité en son intégralité, de s'accepter en sa petitesse et de s'aimer en reconnaissant tous ses torts, de désamorcer les conflits stériles en consentant, le premier, de s'effacer. » Il me semble qu'il est possible dès ici-bas de parvenir à cet état de lucidité et d'oubli de soi, au moins jusqu'à un certain point. Ce qu'il y a de difficile, c'est de faire confiance à autrui : si l'on se dévoile et s'abaisse devant lui, en l'invitant à faire de même et en rendant désirable cet acte auquel on l'invite par le fait même de faire le premier pas, il risque non d'adopter une attitude analogue de bienveillance et de paix, mais de renchérir dans l'iniquité et dans l'offense, et alors l'indignation et la folie furieuse nous prennent à la gorge, et la vengeance devient implacable ; il ne suffit pas de vouloir être bon soi-même pour parvenir à bonifier son prochain ; la force répressive, l'intimidation, le souci de justice de vindicte demeurent nécessaires aussi longtemps que dure la vie terrestre. N'empêche ; il y a plus fort que la vengeance, quelque légitime qu'elle puisse être, et c'est en ce sens, à mon avis, qu'il faut vivre dangereusement : prendre les devants, être assez fort pour oser pardonner en prenant le risque de n'être pas compris.

En les aimant dès à présent, tu contribues à les rendre meilleurs, tu participes à l'œuvre de rédemption qui les fait gracieusement accoucher d'eux-mêmes. Tu te bonifies toi-même et te rends aimable à toi-même. N'aie crainte : ton appétit de justice n'en sera pas frustré. La haine pour l'autre en ses travers auxquels tu le réduis est l'envers du travers orgueilleux de la haine de soi. C'est en les aimant maintenant que tu t'aimeras bientôt. Tant qu'il n'a pas choisi, dans la mort et pour toujours, ce qu'il a décidé d'être pour l'éternité, l'homme n'est jamais détestable pour des raisons qui seraient imputables à sa seule liberté. Il y a dans la condition terrestre une part d'obscurité à soi qui, sans nullement supprimer le libre arbitre et la responsabilité, fait que nul n'est à même — pas même celui qui décide — de mesurer le degré exact de son engagement peccamineux. Comme il a dû souffrir pour être devenu si fielleux, si pauvre, si onéreux, si vain, si malheureux, si plein de sa souffrance et de lui-même… Quoi qu'il ait fait de lui-même, aussi longtemps qu'il vit sur le plancher des vaches, il peut toujours changer de cap.

Il y a quand même des sourires qui ne sentent pas la merde.

Il reste que c'est en la haine fasciste, toute païenne, de cette vermine grouillante qu'est l'homme moderne réduit au Moi qu'ignorait l'innocence brutale du paganisme, que la charité toute divine trouve l'instrument obligé de son intégrité. C'est en lui, avoué ou inavoué, qu'elle se donne, conférant à ce dernier sa sombre grandeur, de ne point dégénérer en déification du sous-homme. Le fascisme est l'assomption et le dépassement du meilleur du paganisme ainsi conservé dans ce qui le nie ; le fascisme est cette nécessaire reviviscence du paganisme à l'intérieur du monde chrétien, quand ce dernier, oublieux de ce dont il est le dépassement, en est venu à se décomposer en s'asphyxiant, faisant chuter l'homme bien en deçà du paganisme le plus brutal. La Bête immonde, c'est le garde-fou que se construit le catholicisme pour s'empêcher de virer en démocratie chrétienne.

XIII

SIXIÈME ENTRETIEN

Tartempion :

Évoquons désormais les faits, Madâaame et Môssieur. Je vous rappelle, digne auditoire, que j'entends répondre à une attaque sournoise de la Gueuse ici présente, qui crut bon de plaider pour sa cause en se faisant fort de dénoncer une contradiction dans ma vision du Politique. Sa pose marmoréenne qui la rend presque aussi moche que la Beauté de Baudelaire aux larges yeux (Marcel Aymé a tout dit sur la question) me tape sur les nerfs. Pour la doucher, je m'étais proposé d'étayer la pertinence de mon exposé théorique au moyen d'un plaidoyer scandaleux, révoltant, blasphématoire : Jacques Clément fut un envoyé du Ciel ; la Sainte Ligue et la Saint-Barthélemy sont des effets presque obligés de la trahison des Bourbons. Et si l'on avait su penser ensemble les vertus de l'absolutisme et celles de la Ligue, on aurait inventé la monarchie fasciste, tout en réconciliant le principe impérial et le principe national.

Zinzin :

Tu ne demandes pas pourquoi la Conscience a pleuré ? C'est curieux, elle n'est même pas soûle.

La Conscience :

Ne criez pas victoire. Vous ne m'avez ni désarçonnée ni troublée. J'avais une irrésistible envie de faire pipi, et je crois que je me suis oubliée. Dans votre baraque insalubre, les toilettes sont sur le palier, et j'ai peur seule dans les couloirs sombres.

Zinzin :

C'est un pipi d'ange déchu, une pisse froide de succube, les larmes de la République congénitalement incontinente. C'est toujours moins nocif que le lait arsénié de vos mamelles blanches.

La Conscience :

Moquez-vous, ivrogne médisant, réactionnaire, arriéré, plouc.

Zinzin :

Dis, Tartempion, si elle continue sur ce ton, je vais être contraint de la calmer, avec la manière forte.

Tartempion :

Ce ne sera pas nécessaire. Ne vois-tu pas qu'elle est confuse ? Je la soupçonne d'être tourmentée par autre chose que par sa vessie. N'oublie pas qu'elle est ce qu'on fait d'elle ; elle est le pédagogue de ceux qui la créent. Elle a tous les attributs qu'Auguste Comte reconnaissait au langage : « Le public humain est le véritable auteur du langage, comme son vrai conservateur. (…) Même les ambiguïtés, qu'on attribue dédaigneusement à la pénurie populaire, attestent souvent de profonds rapprochements, heureusement saisis par l'instinct commun, plusieurs siècles avant que la raison systématique y puisse atteindre. »[54] Or le public, c'est aussi toi et moi. L'esprit du temps, c'est aussi nous qui le forgeons, même si nous sommes minoritaires. Et la Conscience est l'esprit du temps ; pas moins mais pas plus. Nous sommes tous ses enfants et ses géniteurs, ce qui explique ses sentiments ambigus. Je soupçonne la conscience d'être émue, malgré ses dénégations.

La Conscience :

Méchant ! Vous m'offusquez. Vous me faites rougir.

---

[54] *Système de politique positive*, tome 2, 1852, chapitre IV, p. 259.

Tartempion :

Toute conscience est l'actualisation d'un inconscient qu'il faut définir telle la conscience en puissance, elle est le fruit visible d'un travail invisible qui peut être éminemment déconcertant, surtout quand il s'agit de l'inconscience de Madame la Conscience, qui est un inconscient collectif. Je n'ai pas été très courtois ni galant avec vous, avec les noms d'oiseaux que je vous lançais, et votre trouble me fait pitié. En serions-nous la cause ?

La Conscience :

Oh la barbe ! Vous me martyrisez. J'ai la tête qui tourne. Je suis une brave fille, vous savez, malgré mes grands airs. Vous l'avez dit vous-même. Comme toutes les femmes, je suis ce que les hommes font de moi, je suis influençable, et vous m'influencez malgré moi. Sous vos dehors affichés de monstres perce, à mon corps défendant, un intérieur inattendu qui ressemble presque à un mélange de raison et de générosité, à tout le moins à un effort d'y tendre. C'est tout de même effarant ! Je suis en train de me laisser contaminer par l'hérésie… Un tel sortilège ne vient pourtant pas de vos charmes masculins, parce que là, vous n'êtes guère servis !

Tartempion :

Laissez-moi faire, grosse fifille laiteuse. Je n'ai pas le dessein de vous séduire, peut-être seulement celui de vous modifier en vous convainquant un peu, afin de rogner vos griffes dirigées contre moi. J'expose les faits et je commente. Et à présent : silence !

On a fait de la Ligue une masse ultra-catholique en ébullition passionnelle, à la solde de l'Espagne obscurantiste et réactionnaire, de traîtres à la patrie étatiste des Bourbons en laquelle se préfigurait le centralisme jacobin et la patrie des Lumières et des Droits de l'Homme. C'est ainsi que la Conscience, qui apprend bien ses leçons, a coutume d'en parler.

La Ligue, qui se voulait défendre l'Église et le trône, est d'abord une révolte populaire française opposée aux édits royaux qui entendaient donner des places fortes aux parpaillots. Elle était aussi, il est vrai, une réaction contre l'absolutisme monarchique naissant. Il y a, il faut bien l'avouer, un quelque chose d'assez détestable dans la Ligue, c'est sa tendance démocratique. C'est pour lutter contre elle qu'Henri III, époux de Louise de Lorraine-Vaudémont, cousine des Guise, avait à la fin de 1576 décidé de prendre la tête de cette Ligue, certes pour écarter les Guise par trop remuants, mais aussi pour récrire son programme qui prévoyait de subordonner le roi aux États-Généraux. C'est là, si l'on peut dire, le reflet, dans le domaine politique, de cette tendance gallicane, conciliariste, qui, dans l'Église, a toujours contesté sa constitution monarchique ; l'initiative d'Henri III était un peu forte de café si l'on se souvient qu'il fut lui-même un gallican féroce ; il fallait selon lui que la monarchie fût absolue mais non point l'Église. Et c'était là évidemment un désordre, une inconséquence qui s'est en dernier lieu soldée par la victoire du jacobinisme. Des places fortes et la liberté de conscience et de culte avaient été accordées en 1577, avec la paix de Bergerac, aux protestants. Quand mourut le duc d'Alençon, héritier du trône, la supposée loi salique désigna le huguenot Henri de Navarre, de la Maison de Bourbon, comme son successeur, ce qui était irrecevable pour un catholique : on ne saurait déconnecter la fin immanente du pouvoir politique — à savoir le bien commun — de cette fin ultime et surnaturelle qu'est le salut des membres du royaume, tout simplement parce que si la grâce est absolument gratuite et substantiellement autre que l'ordre naturel, il est contre nature de refuser la grâce[55].

Il serait fastidieux de l'établir ici, mais on le comprendra intuitivement en se souvenant que la créature pensante est à l'image et à la ressemblance de son Auteur. Si une image pouvait penser et vouloir, elle serait habitée par un double souci. Elle aspirerait à se distinguer de l'original afin de se maintenir en son identité d'image et, par là, de ne pas lui être fidèle à un point tel qu'elle en vînt à se confondre avec lui en s'identifiant à lui, puisque ce serait là renoncer à elle-même en se résorbant

---

[55] Saint Thomas d'Aquin, *Somme théologique*, II^a II^{ae} q. 10 a. 1.

dans sa Cause. Mais elle aspirerait tout autant à ressembler le plus possible à son modèle, afin de lui être fidèle, de ne le point trahir, car ce serait là trahir sa vocation d'image qui est de manifester le modèle et non de l'occulter. L'image, pour être image, exige entitativement la différence d'avec ce à quoi, intentionnellement ou fonctionnellement, elle tend à s'identifier. C'est là tout le paradoxe — qui fait son drame — de l'esprit fini qui, en tant que fini, plébiscite sa finitude pour *être* esprit fini, mais qui, en tant qu'esprit, ne se rassasie que de l'*infini*. Ce double aspect, antinomique, du statut de l'image, dispose naturellement la créature pensante à ne jamais exiger d'être plus qu'une image, de sorte que la grâce, qui fait vivre de la vie de Dieu en déiformant celui qu'elle investit, demeure gratuite et non naturellement appétible ; mais il la dispose tout autant, non moins naturellement, à nourrir une convenance à l'égard de la grâce qui, tout en surélevant la nature, la perfectionne dans un même acte jusque dans son ordre propre, de sorte que refuser ce qui la surélève n'est pas moins que refuser ce qui la parfait, ce qui revient à se refuser soi-même, par là à agir contre nature. Ce qui vaut pour l'individu vaut pour la société : cette dernière est en droit catholique, et le respect que l'Église doit à l'autonomie du Politique ne laisse pas le salut, dont les moyens surnaturels sont l'affaire exclusive de l'Église, d'avoir pour le Politique raison de fin. Les fausses religions, tout comme l'agnosticisme et l'athéisme, sont aux mieux tolérés. Et le protestantisme est une fausse religion.

Dès le XIVᵉ siècle — en 1314 —, le Parlement de Paris faisait enregistrer que le roi est souverain et non plus seulement suzerain. L'absolutisme *bien compris*, défini au § 6 du précédent entretien, est dans la nature des choses, mais seulement celui-là. L'absolutisme d'Henri III était cela, mais il était aussi vicié par son gallicanisme, sa tendance à subordonner l'Église aux intérêts à court terme de la politique, et son absence d'organicité. La Ligue avait le mérite de tendre à l'organicité, d'être nationale, de concourir à faire naître l'idée de nation ou la nation comme idée normative, d'être pleinement catholique en demeurant soumise au Saint-Siège en matière de foi et de mœurs, et enfin en reconnaissant que la fin ultime du politique, en laquelle ce dernier s'excède, est le salut, de sorte que le pouvoir politique est légitime seulement s'il vise sa fin immédiate — le bien commun — sans compromettre la fin ultime surnaturelle, et même s'il consent à servir cette dernière.

Mais la Ligue avait des tendances monarchomaques. Les monarchomaques étaient des libellistes dont le mouvement naquit vers 1550 ; le terme, comme l'indique l'étymologie, désignait les opposants au pouvoir absolu du roi, et fut inventé par l'Écossais William Barclay vers 1600, pour désigner et condamner leurs membres. Ils apparaissent en France d'abord dans le camp protestant, à partir de la Saint-Barthélemy : Duplessis-Mornay, François Hotman, Théodore de Bèze. La position des monarchomaques correspond globalement à ce qui fut désigné ici plus haut sous le nom de « position unilatérale n° 4 », au § 9 du précédent entretien. À la différence de Luther qui tenait toutes les autorités civiles pour instituées par Dieu, Théodore de Bèze raisonnait un peu comme Francisco Suárez et le cardinal Bellarmin : c'est, en vertu d'un mythique contrat passé entre le peuple et la famille royale, le peuple qui crée le souverain en l'élisant, et qui est habilité à le renverser par l'intermédiaire des magistrats du royaume ; une telle thèse s'oppose évidemment à l'organisation catholique de la monarchie française selon laquelle la succession est héréditaire. Mais les positions s'inversent quand Henri de Navarre devient, en 1584, prétendant au trône : les catholiques deviennent monarchomaques, les protestants deviennent absolutistes. La Ligue ne désarmera qu'en 1594 avec l'abjuration d'Henri de Navarre.

Adoptant la position des monarchomaques, la Ligue souffrait ainsi de tendances presque démocratiques, et en cela elle était inférieure à la monarchie absolutiste. Il est peut-être historiquement incongru mais psychologiquement éclairant d'établir un parallèle entre Henri III et la Ligue d'une part, et d'autre part, la Grande-Bretagne monarchique et l'Irlande catholique mais démocratique. Notre cœur va à l'Irlande qui d'ailleurs avait les yeux de Chimène pour le Reich il y a maintenant quatre-vingts ans, mais nous sommes indisposés par le penchant démocratique de l'Irlande républicaine qui se fourvoiera dans le marxisme et se compromettra avec l'anticolonialisme tiers-mondiste. Le parti des « Politiques », celui d'Henri III et de ses alliés parpaillots, était absolutiste. Il était soutenu doctrinalement par Jean Bodin.

Appuyé par Michel de L'Hospital, Bodin se voulait le théoricien de l'absolutisme des Bourbons et le défenseur inconditionnel de la « loi salique ». Il n'était pas juif, mais fut soupçonné par certains, pour des raisons non infondées, de s'être converti au judaïsme. C'est qu'il se référait essentiellement à l'Ancien Testament. Est pour lui véritablement un État — une « *res publica* » — ce qui est doté de la *souveraineté*, laquelle est d'abord le pouvoir de faire et *de casser la loi* : le souverain est au-dessus de ses propres prescriptions, même s'il est moralement tenu de respecter le droit naturel. Bodin fut aussi soupçonné de sympathies pour les huguenots, ce qui irait dans le sens de sa complaisance à l'égard du judaïsme, mais en fait il changea plusieurs fois de camp au gré des circonstances. Sa conception du citoyen était antinationaliste et antiraciste : les climats expliqueraient toutes les différences ethniques, et une nation ne serait qu'un ensemble d'hommes vivant sous une loi commune, comme l'enseigneront plus tard un Sieyès et un Kant. Diverses œuvres de Bodin furent mises à l'Index par Sixte Quint qui, au passage, conscient du risque de protestantisation du royaume par les Bourbons, tenait Jacques Clément pour un martyr — il fit publiquement son éloge le 11 septembre 1589 — et envisagea de le faire canoniser. Bodin était au fond libéral en économie, et opposé à toute forme de tyrannicide, œcuméniste et partisan de la tolérance : le roi doit être un arbitre au-dessus de tous les cultes qui doivent pouvoir coexister. Cela dit, pour lui, le « ménage », la famille, est le modèle de toute société, ce qui faisait de lui un partisan de la doctrine romaine et non aristotélicienne du « *paterfamilias* », droit paternel illimité, au point que l'autorité du roi était par lui tenue, en dernier ressort, pour ontologiquement inférieure à celle du « *paterfamilas* ». Cela dit, si la famille est le modèle de la société, elle est la racine et le fondement du Politique. Si l'auteur est économiquement libéral, c'est qu'il l'est aussi philosophiquement et religieusement, de sorte qu'il n'assigne pas de fin spécifique au Politique, à savoir cette réalisation en acte d'une manière paradigmatique d'être homme, ainsi ce déploiement de toutes les virtualités de l'essence humaine dans une communauté de destin donnée. Plaide-t-il encore en faveur d'un bien commun ? Il retient le mot, mais il s'agit d'un « bien commun » qui se réduit au fond à la coexistence et à la prospérité des familles : la famille est origine et fin de la cité. C'est pourquoi son idée pertinente de souveraineté, que reprendra Carl Schmitt, est comme viciée par la fin qu'il assigne à l'État. On voit que cet absolutisme n'est pas aussi éloigné qu'on pourrait le penser des régimes qui limitent la souveraineté par une instance quelconque, et que cette revendication de souveraineté signifie chez lui non tant la glorification du Politique en tant que tel, considéré dans sa fin spécifique, que le souci de mettre à l'écart toute instance qui pourrait limiter le souverain politique dans sa vocation « paternelle » à rendre les familles prospères et les chefs de famille souverains sur leurs maisonnées. La République doit être monarchique pour être parfaitement souveraine, mais le roi doit être absolu pour écarter tout ce qui pourrait l'empêcher de conférer une valeur absolue aux familles. Jean Bodin faisait de l'autorité domestique le fondement et la finalité du pouvoir politique, et c'est pourquoi il existe des affinités plus ou moins explicites, en dépit des apparences, entre la pensée de Bodin et l'esprit des monarchomaques protestants, fanatiques tout comme lui de l'Ancien Testament et de la figure du patriarche. Bodin ne plaide nullement en faveur de l'organicité. C'est pourquoi il refuse catégoriquement l'idée de gouvernement mixte, lequel n'est pourtant pas incompatible avec la souveraineté, quand les pouvoirs inférieurs sont — comme ils doivent l'être — pensés comme autant de délégations et d'explicitations du pouvoir royal. Dans cette perspective, ils sont, comme pouvoirs intermédiaires, des modalités que peut prendre la réalisation de l'organicité, où l'initiative des parties concourt à la réalisation du tout qui se particularise en elles. Si Bodin tient la souveraineté pour exclusive de l'organicité, c'est pour des raisons analogues à celles qui font dire aux jacobins que le peuple est souverain : la souveraineté du peuple est un mot pour dire la souveraineté de l'individu ; et de même la souveraineté de la République selon Bodin est un dispositif visant à garantir, en écartant toute médiation entre les familles et l'État, la souveraineté du pouvoir domestique. Tous les absolutistes ne se reconnaissaient pas dans la pensée de Bodin, mais les affinités entre eux sont assez importantes pour qu'il soit permis d'évoquer, à travers Bodin, les dangers polymorphes et les ambiguïtés de l'absolutisme tel que l'entendaient les Bourbons.

L'absolutisme permettait de conjurer mieux que la Ligue le danger théocratique, mais en retour avec des tendances gallicanes regrettables. On voit que le parti des « Politiques » avait lui aussi ses raisons, même si ces dernières étaient moins essentielles que la cause soutenue par la Ligue : à quoi bon avoir un gouvernement monarchique parvenu à maturité, si c'est au prix d'une protestantisation de toutes les monarchies d'Europe ? Au reste, une telle protestantisation les eût fait tôt ou tard basculer dans le libéralisme et la démocratie, lesquels sont des laïcisations et des radicalisations de l'esprit d'examen huguenot. Cela dit, un autre mérite, peut-être, de la cause de la Ligue, est que son esprit national n'était pas développé contre les Habsbourg, de sorte que, si elle avait eu gain de cause, elle eût pu contribuer à réconcilier l'idée d'Empire et l'idée d'État national.

Quoi qu'il en soit, la Ligue était fondée à s'insurger contre un pouvoir monarchique devenu despotique du fait qu'il trahissait la fin ultime du politique, qui est religieuse, c'est-à-dire catholique. Et Jacques Clément était fondé à opérer un tyrannicide, pour la même raison.

Et certains peuvent penser en prudence que la victoire du Balafré eût été un bien, malgré les défauts pourtant structurels de la Ligue. Quand bien même la victoire de la Ligue eût un temps favorisé l'Espagne — c'est-à-dire l'Empire — au détriment des intérêts à court terme de la France ; quand bien même elle aurait retardé l'avènement d'une monarchie absolutiste parvenue à maturité, elle eût sauvé à long terme la monarchie elle-même en prévenant la montée inéluctable du jacobinisme et l'avènement de la Révolution française.

En effet :

Une monarchie absolutiste sans organicité, ainsi purement hiérarchique mais statique, est incapable, du fait même de son caractère anti-organique — je vous renvoie à mon § 6 du précédent entretien —, de faire naître de manière durable et profonde le souci d'un bien commun. Il en résulte que ce pouvoir ne peut promouvoir un bien public qui serait unitif de soi en satisfaisant aux exigences du bien de chaque particulier dans ce qu'il a de meilleur. Un tel pouvoir ne peut promouvoir au mieux qu'un bien commun se superposant aux biens particuliers qui demeurent conflictuels, et c'est là une acception tronquée et même dénaturée du bien commun : s'il est extérieur aux biens particuliers, il fait nombre avec eux et il devient un bien particulier ; en l'occurrence, le roi était en demeure de diviser pour régner, à tout le moins de s'appuyer sur une faction pour tenir l'autre en laisse. Parce que l'absolutisme exigeait que le trône s'émancipât des prétentions de l'aristocratie, c'est en s'appuyant sur la bourgeoisie au détriment de la noblesse que l'absolutisme s'est instauré. C'est pourquoi, au reste, la bourgeoisie soutint au début et longtemps le roi contre les Grands dont elle subissait aussi le poids. Mais c'était là, en conservant l'existence d'une aristocratie dont le trône avait quand même besoin afin de maintenir une hiérarchie sociale indépendante de la Finance, favoriser une bourgeoisie de plus en plus impatiente de prendre la place de l'aristocratie devenue incompétente et onéreuse, remuante, peu vertueuse, volontiers libertine. Et la bourgeoisie comprit vite, en moins de deux siècles, qu'elle ne parviendrait pas au pouvoir en maintenant la monarchie en sa version absolutiste, d'où son glissement vers le voltairianisme, puis vers les idées républicaines. Ainsi donc, même si l'on considère les choses d'un point de vue prudentiel et pratique, la Ligue et le sacrifice de Jacques Clément étaient opportuns. Cela dit, s'il y a une véritable organicité dans une société, il n'y a plus ni bourgeoisie ni aristocratie systématiquement ou constitutionnellement héréditaires ; il y a renouvellement des élites ; il y a une remise en cause permanente de l'ordre social intérieure à cet ordre même, une « révolution permanente » posée en principe de vitalité de cet ordre qui vit de son pouvoir même de se contester ; mais c'est là le régime fasciste. *Si le fascisme ose se faire catholique, il convertit à leur identité concrète le meilleur de l'absolutisme et de l'esprit ligueur.*

Il convient encore de souligner un danger propre à l'école de l'absolutisme, et c'est tout simplement l'ensemble des coquecigrues liées à l'idée de « France peuple élu ». En effet, on affirmait aux XIVe et XVe siècles dans les Parlements que le roi était « comme Dieu incarné ». Suárez et Bellarmin condamnaient le droit divin des rois en adoptant un argumentaire de type implicitement démocratique — le pouvoir a été donné au peuple qui se pourvoit d'un roi —, ainsi condamnaient-ils l'absolutisme même dans ce qu'il a de bon, à savoir l'idée que l'autorité du roi procède de Dieu sans la médiation du peuple, *lequel est invité à reconnaître* — comme je l'ai illustré précédemment au § 10 — *l'incarnation personnelle de la volonté générale, mais non à définir cette volonté générale* ; ces deux penseurs catholiques condamnaient la souveraineté et l'unicité du pouvoir politique, et l'idée d'État qui transcende les hiérarchies féodales. Mais en retour l'absolutisme, tel qu'il s'est historiquement imposé pour justifier sa revendication — en soi pourtant pertinente, presque schmittienne — « décisionniste » et souverainiste, en a appelé à un « droit divin » qui, en déclarant que l'autorité procède de Dieu et non du peuple — ce qui est exact —, en profite pour effacer le vrai critère de la légitimité, à savoir le service du bien commun, et pour lui substituer celui de choix divin providentiel. Les tenants de l'absolutisme ont prétendu que ce droit divin, providentiellement manifesté dans une dynastie, était acquis indépendamment de l'usage du pouvoir que pourraient en faire les membres de cette dynastie. Au détriment du droit canonique — droit ecclésiastique en principe puisé dans la Révélation —, la royauté de « droit divin » a construit un droit laïc supposé fondé sur la volonté et la loi divines, ce qui permettait aux rois dits « de droit divin » de s'opposer plus facilement aux ecclésiastiques. Ainsi la royauté instaura-t-elle au XVIe siècle un droit de mariage dans lequel on introduisait la volonté des parents. Cela dit, pour déclarer que la royauté était « de droit divin », cependant que fondée sur un droit laïc, il fallait quand même consulter la Révélation. Or l'Évangile ne parle aucunement de ce droit. C'est pourquoi les juristes absolutistes — tel Jean Bodin — trouvèrent-ils expédient de glaner dans l'Ancien Testament, et c'est ainsi que la naissance de l'État dynastique absolutiste se fonda sur l'idée de « peuple élu », consubstantielle à l'Ancien Testament. Tout l'absolutisme du XVIe siècle, à saveur vétérotestamentaire, combinant Pentateuque et droit romain, n'est que la radicalisation de l'idée mérovingienne puis carolingienne de « peuple élu », dont évidemment le roi doit être « de droit divin »… Il va de soi que l'absolutisme bien compris, saisi dans son concept, n'est nullement solidaire de ces idées funestes qui, aujourd'hui encore, agitent frénétiquement la tête embrumée — mais juchée sur des nuques pharisaïquement raides — de je ne sais combien d'ecclésiastiques français caporalistes, chimériques et exaltés, et de familles traditionalistes attachées à l'idée selon laquelle — *dixit* le « marquis » de La Franquerie — il y aurait eu translation de l'élection juive au royaume de France. Étonnez-vous après cela que ces gens ne comprennent rien à l'idée de bien commun, et contractent une mentalité judéomorphe, implicitement judéophile, qui les rend aveugles et désarmés. Le problème est que, appuyés par un clergé que les abus d'autorité n'étouffent pas, ils crieront bientôt aussi fort que les Juifs auxquels ils se joindront pour nous anathématiser. En

fait ils ont déjà commencé. Ces idiots utiles roulent objectivement pour vous, Madame la Pisseuse, et je suis sûr que vous
avez pour eux beaucoup d'indulgence, ce qui de votre point de
vue se comprend.

Il me reste, auditeurs fatigués, à revenir sur les faits strictement historiques pour étayer le caractère national de la Ligue,
et le caractère antinational de la philosophie des absolutistes.
On comprendra mieux ensuite l'exaspération des Parisiens lors
de la Saint-Barthélemy. N'étant nullement historien, je me contenterai de vous faire part des quelques notes que je crus bon de
prendre naguère, pour le présent exposé, en consultant un bouquin fort instructif de Jean Dumont[56], que je vous recommande,
Madame la Conscience énurétique.

Ce sont les huguenots — il faut bien s'en souvenir pour peser
les faits avec cette équité problématique qu'imposent les
périodes troubles où rien n'est ni noir ni blanc — qui en France,
dès 1534, ont lancé les hostilités, par la violence verbale puis
militaire à partir de la mort d'Henri II en 1559. L'année 1562
marque le début des guerres de religion « officielles ». Coligny
qui se voulait « vice-roi » de France fut un massacreur et un van-
dale.

En 1562, François de Guise, seigneur de Wassy en Champagne, massacre 23 des 500 huguenots qui s'y trouvaient, mais
ils s'étaient rassemblés en violant l'édit de tolérance qui avait été
pris en leur faveur. François se contentait donc de faire respecter
l'édit. Après qu'il eut cherché à parlementer, ils se barricadèrent
et répondirent par la violence. La même année, le baron des
Adrets avait tué 600 catholiques rien qu'à Montbrison. Même
Agrippa d'Aubigné, soldat de l'armée de Condé, dont le fils
reviendra au catholicisme et sera le père de Madame de
Maintenon, le reconnaîtra : les compagnons de Coligny furent
des « diables encharnez ».

---

[56] *L'Église au risque de l'Histoire,* par Jean Dumont, Éditions Criterion,
1982, p. 233 à 342.

François de Guise, qui en 1558 avait repris Calais aux Anglais, était commandant en chef des armées françaises, deuxième personnage de l'État, nommé par Henri II, confirmé par François II dont l'épouse Marie Stuart était la nièce de François. Sa mère était la tante d'Antoine de Bourbon, père d'Henri IV. Après Wassy, Coligny et Condé s'appuyèrent sur Élisabeth I, qui les fournit en argent et en armes. En 1560 avait eu lieu la conjuration d'Amboise montée par François Hotman, agent de l'électeur palatin huguenot, et menée par La Renaudie. Cette conjuration manquée visait à tuer tous les conseillers du roi, dont Guise lui-même.

La « Michelade » est le massacre de catholiques à Nîmes, en 1566, le jour de la Saint-Michel. Les huguenots étaient constamment favorisés par Catherine de Médicis, régente, et par son chancelier Michel de L'Hospital, intentionnellement aveugle. Mais Condé tenta en 1566, à Meaux, de s'emparer du roi ; ce fut un échec ; L'Hospital fut congédié, Catherine étant enfin convaincue, non sans un dramatique retard, de la duplicité huguenote. Elle fit combattre Coligny à Paris où les huguenots multipliaient les provocations ; ils ne visaient pas moins que la saisie du pouvoir européen par la Réforme. Dirigés par le fils de l'Électeur palatin, les reîtres pénétrèrent en France, mirent maints villages à sac, pillèrent et tuèrent, pendant que Coligny contraignait à Paris la reine mère et Charles IX à signer, en 1570, l'édit de Saint-Germain pour obtenir l'exterritorialité huguenote. Depuis dix ans la Réforme était soutenue par l'étranger anglais et allemand réformé anti-habsbourgeois. L'Espagne n'a pas aidé à cette époque les catholiques, elle luttait seulement contre les huguenots des Pays-Bas espagnols, contre l'invasion turque qui culminera à Lépante en 1571 et dont la France sera absente. Même Élisabeth I souhaitera la victoire catholique à Lépante. Coligny manœuvrait pour parvenir à coaliser tous les Réformés d'Europe en les faisant appuyer par les catholiques français qu'il voulait embarquer contre l'Espagne. Catherine, afin de neutraliser à la cour les huguenots, souhaitait marier sa fille Marguerite de Valois à Henri de Navarre, le futur Henri IV,

lequel se mariera en 1572, le 18 août, dans une noce provocatrice, devant Notre-Dame de Paris : il refusera de pénétrer dans
une église, la capitale étant alors remplie de huguenots mena-
çants et arrogants. Mais Jeanne d'Albret, mère d'Henri de
Navarre, refusait cette union. Pendant ce temps le jeune
Charles IX était gagné par Coligny à l'idée de combattre le duc
d'Albe aux Pays-Bas espagnols, puis il se désista. Quelques
semaines avant août 1572 Coligny était un agitateur international qui préparait une nouvelle conjuration. Il était pourtant pen-
sionné par l'Église puisque Catherine lui avait fait obtenir
20 000 livres de rente d'une abbaye. Le 22 août eut lieu l'attentat
à l'arquebuse manqué contre Coligny, au cours duquel il ne fut
que blessé. Cet attentat n'avait été fomenté ni par les Parisiens
pourtant excédés, ni par l'Église pourtant menacée dans ses
biens, ni par l'Espagne opposée aux entreprises de Coligny, ni
par les Guise, même si Rome et l'Espagne se réjouirent de l'événement. Il fut conçu par Catherine de Médicis appuyée par le
duc d'Anjou — futur Henri III et frère de Charles IX —, qui
choisirent leur tueur Mauvert, et sans en informer Charles IX.
Dès le 23 août, Catherine et Anjou, appuyés par le chancelier
Birague et deux maréchaux, convainquent Charles IX de com-
mander une nouvelle exécution de Coligny, avec cette fois-ci la
mise à mort de tous les chefs présumés de la Réforme.

Dans la nuit du 23 au 24 août 1572 se produisit le massacre
de la Saint-Barthélemy, massacre de huguenots commis par
ordre royal, les seuls chefs désignés pour être épargnés étant le
jeune époux Henri de Navarre et le jeune prince de Condé.
Coligny fut enfin abattu chez lui. C'est vers quatre heures du
matin que le peuple de Paris se livra à des exactions sur ceux
que la liste royale avait épargnés. Sully, Duplessis-Mornay,
Hotman, Louise de Coligny — la nièce de l'amiral —, Pierre
Pithou — un futur « Politique » — furent épargnés. Les Guise
sauvèrent maints huguenots de la colère populaire. Il y eut 3000
morts sur trois cent mille habitants à Paris. Mais les exactions
qui se produisirent en province furent plus lourdes : à Angers, le
comte de Montsoreau, qui inspirera Dumas, appela au massacre

des huguenots toutes les villes de la Loire ; mais cela se fit sans mandat royal, et en dépit des appels à la modération du clergé.

Le peuple français, catholique, refusa la Réforme, même s'il devait prendre le risque de rompre avec une monarchie sacrale huguenotisée, obnubilée par son quant-à-soi généalogique. C'est cela que les Réformés et la Couronne de France mettront encore vingt-cinq ans à comprendre. Il faudra que, poussée à l'extrême abandon, la France majoritairement catholique et envahie par les reîtres payés par l'or anglais en vienne à envisager de se donner à Philippe II pour que le roi huguenot comprenne enfin, en 1593, que la France est catholique ou n'est pas. Il aura tenté vainement auparavant de la faire plier par la force, en s'appuyant sur les hérétiques et sur l'Étranger. L'idée nationale était bien du côté des Guise et du peuple français catholique, contre le trône.

Henri IV, encore en 1592, mendiera l'or anglais et hollandais pour attaquer sans succès Paris et Rouen soutenus par les 18 000 lanciers et arquebusiers d'Alexandre Farnèse, duc de Parme, gouverneur des Pays-Bas, envoyé par Philippe II. Les Guise ont fait de la Ligue une force vraiment nationale et ont empêché que la France fût dépecée entre l'Angleterre, les Pays-Bas et l'Espagne. C'est grâce à eux qu'Henri IV put se rallier à une solution encore nationale seule capable d'éteindre ce qui restait de la Ligue, laquelle fut salie odieusement par la *Satire Ménippée*, œuvre collective satirique portant sur les États-Généraux convoqués à Paris en 1593 par le duc de Mayenne, chef de la Ligue et hostile à Henri IV, afin d'élire un roi catholique ; au même moment, l'Espagne proposait d'abolir la loi salique et de déclarer reine de France l'Infante d'Espagne. En vérité la Ligue ne s'est jamais « vendue » à l'Espagne. L'Espagne craignait les attaques françaises et ne prétendait pas envahir la France. Elle était occupée par le Turc en Méditerranée, les Hollandais aux Pays-Bas, l'Angleterre d'Élisabeth (opération de l'Invincible Armada), la conquête du Portugal, la défense de ses possessions d'Amérique contre les corsaires, la révolte de l'Aragon en 1593 soutenue par les huguenots du

Béarn. La Grande-Bretagne voulait Calais et le Havre pour les huguenots. L'Espagne était aussi occupée par l'Invincible Armada qui visait d'abord à rétablir Marie Stuart sur le trône d'Écosse ; mais son exécution en 1587 par Élisabeth I changea les projets espagnols ; il fut alors décidé de s'emparer de l'Angleterre qui ne cessait de menacer les intérêts des Habsbourg aux Pays-Bas.

Ayant investi Paris, Henri IV, en 1594, fera brûler tous les ouvrages de la Ligue qu'il fit saisir, et fera mettre en circulation des exemplaires falsifiés après avoir vainement puni de mort ceux qui rééditeraient les vrais. La vraie force de la Ligue était le peuple français.

Les « Politiques » étaient des notables catholiques alliés aux protestants au nom de l'absolutisme au principe duquel ils étaient attachés et qui leur faisait haïr la Ligue. Ils rachetèrent à bas prix les biens d'Église volés par la Réforme.

Charles IX meurt en 1574, Henri III lui succède en revenant de Pologne dont il abandonnera la couronne. Les « Politiques » prolifèrent ; le duc d'Alençon, Monsieur frère du roi, est à leur tête. Il fait alliance avec le prince de Condé, chef des huguenots depuis la mort de Coligny. Avec le duc d'Alençon on trouve aussi les Montmorency, et Henri de Navarre redevenu protestant en 1576 après son abjuration forcée lors de la Saint-Barthélemy. On trouve encore le vicomte de Turenne allié aux Montmorency.

Condé en 1575 monta une nouvelle conjuration extérieure pour s'imposer à la France. Les reîtres, dirigés par Jean Casimir, fils de l'Électeur palatin calviniste, ravagèrent la France, et Condé eut le front de payer l'Allemand en lui « attribuant » les Trois-Évêchés que François de Guise avait gagnés contre Charles Quint. De même, après Wassy, Condé et Coligny avaient livré Calais et le Havre à la reine d'Angleterre, en échange de l'or et de soldats étrangers. Seul Henri de Guise pouvait s'opposer aux envahisseurs, glorieusement balafré en luttant contre eux en 1575 en Champagne.

Réformés allemands, « Politiques » et huguenots français marchèrent sur Paris. Alors le roi Henri III baissa sa culotte encore plus ignominieusement qu'avec l'édit de Saint-Germain en 1570. Ce fut l'édit de Beaulieu-lès-Loches en 1576 : des concessions innombrables sont faites aux huguenots, toute condamnation pour crimes et délits opérés par eux depuis 1559 fut annulée, rien ne fut retenu contre eux pour leurs liens avec l'Étranger et les invasions étrangères dont ils furent responsables. Il est vrai que la France payait là le péché d'Henri II qui s'était voulu protecteur des libertés germaniques — calvinistes et luthériennes — contre l'Empire, dans le sillage de François Ier pactisant avec les Réformés et le Turc mahométan contre ce même Empire afin de substituer une hégémonie française sur l'Europe à l'hégémonie impériale. La France fut démembrée, livrée aux mains des conjurés. Il fallut en plus racheter des otages que seuls les catholiques paieront, les « Politiques » et les huguenots en étant exemptés, de sorte qu'il y eut un grand transfert de fonds des pays catholiques vers le Rhin réformé. D'où la naissance de la Ligue, organisée plus ou moins démocratiquement pour lutter contre les huguenots, les « Politiques » et le roi de France trop faible vis-à-vis des hérétiques. Angoulême, Bourges, Péronne en Picardie refusèrent ce diktat royal et protestant. La Ligue naquit en 1576, rassemblant les petites ligues antérieures plus régionales, se donnant une stature nationale. À l'appel du gouverneur de Péronne, Charles, seigneur d'Humières, répondit Henri de Guise, qui sera le vrai fédérateur. Paris le suivit. Guise fut la conscience de soi de l'âme française catholique, il n'avait encore rien reçu à ce jour en fait d'aide étrangère.

En 1576 eurent lieu les États-Généraux décidés à Beaulieu. S'ils avaient eu les pouvoirs d'une vraie assemblée nationale, Guise eût été élu démocratiquement chef du gouvernement de France, et c'est pourquoi les huguenots se retirèrent par peur d'un résultat trop faible pour eux. Henri III comprit vite cette situation et, avant même l'ouverture des États-Généraux, il prétendit prendre la direction de la Ligue, puis il la dissolut, ce qui ne suscita aucune insurrection de la part d'Henri de Guise. Ne restait plus en face de lui que la Ligue protestante montée, elle, dès 1560, qui se disait à l'époque au service de la couronne de Catherine de Médicis.

En 1579, Condé tenta de reprendre Péronne la catholique par surprise. Henri de Navarre prit Cahors la catholique : autant d'entreprises criminelles. Le légendaire « panache blanc » date de 1580. Il exista une complicité fondamentale entre les huguenots et le duc d'Anjou, à savoir François de France dernier fils d'Henri II, auparavant duc d'Alençon, qui avait combattu avec les reîtres de Jean Casimir et les Réformés des Flandres, pour reprendre l'agression contre l'Espagne aux Pays-Bas. Le duc d'Anjou, fiancé à son tour à Élisabeth I, comptait apporter dans sa corbeille de mariage la couronne des Pays-Bas. Il songea même à intéresser le sultan à la conquête des Pays-Bas en liaison avec Guillaume de Nassau — le « Taciturne » —, les protestants de toute l'Europe et les Anglais. Le Turc devait attaquer l'Italie et l'Espagne pendant que l'Internationale réformée attaquerait les Pays-Bas et en Atlantique. On faisait miroiter à Murad III le rêve d'installer un mufti sur le trône de saint Pierre.

C'était l'illustration démesurée, fondée sur une idée controuvée d'élection divine, du rêve lancinant de supplanter l'Empire au profit de la France mais au détriment de la catholicité européenne. Henri de Guise, qui avait combattu Charles Quint, aurait su concilier le souci national de la France et le respect de l'Empire catholique en sa vocation militaire et politique universelle, mais il est vrai qu'il s'appuyait sur une doctrine monarchomaque qui empêchait l'avènement de l'État moderne.

Les choses sont ainsi faites, en Histoire, qu'il manque toujours quelque chose à celui dont on voudrait faire son champion... Et il faut choisir quand même !

Henri III réagit tout de même contre ces projets délirants et impies, mais il voulut malgré tout attaquer l'Espagne sans le Turc, et sans déclaration de guerre explicite. Ce qui se solda par un échec, avec beaucoup d'argent dépensé pour rien. Les provinces furent de nouveau ravagées en France, une piraterie fut lancée contre les galions espagnols en Atlantique, sur la route de l'Amérique ; la Bourgogne, la Picardie et la Champagne subirent encore une fois la brutalité des « diables encharnez », Cambrai fut pillée, mais les agresseurs furent arrêtés par les « tercios ».

En 1583, des Français qui se posaient en pseudo-libérateurs furent massacrés par les Anversois catholiques, et ce fut ce que l'on nomma complaisamment la « Saint-Barthélemy d'Anvers ». Élisabeth brise ses fiançailles avec Anjou.

En 1584 Anjou meurt, Henri de Navarre devient le premier prétendant au trône.

Philippe II le « roi prudent » aurait pu abattre Élisabeth en soutenant les révoltés d'Écosse, des barons du Nord et de l'Irlande. Mais il ne le fit pas parce qu'il se sentait tenu, à la mort de Marie Stuart son épouse, par la recommandation qu'il avait donnée de couronner Élisabeth. Il n'intervint en Irlande qu'en 1580, poussé par le pape. L'Angleterre fera la paix avec l'Espagne en 1604, au profit de l'Espagne. Mais le Portugal insurgé contre l'Espagne sera soutenu par les huguenots et les « Politiques » français.

C'est en 1593 qu'aura lieu la réconciliation entre le pape et Henri de Navarre.

Le siège de Paris par Navarre se produira en 1589, sera long et fera 60 000 morts, 20 % de la population ; partout ailleurs il n'y avait que ruines.

Antoine de Bourbon et le futur Henri IV chercheront longtemps à obtenir de Philippe II le retour de la Navarre sous le sceptre castillan, alors qu'Antoine avait été nommé, par Charles IX, lieutenant général du royaume de France, ce qui explique les regrettables intrigues du roi d'Espagne avec les huguenots français. En 1593, l'Espagne essaiera de faire accepter à la Ligue un monarque catholique pour la France, elle proposera des souverains espagnols d'ascendance française, telle l'infante Claire-Isabelle, petite-fille d'Henri II.

Sixte Quint voulait réconcilier Henri de Guise et le roi, après la journée des Barricades de 1588 — celle de 1648 signifiera les débuts de la Fronde —, qui avaient opposé les ligueurs à Henri III ; dans cette perspective Henri de Guise se désolidarisera des ligueurs les plus durs. Il ne croyait pas aux rumeurs annonçant qu'Henri III voulait le faire assassiner. Il s'offre en 1588 sans défense à Blois, est assassiné par des spadassins — les cadets de Gascogne — à l'intérieur de la chambre du roi. Henri III sera moralement condamné par le pape pour ce crime. Henri III, qui sera mis à mort en 1589, fait aussi assassiner le frère d'Henri, le cardinal de Lorraine et les députés des États-Généraux ; il veut se venger de la nation qui lui préfère Guise. Il martyrisera maintes villes françaises pour venir assiéger Paris avec Henri de Navarre, à partir de Blois, en 1589. Henri III promet à Paris et à toute la France une « saignée ». Le 7 janvier 1589, les soixante-dix docteurs de la Sorbonne délient le royaume de France de son serment de fidélité, le roi ayant bafoué l'assemblée légitime de ses sujets. Ce qui assurait par avance la légitimité du geste de Jacques Clément. Il y avait une nouvelle invasion de la France depuis 1587 par des huguenots danois payant des reîtres et des Suisses, l'Est de la France était pillé. Le duc de Guise était en fait très pauvre. L'idée qu'il aurait été un riche agent de l'Étranger et un traître pour vendre le royaume à l'Espagne est un mensonge éhonté, une inversion accusatoire opérée par les huguenots, les « Politiques » et plus tard les républicains francs-maçons. Mais c'est aussi l'idée latente de plusieurs nationalistes français d'inspiration maurrassienne furieusement antiallemands et gallicans. C'est même l'idée d'une panoplie de royalistes de diverses obédiences entichés de l'idée de « France nouveau peuple élu » pathologiquement attachés à l'idée du caractère sacré de la dynastie des Bourbons, et irrationnellement incapables de concevoir une suzeraineté même seulement nominale des Habsbourg sur la France.

Sixte Quint disait qu'il n'est pas bon de donner de l'argent au roi puisqu'il le remet aux destructeurs du royaume. Il conseilla à Guise d'attaquer Henri III, et le clergé soutint Guise. Paul III avait aidé financièrement Charles Quint contre la Ligue luthérienne de Smalkalde en 1546. Quand l'Espagne a été attaquée par les huguenots et les « Politiques » — le prétendu « juste milieu » — aux Pays-Bas et en Atlantique, la Ligue et Guise ont été aidés par elle à partir de 1582, mais ils l'ont été beaucoup moins que ne l'ont été leurs ennemis par les flots d'or anglais, hollandais et allemand réformé. Il y avait en France seulement 5 % de protestants. La Ligue est une réponse catholique à la subversion protestante, mais aussi une réponse nationale à une agression extérieure et intérieure. Fernand Braudel a montré que l'Espagne avait donné à la Ligue 1 % de ce qu'elle avait dépensé aux Pays-Bas.

De plus, la Ligue est la source du Grand Siècle catholique français d'inspiration espagnole. La France du XVIe siècle est largement espagnole au Sud, à l'Est et au Nord, et en retour l'Espagne est largement française : Philippe II est l'héritier de la Bourgogne autant que de la Castille et de l'Aragon. Son arrière-grand-mère était Marie de Bourgogne, fille du Téméraire. Philippe II était fils de Charles Quint, lequel se sentait d'abord Bourguignon. Charles Quint était français de culture, alors que la langue maternelle d'Henri IV était un dialecte proche de l'espagnol. Culturellement, de Charles Quint à Philippe IV au XVIIe siècle, c'est l'héritage français bourguignon qui commande. Il y avait dans maintes régions françaises un patriotisme de nation française hispano-bourguignonne : le Charolais, la Franche-Comté, le Hainaut, le Cambrésis, l'Artois, la Flandre, l'Alsace et la Lorraine. Louis XIII et Louis XIV devront organiser contre la Franche-Comté deux expéditions sanglantes au cours desquelles elle perdra 300 000 hommes sur 450 000. Sous Louis XIII, Rouen est une ville hispano-française, Corneille y trouvera le sujet du Cid. L'aide espagnole à la Ligue est le réflexe d'un héritage de nation française mis en œuvre par le parti français de Madrid, au détriment de l'Espagne et des purs Espagnols. C'est la compagnie de Jésus qui, dès 1550, est la vraie intervention espagnole décisive, et qui est à l'initiative de la Ligue, par ses collèges, dans tous les lieux de progression huguenote, collèges gratuits ouverts à toutes les classes sociales, dans lesquels enseignent maints Espagnols. Jean Dumont veut même le faire confirmer par l'exemple de Montaigne qui aurait subi cette influence que l'on retrouverait dans les *Essais*[57] : apologie des vérités catholiques contre les doutes répandus par la Réforme.

En fait Montaigne fut mis à l'Index en 1676 par le Saint-Office ; opposé aux ligueurs et fidèle au roi de France, deux fois maire de Bordeaux, il sera un négociateur clé entre le maréchal de Matignon, lieutenant du roi pour la Guyenne, et Henri de Navarre du parti protestant et royal ; il peut être soupçonné de Libre Pensée et de sympathies inavouées pour la Réforme.

Donc quand on parle d'« invasion » espagnole, ce qui est excessif, c'est une intervention qui n'est pas vraiment étrangère, parce que la France était à cette époque forgée par l'Espagne qui en retour était francisée.

Mais l'intervention militaire espagnole en France fut d'abord une intervention de l'Église. Grégoire XIII et Sixte Quint ont accordé beaucoup d'argent à Philippe II contre Élisabeth, comme saint Pie V avait accordé beaucoup d'argent à la veille de Lépante. Il en est de même pour la Ligue, et l'intervention espagnole est une des causes de la ruine économique de la Castille. Philippe II avait épousé Isabelle de France sœur d'Henri II, leur fille Claire-Isabelle est donc la petite-fille d'Henri II, et cette Isabelle descend par Philippe II lui-même de la maison de Bourgogne et des capétiens-Valois. Elle eût été une reine française de France, tous les fils d'Henri II étant morts sans descendance. Les « Politiques » ont objecté la loi salique, mais selon Jean Dumont elle a toujours été une fiction.

Il reste que la Ligue refusera en 1589 — et en 1593 aux États-Généraux — de voir nommer Philippe II protecteur du royaume de France ; elle était éminemment soucieuse de ne pas donner l'impression de vendre la France à l'Espagne.

Ainsi donc, la Ligue s'est reconstituée en 1584 après avoir apparu en 1576 à l'échelon national, cependant qu'elle était née spontanément dans les provinces à partir de 1560. La Ligue fut

---

[57] Livre I, chapitre 27.

un tiers-état catholique. Elle demandait que fussent rétablis, dans son hostilité monarchomaque au centralisme et à l'absolutisme des Bourbons, les corps intermédiaires et communautés des bonnes villes en leurs anciens privilèges, libertés, honneurs et franchises, et elle réclamait la fin de la misère du peuple nourricier de tous les autres états. Le 9 septembre 1585, Sixte Quint excommunie Henri de Navarre et Condé. Contrairement à la propagande des « Politiques », ce pontife ne fut nullement élu sous la pression de Philippe II ; il fut élu à l'unanimité par le Sacré Collège qui comportait une majorité de non-Espagnols et une bonne partie de Français. Grégoire XIV son successeur renouvela l'anathème contre les huguenots en 1591.

Il faut bien avouer que nul n'était absolument désintéressé dans cette affaire de la Ligue, car même les papes étaient attentifs à ce que l'Empire ne fût pas trop dominateur à cause de leurs territoires pontificaux, d'où l'appui des papes, relatif à certains moments et explicite ultimement, aux Bourbons absolutistes.

Achevé en 1563, le concile de Trente fut embrassé par les ligueurs, mais il fut refusé par les « Politiques » tels Pierre de L'Estoile et Pierre Pithou, ancien huguenot, l'un des auteurs de la *Satire Ménippée*, qui fut aussi l'auteur du recueil des libertés de l'Église gallicane dans lequel il ne reconnaissait aucune juridiction au pape.

Pourtant, Henri IV fera son confesseur d'un curé ligueur, et conférera les plus hautes charges politiques à d'anciens ligueurs et non aux « Politiques ».

Derrière le « panache blanc » d'Henri IV, il y eut plus d'étrangers que de Français : Anglais, Hollandais, reîtres et lansquenets. Marot fut un sympathisant huguenot. Certains ligueurs doutant de la sincérité de la conversion d'Henri IV, tel Jean Boucher, théoricien du tyrannicide et de l'esprit monarchomaque, refuseront sa couronne.

Il est, me semble-t-il, permis de conclure :
La naissance et l'œuvre de la Ligue furent une entreprise légitime tant d'un point de vue religieux que d'un point de vue politique. Sa doctrine anti-absolutiste était contestable, mais elle

avait par accident le mérite de ne pas exacerber prématurément un nationalisme étatiste français qui eut, quant à lui, pour effet de refuser le bien commun de la Chrétienté et l'Empire que ce bien commun requérait.

On peut se demander si le retard, en France, de la naissance de l'absolutisme, lié à une victoire ligueuse, n'est pas un retard qui aurait rendu possible une instauration de cet absolutisme plus tard et surtout à l'intérieur de l'hégémonie de l'Empire, en climat catholique. Ce qui est sûr, c'est que l'absolutisme, compris en son acception recevable, fût né de toute façon, parce qu'il est dans la nature des choses. Ce qui est aussi probable, c'est que la Révolution française n'aurait pas eu lieu si Guise avait été vainqueur.

On peut cependant comprendre la démarche réconciliatrice des ligueurs fidèles à la couronne strictement française après que le roi de France se fut converti.

La surnature n'abolit pas la nature, l'Église est cause finale sans être cause efficiente de l'ordre politique, mais, en tant qu'elle est cause finale, la légitimité politique du prince est détruite quand les exigences du catholicisme sont bafouées par lui. Cette légitimité d'Henri III ou du Navarrais était elle-même compromise même du point de vue du bien commun purement politique : la complaisance des rois français à l'égard des ambitions européennes de la Réforme, toutes menées dans des perspectives étrangères, compromettait ce bien commun national.

Une fois converti, il n'y avait plus, en principe, d'obstacle à ce qu'Henri IV recouvrât sa souveraineté. Mais le fut-il vraiment ? Le fut-il assez pour mener une politique vraiment catholique ? Ni lui ni ses successeurs ne le firent.

Peut-être, en revanche, une étude approfondie des forces en présence au XVIe siècle révélerait-elle que la Ligue, parcourue par des courants contradictoires et équivoques, n'avait pas d'avenir. La question reste posée, elle ne peut être tranchée que par les historiens. Mais on peut dire que la Ligue fut légitime au moins jusqu'à l'abjuration du Béarnais.

Gallicanisme, protestantisme, jansénisme — calvinisme édulcoré — étaient les ferments de la Révolution française qui n'est autre que l'effet de la laïcisation de l'esprit de libre examen, et ils étaient liés à l'absolutisme victorieux des Bourbons sur la Ligue qui, si elle l'avait emporté, eût été, sous ce rapport, un bien.

Mais la doctrine politique adoptée par la Ligue répudiait l'avènement de la souveraineté politique et de l'État moderne, et risquait peut-être de faire régresser la vie nationale dans une forme de féodalisme qui eût fragilisé l'esprit national en gestation et en attente de son unité ; la disparité des aspects culturels et ethniques de la France exigeait un État très fort et centralisateur dont l'avènement eût été retardé si la Ligue l'avait emporté. Au regard de ce qui s'ensuivit, cet inconvénient méritait d'être assumé.

La Saint-Barthélemy fut légitime dans son principe, elle le fût restée si la répression s'était limitée aux chefs huguenots. Les excès populaires regrettables viennent de ce que le roi de France s'était trop compromis avec les protestants, de sorte que le peuple n'avait plus confiance en son roi pour purger le pays du fléau réformé et étranger, et ne comptait que sur lui-même et sur la Ligue pour le faire.

Le tyrannicide accompli par Jacques Clément était légitime lui aussi, puisqu'un tyrannicide est légitime quand il est opéré en prudence, et que les conditions du pays le rendaient prudentiellement fondé en 1589 : on n'avait aucune raison de penser qu'Henri III serait autre chose qu'un agent de l'Étranger et un suppôt de la Réforme.

Il peut paraître contradictoire de plaider en faveur de l'absolutisme et de revendiquer la suzeraineté de l'Empire. Mais il n'en est rien, si « absolu » signifie « indépendant » de toutes les instances *intestines* à la cité : États-Généraux, familles, clergé, etc. Cette absoluité *intérieure*, qui induit une souveraineté, n'exclut nullement la reconnaissance d'un lien féodal — non étatique — lâche entre le royaume et l'Empire, pour autant que l'Empire ait la sagesse de laisser s'accomplir la genèse des nations, sans court-circuiter ce processus par des revendications féodales à courte vue. « Absolu » et « souverain » sont des attributs de l'État, qui est une catégorie politique. La suzeraineté féodale n'est pas une catégorie vraiment politique, parce qu'elle n'intègre pas ce qu'elle rassemble dans un même État. Au reste, le simple rapport de force qui existe entre États de puissances différentes mais de cultures analogues instaure dans les faits cette suzeraineté, ce qui n'empêche pas les États d'être souverains dans le traitement de leurs affaires intérieures, et même de l'être jusqu'à un certain point dans leurs affaires extérieures. Il peut y avoir souveraineté étatique sans que le roi soit nécessairement « empereur ». Si l'on comprend que la France est au monde germanique ce que la Grèce fut à Rome, on doit en conclure que la suzeraineté incontestée de la culture et de l'esprit français sur la chrétienté ne requérait absolument pas une suzeraineté militaire et politique. La Chrétienté, c'est d'abord l'Europe faite de nations-sœurs issues d'une même souche ethnique indo-européenne. Les nations ou composantes ethniques de la Chrétienté se sont militairement déchirées pendant des siècles, parce qu'elles n'ont jamais été capables d'acquérir la sagesse requise pour se donner une instance directionnelle habilitée à viser un bien commun européen, laquelle ne pouvait consister en autre chose qu'en la suzeraineté d'une de ses composantes sur les autres. Pour n'avoir pas fait son unité, elle a continué à s'épuiser en luttes intestines, pour finir par se suicider rageusement pendant la boucherie de 1914-1918, avec une ignoble bonne conscience entretenue pieusement par les bien-pensants aussi aveugles que doués pour faire servir les meilleures intentions de la Terre aux intérêts de la Subversion : le Cœur Sacré de Jésus apposé sur le drapeau jacobin, la mystique de Claire Ferchaud, ont eu pour glorieux résultat de faire couler le dernier empire catholique d'Europe. La suite était prévisible : après un dernier sursaut héroïque mené par la croisade des fascismes et fédéré par l'Allemagne hitlérienne, se produisit la montée du communisme et du mondialisme bancaire, qui firent de l'Europe ce croupion politique que l'on sait, littéralement hébété, épuisé, à vue d'homme effacé de l'Histoire. À défaut de rêver l'Histoire et dans l'incapacité de la faire, on peut toujours au moins tenter de la comprendre et d'en tirer des leçons pour le XXIIe siècle, si tant est qu'il y en ait un.

Voilà, ma grande Conscience qui n'est pas mienne. Vous me teniez pour un obscurantiste sanguinaire et obtus. Peut-être vous est-il désormais plus accessible de me juger de manière équitable. Si vous n'êtes ni dégoûtée ni victime d'une crise cardiaque, vous pouvez toujours repasser demain, ou bien vous reposer ici. Je vais me coucher. Je vous souhaite de faire de mauvais rêves.

XIV

SOLILOQUE DE ZINZIN

Ce qu'il y a de bien chez Tartempion, c'est qu'on y vit la nuit. C'est silencieux, toute l'humanité s'éclipse, c'est comme si l'on était seul au monde, on peut respirer ; et puis on a l'impression de veiller, comme si l'on attendait quelque chose, le Grand Matin probablement. On dort le jour, pendant que les hommes s'affairent et accélèrent toujours un peu plus leur processus de déshumanisation. C'est le sentiment d'attendre quelque chose qui fait, au fond, qu'on trouve la force de se lever. Autrement on resterait allongé comme sous une pierre tombale. Tartempion s'est enfermé dans ses appartements. J'ai cuvé mon vin affalé sur la moquette de l'entrée. Et la Conscience s'est assoupie dans son fauteuil en forme de cathèdre. De temps en temps elle respirait fort, comme quelqu'un agressé par des cauchemars. À un moment, alors que je somnolais, elle s'est réveillée avec des pleurs bruyants, agitée, bouleversée, je la reconnaissais à peine. Bonne pomme, j'ai été touché, je l'ai écoutée d'abord vaseux puis éberlué, et enfin complètement lucide, assez pour tenter de la réconforter. Tartempion nous a rejoints silencieusement. Lui qui aime tellement parler, il est resté presque tout le temps muet.

La Conscience :
Que m'est-il arrivé, mon Dieu ? C'est pire que la Métamorphose de Kafka. Je suis autre, je ne me reconnais pas, j'ai fait un horrible rêve, horrible parce qu'il s'est fait vivre sur le mode d'une révélation brûlante du Réellement Réel. Je suis terriblement inquiète. Vous comprenez, moi la Liberté de Conscience, j'ai cette débilitante impression, indécente et protubérante, que

je n'avais jamais eu auparavant conscience de ma liberté, voire même conscience de ce que c'est que d'être libre. J'étais obéissante et studieuse, je recevais des compliments, j'étais contente sans me poser de question. C'est que moi la Conscience, j'ai, comme toute conscience qui se respecte, des directeurs de conscience austères et vétilleux. Ils risquent de me tancer, peut-être même de me mettre au coin avec un bonnet d'âne, peut-être même de me condamner. Je n'ose vous dire ce que j'ai vécu.

Moi :

Quand vous aurez été secouée comme moi par la vie, quand vous aurez subi toutes les avanies, même celle qui consiste à vous refuser la possession d'une conscience, vous pourrez vous plaindre. En attendant, ne faites pas de vous le centre du monde, ça rend malheureux, insupportable et idiot.

La Conscience :

Mais je *suis* le centre du monde, mon pauvre Monsieur, c'est ce que me disent mes directeurs ; renoncer à ce statut équivaut à renoncer à moi-même.

Tartempion :

C'est en renonçant à vous-même que vous vous découvrirez, et que vous vous posséderez. Vous n'êtes pas une conscience, vous êtes une femme. Il y a très peu de femmes très moches. Il faut savoir les regarder ; elles parviennent toujours à se faire belles en consentant à leur féminité. En renonçant à vous-même, vous vous découvrirez femme et non Conscience, vous ne serez pas déçue et vous nous ravirez. Comprenez que, depuis des siècles, à un moment indéterminé de cette période de fermentation périlleuse qu'est le Moyen Âge, on s'est mis à déconnecter en l'homme sa nature de sa personne, son essence de son moi : « J'ai une nature, je ne suis pas ce que j'ai, donc je suis une conscience, un suppôt, une personne, et ce que les sages appellent ma nature n'est qu'un attribut somme toute réformable de ce que je suis. Comme sujet dernier d'attribution de ce qui est supposé me définir, je ne suis pas définissable, je répugne à être circonscrit, par là je ne suis rien de déterminé, je suis néant, et ainsi je suis tout. » Voilà ce qui définit le processus dont vous êtes, en tant que Conscience, l'aboutissement calamiteux. En vérité, on n'a pas une nature pour être une conscience, on a une conscience pour être l'incarnation d'une nature ; la conscience est suspendue à l'essence, et non l'inverse.

La Conscience :
Je ne sais pas, je ne sais plus, Ô mon Dieu... Et voilà que j'invoque Dieu ! Où en suis-je !

Moi :
Vous tenez le bon bout. Allez-y, racontez votre rêve.

La Conscience :
J'ai d'abord vu, dans un halo, Bouffon qui, revenu de l'Étranger, discutait avec Actéon Philoneikos afin de lui ménager un rendez-vous auprès d'Ernest Hérisson. Puis plus rien. Ensuite une vision claire et terrible s'est emparée de moi. Voici :

Par un beau matin pluvieux et ensoleillé tout à la fois, un couple singulier, après avoir passé les divers guichets, sas et portes gardés qui le séparaient de la direction, fut présenté au responsable de la forteresse allemande d'Arolsen-Waldeck, qui abrite le Service international de recherches et, en son sein, quarante kilomètres de documents de la plus haute importance sur la Seconde Guerre mondiale en général, et sur les éléments secrets relatifs à la Chose en particulier. L'Historische Abteilung est fermée aux chercheurs ordinaires depuis 1978, à la suite des recherches (un chercheur cherche...) inconvenantes opérées par divers curieux issus de milieux interlopes, dont un individu malsain nommé Arthur Butz. Les deux visiteurs durent montrer patte jaune à chaque barrière, c'est-à-dire présenter une sorte d'Ausweis couvert de paraphes mystérieux et de cachets internationaux, dont celui des services secrets du Maussade, ornés de la redoutable vache rousse... Il faut dire que l'endroit, sinistre, est gardé par une multitude de soldats d'élite et surarmés, appartenant à dix nations, dont celle de l'Entité sioniste évidemment. Actéon Philoneikos, l'un des deux visiteurs, avait fait spécieusement fabriquer par ses services, à la barbe de ses supérieurs, le faux Ausweis que tendait avec autorité et impatience son acolyte le rabbin Vital-Niquette, alias l'innommable Ernest Hérisson dont l'œil inquisiteur, gourmand et cruel, révélait bien le caractère monstrueux des forfaits qu'il s'apprêtait à commettre. Quand ils furent parvenus, après bien des épreuves, au bureau du directeur Herr Schmilblick, Hérisson déclara de sa voix métallique, masquant sa convoitise :

« Je suis la 230 000ᵉ victime à avoir péri par holocauste dans les chambres à gaz homicides de Dachau. Voici la preuve : c'est écrit là sur cette attestation délivrée par les bureaux des plaignants des villes de Bonn, Washington, Paris, Stalingrad, Rome, Londres, Caracas, Cambera, Buenos Aires, Tombouctou, Jérusalem, Tel-Aviv, Haïfa, Johannesburg, Bruxelles, Brive-la-Gaillarde et Camaret. Beate Klarsfeld, qui a paraphé ce document authentique, est l'un des juges-historiens bénéficiant du charisme d'infaillibilité garanti par l'assistance surnaturelle de la Sainte-Mémoire, et elle traîne au Tribunal international des Droits de l'Homme, en vertu de la loi Cunctator-Godillot, tous les contestataires condamnés par lui à une mort infamante, après leur avoir claqué la gueule devant toutes les télévisions du monde. Je suis chargé, par les soixante-dix communautés juives que regroupe le Congrès juif mondial, d'enquêter sur les millions de savons dits "savons RIF" — Rein Jüdisches Fett[58] — *que les falsificateurs de l'Internationale noire des Monstres ont voulu faire passer pour du savon anodin* — Reichsstelle für industrielle Fettversorgung[59] —, *afin d'aider les arrière-petits-fils des victimes, traumatisés par le plus grand crime de l'Histoire, à demander réparation pour leurs arrière-arrière-arrière-petits-fils qui seront aussi traumatisés. Je compte rester ici trois semaines dans les locaux top-secret de l'*Historische Abteilung. *Vous voudrez bien m'approvisionner, ainsi que*

---

[58] Pure graisse juive.
[59] Office du Reich pour l'approvisionnement en graisse industrielle.

mon adjoint, en sandwiches casher pendant tout le temps de ma présence ici. Je ferai un rapport sur le degré de votre bonne volonté à mes supérieurs. »

Herr Schmilblick, prudent, avait préalablement consulté le dossier du rabbin avant son arrivée. Il avait ainsi appris que le père de Vital-Niquette avait émigré aux USA en 1940, avec son nourrisson, et que sa famille tout entière avait fait partie des deux tiers des Juifs allemands à avoir émigré avant 1941, date à partir de laquelle l'émigration avait été interdite. Homme d'une immense bonne volonté renforcée, comme chez tous les Allemands, par un insondable « Schlechtes Gewissen » *expiatoire, Herr Schmilblick n'eut aucune peine à prendre acte de la parfaite compatibilité entre ses informations, celles des historiens autorisés et agréés — ils reconnaissent qu'il n'y eut jamais de gazage à Dachau, et qu'il y eut pour toute la durée de la guerre 32 000 morts au plus dans ce camp — et celles de ses visiteurs. Il se remémora un sophisme de ce Butz qu'il avait jadis chassé des lieux dont il a la pieuse garde :* « Je ne vois pas d'éléphant dans ma cave. S'il y avait un éléphant dans ma cave, je le verrais très certainement. Donc il n'y a pas d'éléphant dans ma cave. » *Il rectifia aussitôt* in petto : « Le dogme de la vache rousse, infaillible, m'a dit qu'il y avait un éléphant dans ma cave. Or je n'ai pas vu d'éléphant dans ma cave. Donc je suis affligé de troubles de la vue et d'hallucinations, et il est logique et irréfragable que je sois tantôt mal voyant tantôt halluciné, puisque, aussi bien, je vois en face de moi Vital-Niquette gazé dans un camp dont personne ne sut voir les instruments du crime. » Rasséréné, avec un profond respect, il fit pénétrer ses inquisiteurs assermentés dans le Saint des Saints.*

Ils se mirent aussitôt au travail. Quarante kilomètres de rayonnages… Ce fut un labeur de titan… Il faut dire que l'abominable Hérisson avait le don, comme la misère de se jeter sur le monde, de se précipiter sur tout ce qui est pourrisseur et qui pue, de traquer la contradiction et le témoignage douteux, de forlancer l'adminicule, de pointer infailliblement la preuve assassine. Quand il ne l'assistait pas, Actéon méditait sur la vie et la mort. Il souffrit un peu, pendant cette retraite de vingt et un jours, du manque de femmes et de whisky, mais il s'aperçut bientôt que la vertu forcée avait du bon : elle réveille le désir, l'épure, aide à le sublimer, elle rend libre en ramenant avec elle l'esprit clair. Les fonctionnaires préposés à la garde du Tabernacle sans Présence réelle, discrets et bien nourris, ne leur firent aucune difficulté. Ils les aidèrent même à prendre une multitude de clichés. Il n'y avait pas de rats dans les couloirs propres : c'est à l'extérieur qu'ils se trouvent.

Quand ils furent partis, ils s'empressèrent de se débarrasser de leurs défroques et de rejoindre la France pour reprendre leurs activités officielles. Au bout d'un mois, Ernest Hérisson fit paraître sur Internet un mémoire vengeur extrêmement documenté, ignoble, immonde, tout plein d'arguments controuvés et déjà mille fois réfutés, sacrilèges, scandaleux, abjects, vomitifs, et ce fut le début d'une aube nouvelle pour le monde entier.

Voici en résumé le résultat, controuvé, de ses recherches immondes, scandaleuses, abjectes, ignobles, sacrilèges, vomitives et insanes.

Au cours de la dernière guerre, il y eut deux camps irréductibles qui se partagèrent, en fait d'alliés, le reste du monde — les neuf dixièmes pour les seconds, le dixième restant pour les premiers : les Monstres — bruns — et les Coccinelles — innocentes bêtes à Bon Dieu. Quand les Coccinelles furent vainqueurs, elles revendiquèrent, pour elles comme Terre sacrée des Élus, et pour tous comme centre du Monde et source divine de tout droit, l'antique Coccinellie jadis perdue par les effets spoliateurs de l'ire d'un certain Titus qui avait accompli, selon les dires infects de ces salauds de Nazaréens, les prophéties d'un imposteur nommé Jésus. Mais la Coccinellie n'était plus la Coccinellie... Elle était occupée par des pouilleux, des gardiens de chèvres, des sous-hommes... Il fallut donc inventer un grand et pieux mensonge, que plus tard les diaboliques suppôts des Monstres non encore exterminés nommeront la Chose, pour forcer le monde à leur concéder la Coccinellie reconstituée. Les Monstres avaient, avant et pendant la guerre, passablement maltraité les Coccinelles qui, s'étant depuis toujours considérées comme peuple de maîtres et par là comme chez elles partout, avaient depuis toujours

*favorisé où qu'elles fussent les révolutions, les désordres, les déca-
dences et l'irréligion, afin de parvenir peu à peu à dominer sans partage sur les cendres fumantes de leurs forfaits. Ainsi les mauvais traitements infligés par les Monstres aux Coccinelles devinrent-ils, par
la manipulation la plus extraordinaire de l'Histoire, un génocide
coccinellique dont l'effroyable souvenir exigeait que la Coccinellie
leur fût restituée, et en même temps qu'il ne fût plus jamais question
de critiquer de quelque façon que ce fût la gent coccinellesque. On
peut en quelques mots rappeler les grands moments de l'argumentaire hérissonnien selon l'ordre suivant :*

*Premièrement, la décision de la destruction massive des Cocci-
nelles par injection de gaz Zébulon X — insecticide surpuissant et
très inflammable — est parfaitement controuvée et n'est étayée par
aucun texte. Trois mille tonnes de documents des administrations du
Reich des Monstres ont pourtant été conservées, plusieurs crimes
— telle l'euthanasie — y sont mentionnés, mais rien ne figure sur
l'Holococcinite. Selon un ténor de l'Anti-Chose, « aucun document
n'est resté, n'a peut-être jamais existé… » Un « témoin » d'exception
confronté à Hérisson en plein tribunal avoua que ses accusations,
pourtant terribles de conséquences, relevaient en fait de la «* licentia
poetarum *». Ses notes autobiographiques sont un tissu de contradictions et d'impossibilités techniques. Au début de l'après-guerre, on
exploita avec un bonheur médiatique inégal les bobards les plus
monumentaux lancés d'Amérique par le* New York Times, *à titre
d'essai, par les nationalistes coccinellistes pendant la guerre : bâtiment d'exécution où l'on fusillait mille coccinelles par jour, stations
d'empoisonnement du sang en Pologne occupée, cellules d'exécution
à la vapeur, camions à gaz, immenses fosses contenant des flammes
démoniaques où l'on jetait des bébés Coccinelles, barbelés électrifiés
sur lesquels s'électrocutaient les Coccinelles, fours électriques diffusant une chaleur mortelle, électrocutions de masse sur plaques
métalliques immenses dans des piscines, exterminations de masse
par l'usage de la chaux vive, Zébulon X introduit dans les locaux de
douches par la tuyauterie — c'est cette version qui fut enfin retenue
par l'Histoire Sainte officielle —, etc.*

Deuxièmement, tous les témoins ayant avoué et l'existence de ruches à gaz et leur participation au meurtre de masse, l'ont fait sous la pression de la torture physique ou morale, à la suite d'intimidations et de chantages. Leurs déclarations contredisent les lois de la physique et de la chimie. Le rapport Kniff et la confession de Pfiff, qui passent pour les deux preuves les plus importantes de l'Holococcinite, sont des aveux dont chacun comprend plusieurs versions incompatibles entre elles ; dans l'une, il est question de 25 millions de Coccinelles gazées... Mille Coccinelles auraient été introduites dans des ruches homicides de cinq centimètres cubes, ce qui est aussi crédible que d'affirmer que 800 personnes pourraient tenir dans des locaux de 25 mètres carrés — soit 32 personnes par mètre carré —, ce que bien entendu aucune personne sensée n'osa jamais soutenir... Les crématoires supposés destinés à brûler les Coccinelles gazées, en vérité voués à consumer les morts de typhus — qui tua aussi maints Monstres —, n'auraient pas pu, selon les lois de la physique, faire disparaître le centième des victimes avancées.

Troisièmement, l'affirmation selon laquelle six cent soixante-six millions de Coccinelles auraient été détruites pendant la guerre ou sous le régime des Monstres est un mensonge grossier. Les Coccinelles enkystées depuis des siècles chez les Monstres avaient été incitées à l'exil à partir de 1933 par les Monstres qui travaillaient en étroite collaboration avec les services des nationalistes coccinellistes. Les fameux « camps de la mort » — il s'agissait de camps de travail forcé, à cause des exigences de la production de guerre, dont celle des armes secrètes — se remplirent de Coccinelles à partir de 1941 : les Monstres craignaient que les Coccinelles ne se missent au service des Alliés, car dès 1933 le Daily Express *avait déclaré la guerre aux Monstres* — « Coccinellitas declares war on Monstra! » — *et lancé un boycottage des produits commerciaux monstresques qui porta un grand préjudice économique à la Monstrerie ; d'autre part, maintes Coccinelles appartenaient aux mouvements de résistance des pays occupés (15 % de la Résistance française par exemple, alors que le pourcentage français de la population coccinellique était inférieur à 1 %) ; en troisième lieu, quand les Monstres envahirent l'Ivanie,* devançant de quelques jours l'agression que l'Ivanie s'apprêtait à entreprendre contre eux, la guerre se transforma en guérilla, de nombreux commissaires ivaniens furent liquidés, qui se trouvaient être pour la plupart des Coccinelles, comme l'avaient été d'ailleurs 80 % du parti de Lénine. Les Monstres luttèrent contre les Coccinelles en tant qu'elles étaient des combattants anti-Monstres déclarés comme tels, non en tant qu'elles étaient des Coccinelles. Il y eut, si l'on compte tous les morts — Coccinelles guerrières, bombardements, maladies, privations, froid, crimes isolés, etc. — au grand maximum moins de six cent mille Coccinelles occises pendant toute la durée du régime monstresque, dont seulement trois à cinq cent mille dans les camps, et aucune par ruche à gaz et/ou selon un plan quelconque d'extermination. Les célèbres photos de monceaux de cadavres ou de corps décharnés de Coccinelles, relatives à la fin de la guerre, montrent en fait non des êtres promis au crématoire après gazage, mais des victimes d'épidémies et de privations : les Alliés provoquèrent la famine par des bombardements aveugles sur toute la Monstrerie, et reprochèrent ensuite à cette même Monstrerie de n'avoir pas nourri décemment ses prisonniers, alors qu'elle n'avait même plus de quoi nourrir ses propres enfants monstres. La « Solution finale de la question coccinellesque » (eine territoriale Lösung) fut d'abord d'installer les Coccinelles à Madagascar, mais le maréchal Ganache-La-Terre-Ne-Ment-Pas refusa de céder l'île. Cette solution finale fut reportée par les Monstres à la fin de la guerre, qu'ils perdirent, de telle sorte qu'ils ne purent jamais appliquer une telle solution, qui, dans l'esprit des Monstres, consistait à débarrasser l'Europe, par le moyen de l'émigration forcée, de la présence des Coccinelles.

Quatrièmement, tous les historiens chosistes sont martyrisés, mis en prison, ruinés, assassinés : les doctrinaires de l'Anti-Chose se dérobent à toute confrontation, et usent de tous les moyens pour proroger le mensonge qui leur est devenu vital : l'existence même de la Coccinellie reconstituée dans des conditions de brutalité inouïe, la confiscation de la Mémoire et la légitimation du Nouvel Ordre mondial.

Manipulé et comme retourné contre l'intention de ses concepteurs, le Web, technique privilégiée d'accélération psychologique du processus mondialiste, détruisit l'unification babélienne à la suite de l'initiative diabolique d'Ernest : la technique dévoyée, devenue proprement insensée, ne peut pas, tout comme les passions ravageuses qui l'inspirent, ne pas échapper à ses démiurges concupiscents. Il vient un temps où, livrées à elles-mêmes, la technique et la passion se court-circuitent et, par l'explosion de leurs délétères conséquences, font comme l'aveu de leur perversité, et témoignent négativement de leur vocation — qu'elles réhabilitent et appellent impuissantes — à se voir mesurées — ainsi limitées — par une fin intelligible qu'elles avaient commencé par contester.

La Chose, à la suite des révélations hérissonesques, devint mondialement connue, il y eut des révisions et prises de conscience déchirantes, des krachs économiques, des dénonciations terribles, des relectures bouleversantes de l'Histoire contemporaine, des responsables démasqués, des légendes dissipées, des scandales dénoncés, des suicides ; une nouvelle Weltanschauung *se répandit en peu d'années comme une traînée purificatrice de poudre brûlante : la dichotomie des bons et des méchants changea de contenu et de sens ; il se produisit des insurrections, des pogromes regrettables, des vengeances sanglantes, des destitutions confondantes ; les peuples redécouvrirent leur histoire réelle ; on substitua partout des régimes monarchiques organicistes et corporatistes aux despotismes démocratico-bancaires qui les avaient précédés ; des guerres civiles et des guerres entre nations éclatèrent et vidèrent le pus de deux siècles de désordres démagogiques et hédonistes ; la Russie se convertit au catholicisme et plébiscita intelligemment le magistère de l'Allemagne ; les frontières changèrent partout ; les provinces se remirent à vivre ; le Japon catholique exerça une douce et féconde férule sur un Extrême-Orient dont il chassa le communisme à jamais ; la Palestine et le Liban se réunirent en un seul État chrétien et fédérèrent le monde arabe et le monde africain ; Pie XIII fut élu, convoqua un deuxième concile de Trente ; on anathématisa Vatican II et ses séides ; les États-Unis*

redevinrent une province anglaise dont tout le sud fut restitué à l'Es-
pagne ; la Grande-Bretagne retrouva son statut de vassale aimante
et pluvieuse de la France qui, en soumise Fille aînée de l'Église,
reconnut, quant à elle, la suzeraineté du Saint-Empire reconstitué
pour toujours, pour mille ans pour commencer... On rétablit dans
leurs prérogatives la Sainte Inquisition et le Saint-Office ; les offi-
cines d'holocaustes abortifs, les psychanalystes, le centre Pompidou,
les grandes surfaces, les vins chaptalisés, la tour Eiffel et la tour
Montparnasse furent supprimés ou détruits ; le Net, le téléphone, la
télévision, la bagnole, les autoroutes, le Viagra, la publicité, les
œuvres complètes de Derrida et de Deleuze, les HLM, les tranquilli-
sants, les fast-foods et le portatif devinrent inutiles et ringards ; les
femmes redevinrent des femmes et le Coca-Cola du Coca-Cola, c'est-
à-dire un produit pour déboucher les éviers et les égouts. Les Génies
génialeux, reconnaissant enfin dans Jésus le Messie qu'ils n'avaient
pas attendu, admirent qu'ils n'étaient pas géniaux, qu'ils L'avaient
crucifié, qu'ils avaient été les bourreaux de la Chrétienté, les fos-
soyeurs de l'Occident, les enfants du mensonge et les pilleurs de
talents les plus insolents de l'Histoire ; ils se firent les plus zélés pour-
fendeurs de maçons et plus généralement de gnostiques de toutes
espèces, devinrent des modèles de résipiscence loyale et d'édifiante
humilité. Le professeur Hérisson, victorieux, fut emporté par son
élan et, l'esprit brouillé par un athéisme anticlérical militant, crut
bon de s'attaquer, en leur appliquant la « méthode Ajax », à l'au-
thenticité des apparitions mariales et des miracles de Fatima... Tel
Galilée, dont il partagea toujours le tempérament bouillant, la
fougue téméraire et le goût pour les grands crus, il fut enfermé, par
égard pour son œuvre chosiste tout ordonnée au service de la vérité,
dans un palais du Vatican dont il fut vite relâché après que, se nour-
rissant de dialectique, il en fut venu à exercer sur ses propres préjugés
la même acribie critique que celle qu'il avait appliquée à la Chose.

Dans mon rêve nauséeux, à la fin, j'ai senti plus que je n'ai
véritablement vu qu'on me tirait par les cheveux afin de me
soustraire aux violences d'une foule en délire qui ressemblait
aux soudards du Paris du 24 août 1572, et qui entendait me faire

subir les derniers outrages. On m'enferma d'abord dans un cachot de la Sainte Inquisition, on me jugea, et je fus condamnée à être pendue puis brûlée. Enfin, alors qu'on me poussait vers le gibet, je me suis réveillée.

Moi :

Tu as bien entendu, Tartempion ?

Tartempion :

Oui, j'ai même écouté.

Moi :

T'en penses quoi ?

Tartempion :

J'en pense qu'elle a vécu ce que nous n'osons même pas espérer dans nos rêves les plus délirants. Une telle évocation durcit mon amertume, parce qu'elle sera toujours pour moi un rêve irréalisable. Cela me rend franchement neurasthénique. Et puis j'en ai assez de ne supporter le monde que terré dans cet appartement d'un autre âge. Je n'ai plus envie d'exister.

Moi :

Moi non plus. La vie sous les ponts, c'est pas une vie.

Tartempion :

Sois gentil, Zinzin, fais-moi mourir. Je suis l'un de tes personnages et je présente une requête à l'auteur que tu es. Mes entretiens ne sont que des produits de ton imagination, que tu as intercalés entre tes soliloques. Tu es le maître du jeu. Fais-moi assassiner par n'importe qui, tu n'as besoin que de ta plume électronique pour cela.

Moi :

Non mais ça va pas ? Tu perds la tête, bonhomme. C'est toi qui es en train d'écrire le livre qui se déroule en ce moment sous les yeux de nos lecteurs patients. Mes soliloques sont des échappées de tes délires, intercalés entre deux de tes entretiens fastidieux.

Tartempion :
Ce n'est pas possible. Je ne peux pas être le personnage d'un roman que j'écris, si c'est un personnage auquel je fais écrire ce même roman dont je ne serais qu'un personnage. Si j'y parvenais, j'accéderais au savoir absolu selon Hegel. Mais Dieu n'a pas besoin de moi pour être Dieu, et le savoir absolu n'est accessible que par Lui.

Moi :
Et j'en peux dire autant, pour la même raison.

Tartempion :
Donc l'un de nous deux ment. Je suis trop fatigué pour mentir ; donc tu mens.

Moi :
Je suis trop désespéré pour mentir, trop ivrogne aussi ; donc c'est toi qui mens.

Tartempion :
Cesse de mentir, Nicéphore. À moins que…

Moi :
À moins que quoi ?

Tartempion :
À moins que toi et moi, et tout ce que nous racontons, tout cela ne soit que l'émanation de l'imagination de la Conscience, qui nous a produits pendant son sommeil. C'est elle qui est en train d'écrire le présent livre. Elle y répand ce que son inconscient lui dicte, et que nous hantons.

Moi :

Ah la salope ! Dans ce cas, c'est à elle qu'il appartient de conclure.

XV

ÉPILOGUE

La Conscience :

Je ris de me voir si belle en ce miroir de la modernité triomphante, je n'ai jamais eu le teint si frais. On me flatte, on m'adule, les intellectuels me consultent, on m'invite absolument partout ; les Juifs m'habillent, me maquillent, me coiffent, font ma promotion et m'écrivent les textes immortels que je profère telle la Sibylle de la fin des temps ; les financiers me couvrent d'or, les francs-maçons me reçoivent dans leurs temples, les curés et les évêques se confessent à moi avec servilité, le « pape » fait prier pour moi et me donne en exemple de sainteté pour notre époque. Pourtant je me sens seule, et fragile et en danger. C'est comme si j'avais une conscience pour me remonter les bretelles, moi qui suis la Conscience préposée au relevage des bretelles de toute l'humanité. J'éprouve un malaise pour diverses raisons qu'il m'est difficile de circonscrire tant elles se fondent les unes dans les autres.

D'abord, les personnages de mon abominable rêve — le rêve d'Arolsen était un rêve dans le rêve — se sont échappés de mon inconscience pour se dissimuler dans la réalité. Un sinistre personnage, qui eût mérité de figurer, tant il est déloyal, parmi les criminels protagonistes de mon songe, a enregistré le contenu de ce dernier que j'eus la faiblesse de décrire à haute voix en même temps que je le vivais. Il en a fait un livre et cultiva l'insolence jusqu'à m'en envoyer un manuscrit en m'invitant à en rédiger la préface, ce que je fais ici, afin de remettre autant que possible les pendules à l'heure. Les personnages d'un roman vivent de leur vie propre, tous les romanciers vous le diront. Et c'est bien ce que font les miens, ces salauds sans scrupule qui, non contents d'échapper à l'inspiration primitive de leur auteur, en viennent à se soustraire à la condition imaginaire en laquelle il les avait relégués. J'aperçois presque tous les jours Zéphyrin et Nicéphore à côté de chez moi, au Panthéon, qui dialoguent paisiblement en me regardant d'un air narquois ; c'est là, tout de même, quelque chose d'assez humiliant. Bouffon ne manque pas, quand il passe par Paris, de me faire rougir en me pinçant les fesses. Actéon Philoneikos a eu l'outrecuidance de me ficher comme un vulgaire activiste, et il cherche dans mon passé des événements compromettants qu'il ne tardera pas à divulguer pour me salir. Quant à Tartempion, il est manifestement doué d'ubiquité ; il y en a partout qui me terrorisent en me regardant avec un calme glaçant, qui me jugent et me font perdre mes moyens ; ce n'est pas pour rien qu'ils s'appellent Tartempion : n'importe qui, tout le monde ; le drame est que, s'étant conféré une existence réelle, le Tartempion du début s'est réellement multiplié, en faisant des émules, comme pour défier mon magistère sur les consciences. Je sens aussi la présence inquiétante du Hérisson qui, lui aussi, du haut de son purgatoire auquel il lui fut donné de s'intégrer malgré son athéisme, me donne mauvaise conscience, à moi la Conscience. Et puis il y a aussi ce teint de pêche qui est problématique ; j'ai l'impression, pour le coup, que quelqu'un m'a fait, pendant que j'étais occupée à rêver, un petit dans le dos. Ce qui me désole, c'est que je ne suis même pas sûre d'avoir été violée. Je redoute plus que tout d'avoir été consentante, dans un moment d'égarement ; dans le sommeil, on est à la merci de tout, les désirs les plus sombres osent formuler leurs exigences. Qui donc put se rendre coupable d'un tel forfait ?

Ah ! Un triste sire s'approche de moi. Que va-t-il me révéler ?

Un Tartempion :

Je suis le représentant délégué des Tartempions dont le nombre grossit de jour en jour, comme pour vous montrer combien votre règne est fragile. Les péchés les plus graves appellent la miséricorde, s'ils sont confessés. Je suis venu vous éclairer pour vous restituer à votre conscience, en vous débarrassant du déguisement de la Conscience. Vous saviez bien que vous portiez un costume de théâtre, que vous jouiez à être la Conscience, n'est-ce pas ?

La Conscience qui se défait :
Peut-être, je ne sais pas, je ne voulais pas le savoir. Peut-être ai-je joué un rôle dont le personnage, se jouant de moi, a fini par me faire croire qu'il était moi. Le fondement de la foi de la religion de l'Homme, dont je suis la déesse, c'est la mauvaise foi. Je confonds la scène et la vie intime, l'extérieur et l'intérieur.

Tartempion :
Précisément. Votre rêve procède d'un viol qui ne vous fut pas désagréable. Et votre tourmenteur, c'est le Tentateur, c'est le diable tout simplement, qui voulait vous engrosser pour faire advenir l'Antéchrist. C'est lui qui mène la danse et inspire vos directeurs de conscience. Mais le diable est idiot malgré sa prodigieuse intelligence, parce qu'il est orgueilleux. L'orgueil rend bête, et cette fois le diable a encore raté son coup. En abusant de vous qui vous laissâtes faire avec une douce violence, il cédait à son instinct qui est de tout salir, même ses filles, même vous qu'il croyait acquise à lui ; tout le monde se hait dans son royaume. Ce faisant, il a joué contre lui-même, ce qui prouve bien qu'il est bête : ce sont ses étreintes qui vous ont inspiré votre rêve suscité par la honte de prendre plaisir à vous faire violenter, et c'est là une chose qu'il n'avait pas prévue ; puis c'est votre rêve qui nous a donné vie, et c'est enfin nous qui dénonçons votre mauvaise foi. Ce qui vous donne un si joli teint, ce n'est pas un rejeton à pieds crochus, c'est le travail d'une inconscience dont votre conscience tout humaine est l'actualisation partielle ; c'est le sursaut de la nature humaine qui vous parle — malgré vos refus obstinés — de Celui dont vous êtes malgré vous l'image. Tout ce que je puis faire pour vous, c'est de m'adresser à votre liberté, et de vous enjoindre de vous débarrasser de votre déguisement inconfortable. Faites comme nous, rejoignez la réalité.

La Conscience qui n'est plus la Conscience :
C'était si beau ce projet de paradis sur Terre…

Tartempion :
C'était — c'est toujours — le projet du diable. Si vous avez le courage de lui faire faux bond, il sera contraint de se dévoiler tel qu'il est, en sa hideur repoussante, avec ses procédés de tyran criminel et de faux ami qui vous abandonne toujours. Désormais, il restera jusqu'à la fin le très fort, le Prince de ce Monde qu'il n'est même pas capable d'aimer. Mais il lui sera beaucoup plus difficile d'être le Séducteur. Et puis, franchement, votre déguisement de peu chaste vestale jacobine ne vous sied pas du tout. Ce que vous pouvez être moche en cet accoutrement !

La conscience de la Conscience qui n'était plus la Conscience :
Vraiment ? Laissez-moi m'observer dans le miroir des vérités occultées, que vous portez toujours avec vous.

Tartempion :
L'examen est-il concluant ?

La Conscience :
Oui, hélas…

Tartempion, au lecteur :
Et c'est ainsi qu'une brave fille déguisée en Conscience fut sauvée de l'emprise diabolique du Monde par la vertu de sa coquetterie féminine.
Elle le méritait : son charmant défaut attestait qu'elle n'était pas complètement féministe.

TABLE DES MATIÈRES